11.11如何卖到一个亿

从0到1的电商爆品打造术

陈炉均 陈威 马国良◎著

中国友谊出版公司

图书在版编目（CIP）数据

11.11如何卖到一个亿 / 陈炉均, 陈威, 马国良著.
— 北京 : 中国友谊出版公司, 2016.10
ISBN 978-7-5057-3878-2

Ⅰ. ①1… Ⅱ. ①陈… ②陈… ③马… Ⅲ. ①电子商务－商业经营－中国 Ⅳ. ①F724.6

中国版本图书馆CIP数据核字(2016)第249568号

书名 11.11 如何卖到一个亿
作者 陈炉均 陈 威 马国良
出版 中国友谊出版公司
发行 中国友谊出版公司
经销 北京时代华语图书股份有限公司 010-83670231
印刷 北京鹏润伟业印刷有限公司
规格 690×980 毫米 16 开
19 印张 220 千字
版次 2016 年 11 月第 1 版
印次 2016 年 11 月第 1 次印刷
书号 ISBN 978-7-5057-3878-2
定价 39.80 元
地址 北京市朝阳区西坝河南里 17-1 号楼
邮编 100028
电话 （010）64668676

本书编委会（排名不分先后）

陈冬冬　曹　志　陈立斌　胡　建　韩晓颖

黄海林　贾时丹　姜　禹　刘　杰　刘文君

林伊蕾　赖国栋　李　颖　鲁　昊　路　遥

孙雅丹　宋泉泉　石　林　单克岩　王斌斌

王泽旭　王镜钥　徐天九　杨孙辉　赵祖奎

张宏亮

自序一

·分享，才能共赢·

我自 2011 年起从事电子商务服务行业至今，一直想编写一本关于电子商务运营的书，但总有一种根深蒂固的想法，觉得自己还年轻，担心自己才疏学浅，误人子弟，还没到可以著书立说的程度。直到 2015 年 9 月的“浙交会”上，浙江省商务厅周厅长到我们公司展台考察时问我：“你有没有出书和教材？”周厅长一语惊醒梦中人，为什么想了好久的事情，一直不去实现？于是我决定不再妄自菲薄了，必须迎难而上创造条件，尽快把这件事情提上日程。

从 2014 年从事电子商务人才培训以来，我接触了各种各样的电商创业者和有意向从事电子商务行业的企业家，可以说从事电子商务的这批人可能是中国最善于学习的一群人，但市场上高质量介绍电子商务内容的书却相当稀缺。在全国每年出版的财经类畅销书中，关于电子商务课题的专业书籍所占比例始终不高。

电子商务发展到今天，从商业模式到操作技巧，可以总结的内容已经非常丰富了，但我们平时能接触到的更多的只是各种碎片化的知识。特别是近几年政府大力扶持电子商务行业，在各行各业都在电子商务化的今天，人们尤其需要能描述新经济商业逻辑的知识体系。只有把碎片化的知识进行梳理，形成系统化的知识体系才能真正为促进生产力服务。

正是意识到了做这件事的社会价值，我把这些想法跟袋鼠妈妈的朱总、上佰电商的冯总和好友王泽旭等这些电商业务年销售额超过 10 亿元的行业大咖进行了交流，结果大家都非常支持，并且愿意分享出自己多年积累的运营心经。

我一直坚信，做过10个亿销售额的人总能教会人们怎么做一个亿的销售额，他们的鼎力支持让我信心倍增。恰逢得知靠我电商的春哥陈威和电商宝的马国良这两位知名电商讲师也在跟我做类似的事情，我就在第一时间找到了他们。虽然大家平时都很忙，但没想到，当我把这个想法讲给他们听时，大家一拍即合，欣然决定一起努力，于是就有了这份集体智慧的结晶。未来，随着经验的不断积累，我们还会推出更多此种类型的书，如能形成系列就更好了。

因为电子商务涵盖领域很广，面向不同的读者需要梳理不同层次的知识体系，因此我们无法做到让人人都能阅后有醍醐灌顶的感觉。但以下几类人不妨将此书当作入门电子商务行业的首选读本：

假如你是一名刚毕业的大学生，或是一位高中生，只要你未来想要从事电子商务创业或就业，看完此书，你就会明白自己还有多少知识点需要掌握，以及如何才能让你的网店或者你所在岗位的业绩有明显提升。

假如你是一名传统行业的企业家，那无论是你想招人自营电商业务，还是想找到专业的运营团队外包你的电商业务，看完此书，你至少能明白该如何去跟那些做电商的年轻人打交道，并根据你企业自身的实际情况，给自己选择一条明智的电商转型道路。

假如你已经是一名电商从业者，那我相信这本书依然可以带给你一些新的启发。

最后，我们也欢迎在大学里从事电子商务教学的老师们把这本书推荐给你们的学生，可以作为他们的课外读物，因为此书中更多的实操指导可以跟你们平时的理论教学相得益彰。

最后，把此书献给我即将出生的宝宝。

陈炉均

2016 年 9 月

自序二

·坚持，让未来更美好·

其实和大多数电商人一样，我也是草根出身，机缘巧合之下，进入阿里，早早地接触了电商，然后就再也没有跳出这个圈子。真是应验了那句“一入淘门，深似海”。

在接触电商 8 年的时间里，我见证了很多电商人从普通到顶峰的崛起，也经历过品牌从无人知晓到成为知名淘品牌的过程。

电商这个行业很有趣，假如有人问淘宝卖家，你是做什么的？如果这个人店铺级别一般，他就说自己是开淘宝的，但如果自己是品牌店或者级别高的，他就会说自己是做电商的。

电商做久了，慢慢你的眼界也会越来越高，逐渐走上生意人的阶层，不再是一个普普通通的淘宝店主，我想这也是每一个淘宝店铺掌柜的初衷：通过电商来实现自己的追求和价值。但这条路并不好走，需要有方法和技巧，帮助我们少走一些弯路。因为这个行业初期是不健全的，有价值的信息往往不是每个人都能看到的。

在行业里，承蒙各界电商朋友的厚爱，虽然我也得过一些奖项，但是在领奖的那一刻，都感觉自己做得不够好。因为自己从一线电商做起，到现在也算有一些积累，深深地知道做电商的不易。所以，每到这个时候，都希望自己的价值能发挥到最大，帮到更多的电商人，让他们少一些摸爬滚打，多一些正确的方法。

于是我在 2014 年 9 月做了一个微信公众号（春哥解惑：chungejiehuo001）在线为电商朋友答疑解惑。它就相当于一个小的自媒体平台，所有我认识或者不认识的人，发来与电商相关的问题或难题，只要是我会的，或者我有渠道找到正确答案的，我都会去解答，而且是免费解答。因为免费很多人会担心我坚持不下来，但我一直坚持到现在。

做得越久，就越觉得不够，于是就有了出书的念头。书是一个载体，它可以裂变式地传播知识。在陈炉均、马国良等好友的合作下，这本书应运而生。从电商入门级到实际操作，我们都做了一个详细的规划和细分。只要有一点点电商基础，或者对电商感兴趣的人，都会有所收获。书中所囊括的实际操作案例，都是精心筛选、反复斟酌推敲出来的。初衷很简单，希望看到此书的人能有所感触，引发思考，快速吸收、理解。

陈　威

2016 年 9 月

自序三

·浮华褪尽，繁华现真·

张爱玲的《半生缘》中有一句话：浮华褪尽，人比烟花寂寞。在写作本序的时候，我猛然间想到了这句话。

近期因为工作原因，跟一些卖家聊天，复盘最近两年关于“双十一”的感受。有些卖家会抱怨“双十一”，质疑它的意义；也有一些卖家认为近两年平淡玩法的“双十一”，会迎来新的机会。

虽然外界评价褒贬不一，但不妨碍它成为一个“源于中国而影响世界的伟大的购物节日”，媲美及超越美国的超级购物节——“黑色星期五”。所以，虽然每年都有取消“双十一”的传闻，但事实上，这才刚刚开始，“取消”一事无从谈起。

“双十一”的前世今生

悄然间“双十一”即将迎来第八个年头，很多朋友可能好奇：淘宝“双十一”是怎么开始的？

现在很多人可能会觉得“双十一”的目的是冲 GMV（Gross Merchandise Volume, 成交总额），但其实“双十一”最早的出发点是“认知”（还谈不上品牌，那时候天猫前身淘宝商城才刚刚成立一年），“双十一”的目的是要告诉大家（尤其是三四线城市用户）淘宝商城是卖正品的，是有别于淘宝 C2C 的。如果不能突破，淘宝流量增长将遇到增速瓶颈。

时任淘宝市场媒介总监明梅（我曾经的阿里上级领导）主导“双十一”项目。当时淘宝商城最郁闷的地方在于，招了很多大牌商家，比如李宁、美邦、Jack &Jones 等，这些品牌都已经在淘宝商城入驻开店了，但是消息不对称，还是会有很多人怀疑淘宝可以买到正品的真实性。加上当年淘宝招标央视一个亿的广告，常规品牌广告四个月投放下来，UV 基本没涨。所以死马当活马医，品牌推广不行，那就搞促销吧，于是就有了第一年的“双十一”。

如今的“双十一”对卖家还有机会吗？

马云说过：“生意越难做，机会越大，关键是眼光。”这句话同样适用于近些年的“双十一”。

平台衍生，“全渠道”凸显

早在两年前，“双十一”还是淘宝的“双十一”或者阿里的“双十一”。但如今，飞速发展的经济和多种多样的需求早已衍生出一众定位精确的新兴平台。爱美的女生去蘑菇街挑选服装；年轻妈妈会选择贝贝网一站式母婴购物；大学生去小红唇买平价韩妆；工作繁忙的上班族去京东挑选电器……随着这些平台如雨后春笋般发展壮大，这意味着新的发展趋势——全渠道时代已经来临了！全渠道解决了电商最核心的流量精准需求问题。至于如何在全渠道基础上迎风而立，创造出更多的价值，那就要看卖家自身的功力了。

精细化经营，做好“内功”

“双十一”销售额还可以，但是利润不高，这在电商竞争如此激烈的今天成了很多卖家的痛点。究其原因，早期电商红利时期淘宝平台成本低，卖家运营方式粗放，即使对数据不敏感也照样能够赚钱。而现在流量成本提高，获取用户的难度在增加，利润就被压低不少。应对这种情况，数据化运营及科学化人员管理是解决的办法，做好支出管理和财务数据分析，根据数据把控资金流向，同时对人员做更科学有效的工作管理。这是现代化电商企业管理的必经之路，也是制胜先机。

农村渗透，市场倍增

近一两年来，农村正成为电商们拼杀的重要阵地，尤其是一系列扶持政策落地之后，阿里巴巴、京东、苏宁云商上演了激烈的“三国杀”。超万亿元市场即将开启，新的农村生态逐渐形成。虽然农村居民的互联网普及率和电子商务的使用率明显低于城市居民，但农村居民对网络购物和网上支付的接受程度较高，使用率提升速度较快。预计农村电商的发展空间在万亿元以上，如此广阔的市场，随着电子商务向农村的渗透，势必给电商卖家带来更多的发展契机。

消费升级，跨境红利

电商传递的不仅是商品，也要传递商品品牌本身所含有的生活品质观念。“不买便宜的，只买有价值的”成为新潮流，跨境电商应运而生。据中国电子商务研究中心数据显示，2015年中国跨境电子商务交易额达到4.56万亿元，同比增幅达21.7%，这也意味着今年跨境电商站在了一个新起点上。越来越多的中小企业和个人消费者通过跨境电商实现“买全球、卖全球”的目标，跨境红利已到来，只要抓住机会，电商卖家同样有可能赚得盆满钵满。

浮华褪尽，繁华现真。不管是即将到来的“双十一”、日益广阔的农村市场还是近在眼前的跨境红利。“双十一”玩法在变，机会也一直存在，但关键是你是否做好了与机会随时相遇的准备？

马国良

2016年9月

目录
Contents

第一章

人人都能做好运营

本书以电商入门知识为主，阐述了淘宝的运营逻辑和本质，并为读者展现了一幅运营菜鸟如何变身为电商达人的成长画布。

在电商大热的当下，多出了这样一个新岗位，它具有挑战性，讲求全能，对业绩成败至关重要，既要能冲在一线，也要能退居幕后，哪里都需要它：它，就是运营。只要多留心，人人都能做好运营。

第一节　运营是什么

一、运营的基本公式

提及运营，很多人都会这样回答——

制作图片吸引顾客进来“玩”，把自己的产品推销出去；用玩的方式吸引他人的关注度，让他人过来陪你一起玩；想办法把货卖出去；线上营销；维护店铺的日常营销……

要想成为一名运营达人，不仅要懂宣传，会做 PPT，还要熟知供应链，懂营销，会推广，会做客服。可以说，只有集合一切技能，才能实现最终目标。

运营要为销售负责，销售做得好，也就是运营做得好。运营的所有目的都是为了提高销售额。基于此，有这样一个运营公式：

销售额 = 流量 × 转化 × 客单价

假设流量、转化和客单价都增长了，那销售额一定会增长。因此，这三个点也是运营要去努力实现的。

二、需要掌握的购物逻辑

1. 流量从哪里来?

流量的来源主要分为两种，淘内流量和淘外流量。

继续细分，淘内流量包括免费流量和付费流量；淘外流量包括线上流量和线下流量。

免费流量来自自然搜索、活动流量和老客户。

在网上购买东西的时候，很多人做的第一步是打开手机天猫或是手机淘宝进行搜索，这就形成了自然流量；另外，每次大促来临时，很多人虽没有明确的购买目标，但是也会到主会场去逛，逛着逛着就产生了消费，这一部分流量就形成了活动流量。除此之外，还有一部分流量来自老客户。

付费流量主要来自直通车、钻展、淘宝客、品销宝、聚划算。

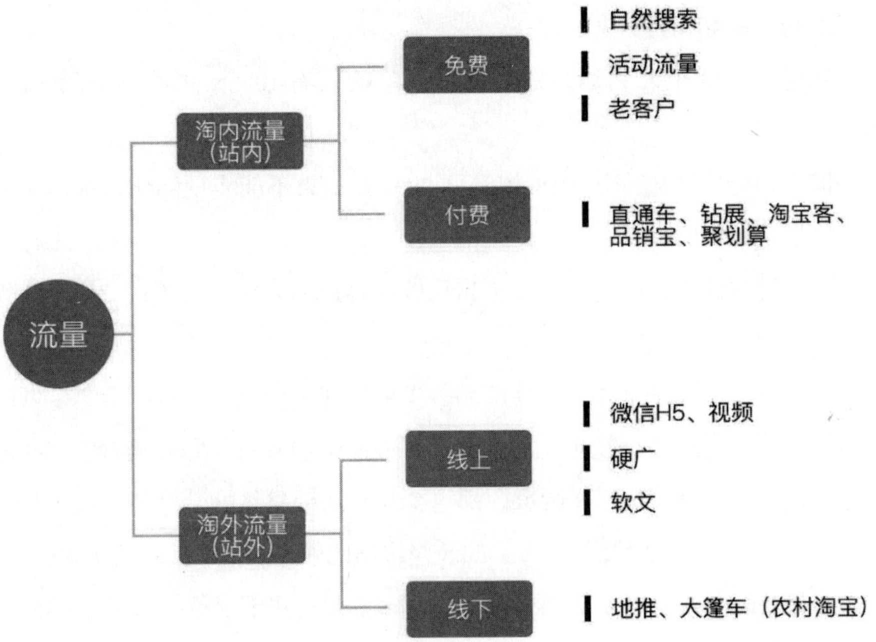

为了便于理解，下面就从上面多种方式中挑选出其中三种进行简单阐述。

（1）淘内——免费流量——自然搜索

在同一个页面上，产品按排序分布，那如何让自己的产品排在前面？在阿里其实有一个专门的团队在做这件事情，它会依据非常多的影响因素按公式核算，最后再得出结论，其中最基础的两个因素是标题和销量。如果一款产品连本身最基础的关键词（比如洗衣机）都没有的话，那客户是不可能搜索出来的。另外，如果一款产品的销量不好或是评价不好，那淘宝也不可能把它排在前面去浪费流量。

（2）淘内——免费流量——会场活动

在活动时，如何在会展里面获得流量？吸引。这个时候视觉效果就显得非常重要。越能抓人眼球的图片，就越能获得流量。

（3）淘外——线上线下——立体呈现

淘外流量一般通过线上和线下结合的形式，通过微信 H5、视频、硬广、软文等方式立体呈现。

2. 转化率如何提升

如果有 100 个人到店里逛，最后下单的人有 10 个，那么转化率就是 10%。

那么如何让转化率从 10% 提升到 20%？如果不能实现转化，那再多的流量也是一种浪费。

要想促成转化，运营首先要把自己放在客户的立场上去想："你，为什么要下单？"

除了销量、排序之外，一件产品首先被呈现的形式是图片。运营要做的事情就是要优化图片，把卖点和产品优势传递给消费者。假如消费者在经过视觉筛选后，选择了 A、B 两家，那这个时候店铺整体的装修风格就十分重要；假设当时正值炎炎夏日，A 家的装修风格比较"热烈"，颜色多为亮色，但是 B 家的装修十分清爽，颜色清新，那客户很有可能会选择 B 家。另外，在宝贝详情页的呈现上，假设 A 家只是简单地罗列了产品的特性、材质，但是 B 家以讲故事的形式把产品生动地展现出来，那么毫无疑问，客户肯定会选择 B 家。除了上述这些因素之外，评分、客服等也会影响到客户的选择。

当然，如果上述几步都顺利完成，但是如果没有货，那等于前功尽弃。因此，供应链也很重要。要想做好运营就必须掌握购物的逻辑，站在客户的角度去思考问题，少一些套路，多一些真诚，客户自然会买单。

第二节　淘宝的运营逻辑与本质

我们总是研究淘宝的各种技巧，想不通为什么“隔壁家老王”（拟称）刚开始做店铺就比自己好，总纠结淘宝规则变化太快，等等。其实，这些问题的发生有很多原因，但最根本的原因就是没搞清楚淘宝的运营逻辑和本质是什么。淘宝是什么？官方答案：淘宝是一个网购零售平台。这里笔者就从零售和平台两个方面简述它的逻辑与本质。

一、平台

虽然阿里集团已经布好了非常完善的生态圈，但是一个网购平台的核心是两端——买家端和卖家端。如果想要平台茁壮成长，那就必须满足这两个端口的扩大与稳定。懂得这个本质后，就可以轻松地解决淘宝的流量逻辑。淘宝的流量体系可以进行这样一个粗略的划分：搜索流量、频道流量和小平台流量。

1. 搜索流量

搜索等于需求，搜索的关键词等于需求点。当平台的买家端发生需求时，会进行搜索，搜索的词语就是他的需求点，那么这个时候淘宝平台就需要识别买家端的需求点，并进行产品匹配。可是淘宝平台的卖家数量高达900万，在“坑位”资源十分有限的条件下，什么样的卖家能排到前面？

为了让排序公平公正，淘宝平台制定出了非常多的维度来筛选优质产品。筛选的维度一定是按照买家端的需求点进行计算，以解决买家端的需求。卖家端则按销量计算，这样才有机会让平台扩大并逐渐趋于稳定。所以，在搜索流量中，搜索排名靠前的本质就是买家的需求反馈值（需求反馈值的核心指买家端产生行为之后的反馈数据）比同行高，这里以单一产品的维度来罗列一下需求反馈值：主图的点击率、产品的收藏量、跳失率、停留时间、转化率、老客户购买率、退货率、单品动态评分、UV 价值等。

所以在优化搜索流量的时候，重点方向就是解决需求反馈值的问题，这才是本质。有关其他规则的变化我们按部就班调整即可，这样就不会被淘宝折腾得这么累了。

2. 频道流量

这里把类目小二组织的活动、特色主题市场统称为频道流量，频道流量的本质是淘宝平台对流量资源的分配逻辑。要解决这块流量就需要我们对所经营行业的整体大盘有所了解，找到关于自己行业的主题市场有哪些，然后进行对应的分析匹配。例如，男装类目小二准备组织一场“秋季上新”的活动，这时必然会调动淘宝流量资源为秋季上新引流。如果我们知道了大盘节奏，跟随行业上新操作就有机会拿到这一批免费流量，这就是流量风口。这里的本质就是在计划经济时代，我们需要找到可以给我们提供机会的组织，需要进入自己类目小二建立的卖家旺旺群等，很多主题活动就是在这些位置发布招募的。

3. 小平台流量

聚划算、淘抢购、天天特价、淘金币、清仓、试用中心等，这些官方的活动都有着非常惊人的活跃客户量，具有自己造血的功能，类似于一个独立的小平台。每个小平台都有自己的细分定位：清仓定位于反季底价，天天特价定位于小卖家的活动扶持，淘金币活动针对淘宝网用户提供以积分消费为主的营销平台，聚划算则定位为以 C2B 驱动营销的平台，试用中心定位于试客分享的平台，等等。这些小平台的本质都是上面讲到的买家端与卖家端的关系。小平台的小二们在根据自己的平台特点筛选产品的时候，审核的不只是上面说到的需求反馈值，还有店铺在淘宝网这个大平台上的经营数据，俗称店铺权重。店铺权重的数据体现在店铺营业额、动销率、退款率、DSR评分、老客户占比、访问深度等方面。所以，搞定小平台流量的逻辑就是针对每个平台的特点，以及店铺所处的店铺层级进行针对性的报名活动，这样通过率就会高很多。

二、零售

在淘宝店铺运营中，最可怕的是流量有了，但货卖不掉。为了把货卖掉，通常店家开始亏本大甩卖。为避免这种情况，笔者的逻辑就是采取 C2B 方式，多上新、快速测试、及时调整，通过测试的反馈值，如点击率、收藏量、ipv 价值、跳失率、停留时间等，来帮助店铺完成商品在市场的竞争力分析，决定产品去留与推广，这也是测款的逻辑。

每每看到身边的朋友日日夜夜地学习淘宝的各种漏洞技巧时，笔者真心感到心疼。当笔者相信他一定能成功时，却又很快落空。身边太多这样的例子了！我们可以采取高端技术人工提高销量的模式让产品的排名瞬间提升，但是，如果产品的反馈值不好，排名必然会一落千丈，那你还需要继续采用高端技术补充需要的数据吗？你是否计算过 ROI，是否能产生盈利？我们做淘宝的本质是零售，零售的定义是什么？零售是商品经营者或生产者把商品卖给个人消费者或社会团体消费者的交易活动。在定义中关于零售的说法有很多种，这里只和大家论述零售的“根”——商品。

淘宝平台经营与线下实体的经营有着同样的零售逻辑，但是也有着完全不一样的用户行为逻辑。例如，某买家需要购买一个产品，线下实体购买行为轨迹是人到店再到产品，淘宝平台购买行为轨迹是人到产品再到店（用户基于品牌搜索的行为除外）。此时，如果你是买家，那么哪些因素会影响你的购买决定呢？由于行为落地点的不同，你的购买行为会导致你产生不同的需求思维。对线下实体店来说，他们希望消费者进店之后，能看到丰富多样的产品；而对淘宝卖家们来说，他们希望买家点击产品进店之后，能看到更多与自己需求相符的产品。所以，在淘宝平台经营店铺必须要对产品结构有清晰的定位，做好人群产品细分，同时也要基于淘宝平台个性化的实施推进。小而美、精耕细分市场的店铺更容易拿到人群标签，得到更多的个性化流量。

总而言之，淘宝网就是一个网购零售平台，只要我们遵循它的逻辑与本质，笔者相信你不再会因为淘宝某一条规则的变化而束手无策，相反地，会越来越好！

第三节　史上最全的淘宝运营学习之路

运营的职业发展轨迹可以分成三个阶段，各阶段对应的称谓和工作要求可见下表。

阶段	称谓	要求
新手→合格	运营助理 / 初级推广	会操作基本后台
合格→骨干	推广专员	1. 流量优化 2. 单品打爆 3. 活动策划
骨干→主管	运营 / 店长	1. 选品策划 2. 运营节奏 3. 活动计划 4. 执行计划

以上这三个阶段，都需要学什么？典型的工作有哪些？每天的工作内容都是哪些？考核晋升的机制又是什么？下面将围绕各个阶段的特殊性，给出具体的建议。

新手→合格（会操作）

岗位：运营助理 / 初级推广

时间：1 个月

关键词：会操作后台

阶段：新手→合格（会操作）

【学习内容】

淘宝规则

天猫规则

搜索入口——自然搜索（默认、人气、销量）

付费入口：直通车、钻展、淘客（辨别淘客链接）

活动入口：官方活动入口，第三方活动入口

找词方法——数据魔方，下拉词，top.taobao.com

优化标题——教程很多，派代，淘宝大学

明星款知识——你店铺的明星款（俗称爆款）知识

xmind 软件使用——很简单，自学

PS 软件入门使用

量子恒道——lz.taobao.com

生意参谋——sycm.taobao.com(天猫店铺会自动跳转到 http://sycm.sj.tmall.com/)

数据魔方——mofang.taobao.com 行业分析，竞争对手流量来源分析，淘宝关键词查询

淘宝指数——shu.taobao.com 关键词趋势，朝阳产品学习，直通车投放区域选择等

看店宝——www.kandianbao.com 竞争对手数据分析，查询排名，信誉查询

生 E 经——fuwu.taobao.com 搜生 E 经

店铺装修：自定义装修

学完这些内容应该可以做以下工作了。

【典型工作】

基础推广——修改标题，优化上下架

基础装修——自定义装修、发布关联产品、店招修改(美工不是随时都有时间的，基础要会)

基础客服——售前咨询、售后处理

竞争对手分析——竞争对手流量数据、销量数据、推广数据跟踪

后台操作与管理——发布宝贝、上下架宝贝等

数据软件使用——量子、生意参谋、江湖策、数据魔方、看店宝、生E经

【行动领域】

优化标题

上下架调整

套餐设置（促销管理）

修改商品价格

店铺促销

记录店铺数据——全店数据、单品数据

售前咨询——售前销售

售后处理——退换货，申请退款处理、差评解释（天猫b店）、修改中差评（淘宝c店）

整理对手详情页文案逻辑——优秀作品逻辑用Xmind脑图写下来，第一、二、三、四屏分别推什么卖点

创意主图收集——收集点击率高的图，点击率5%跟点击率1%，同样的关键词，流量就差了5倍

行业标杆对手跟踪——最好的老师是你的对手

数据软件使用——量子、生意参谋、江湖策、数据魔方、看店宝、生E经

【晋升考核】

1. 爆款页策划——Xmind脑图呈现，爆款视觉落地布置计划

2. 爆款主图设计——参考图素材整理

3. 爆款数据诊断——能解读单品数据问题所在，能提供解决方案

4. 店铺自定义装修——自定义装修，基础装修

5. 竞争对手数据跟踪报表：对手爆款流量、销量监控，寻找爆起原因（淘客打爆款，直通车打爆款）

如果以上五项能完成，恭喜你可以晋升为推广专员，请学下一个阶段的内容。

如果以上内容不知道从哪里学起，参考以下入口，然后把以上的内容关

键词放到以下入口查询教程。

【学习入口】

天猫培训——peixun.tmall.com

淘宝大学——daxue.tmall.com

派代网——www.paidai.com

参考书籍——《我看电商》《再看电商》《谁说菜鸟不会数据分析》《文案练习手册》

【工作常用入口】

淘宝软件购买入口——fuwu.taobao.com

装修模板购买入口——zhuangxiu.taobao.com

淘宝热门词查找——top.taobao.com

淘宝指数——shu.taobao.com

合格→骨干（会推广）

岗位：推广专员

时间：2 个月

关键词：

1. 流量优化

2. 单品打爆

3. 活动策划

阶段：合格→骨干（会推广）

【学习内容】

视觉进阶（海报、字体）——方便指导美工

单品打造爆款计划——制订计划

直通车基础推广——制订计划，添加关键词，搞懂直通车数据意义

直通车进阶推广——直通车计划优化，搞懂什么是战略性亏损，直通车在什么时候要赚钱

淘宝客操作——后台操作，整理淘宝客，能分辨流氓淘客、上海奇泰、苹果圆圆、51返利等

淘宝客招募——论坛招募，招募书撰写，淘宝客分类与维护，淘宝客推爆款合作方案制订

聚划算报名与策划——搞懂自己类目的坑位，预热期、展现天数等（新开天猫店3个月不能上聚划算）

官方活动报名与策划——双十一、618年中大促、38手机节、淘金币、天天特价

第三方活动报名与策划——折800、卷皮等

店铺活动策划——主题活动、店庆、中秋聚惠等主题策划

手机端活动策划——手机端有流量

手机端视觉策划——区别与PC端的设计理念，参考小米官方、锤子手机官网产品介绍

数据化诊断单品——诊断单品哪里出了问题，若爆款跳失率高于75%就说明关联跟详情页做得不够优秀，非标品类目爆款跳失率要控制在70%以内

【学习入口】

站酷——www.zcool.com.cn

花瓣——www.huaban.com

参考数据——《数据化管理》《广告人笔记》（叶茂中）《决战大数据》

【典型工作】

标题优化——基本功

上下架优化——基本功，只有淘宝搜索才有上下架权重，天猫搜索没有上下架权重，京东也没有

直通车投放与优化——主力工作，一个花钱又要帮老板省钱的工作

淘宝客管理与招募——不可或缺的流量入口之一

官方活动策划与报名——除了直通车，还要学会策划活动跟执行

第三方活动策划与报名——有些类目就是靠第三方活动打爆款，卡主类

目入口的

店铺主题活动策划与报名

创意详情页收集

创意主图收集

创意活动页收集

手机端流量优化

手机端视觉优化

【行动领域】

海报素材收集与整理分享——方便与美工沟通，提高沟通效率

爆款打造策划与执行

直通车投放与优化

淘宝客管理与招募

创意直通车推广图收集

创意淘客案例收集

聚划算报名与策划

官方活动报名与策划

第三方活动报名与策划

店铺活动策划

手机端流量优化

手机端视觉优化

数据诊断单品问题

【考核晋升】

爆款 30 天销量规划

广告预算费用

数据诊断单品制订解决方案

活动方案设计与执行

如果以上几项没问题，就可以进入下一阶段的学习。

岗位：运营 / 店长

时间：6 个月

关键词：

1. 选品策划

2. 运营节奏

3. 活动计划

4. 执行计划

阶段：骨干→主管（会运营）

【学习内容】

全店运营计划——主推款、利润款、形象款、活动款规划，目标销售额计划

知识点总结——总结知识带下面的同事，学会运营、学会布道，教会别人，对你不会产生消极影响的

数据诊断店铺制订解决方案——每天早上开晨会，知道昨天销售哪里出了问题，制订解决方案

全店运营节奏——双十一预热，测款预热，新爆款策划节点等

钻展基础推广——钻展 800 万卖家，就 1 万卖家才开，是上聚划算拉流量的一种补充

钻展进阶推广——钻展没有一部车，是烧不出来技巧的

创意钻展图打造——好的钻展图，单次点击费用会变得很低

直通车找款——寻找潜力款

销量找款——寻找引流款

生 E 经选款——寻找搜索引擎喜好的款

【典型工作】

店铺规划

选款打造爆款

数据诊断店铺制订解决方案

月度运营计划与实施

季度运营计划与实施

年度运营计划与实施

爆款打造计划与实施

年度店铺主题活动策划与实施

分销招募（如果你是品牌商）

管理与培训

双十一大促方案

618 年中大促方案

【行动领域】

找款

运营计划制订与执行

每日数据诊断制订解决方案

晨会组织与监督团队工作

分销招募（前提你是品牌商，你已经有品牌号召力，无则不需要做）

分销管理（前提你是品牌商，你已经有品牌号召力，无则不需要做）

分销 KPI 考核（前提你是品牌商，你已经有品牌号召力，无则不需要做）

分销培训（前提你是品牌商，你已经有品牌号召力，无则不需要做）

【晋升考核】

1. 群爆款销量规划

2. 店铺年销售额规划

3. 月度运营计划表

3. 月度、季度、年度运营广告计划表

4. 分销招募书

5. 分销培训脑图规划

6. 官方大促方案设计（双十一）

如果以上你都学会了，笔者再次恭喜你，已经成为优秀的运营了。

下一步晋升就是运营总监了，做一个会赚钱的店铺离你不遥远了。

以上信息量比较大，读者可以慢慢消化一下。

最后，简单总结——

第一阶段：会策划一个爆款详情页、视觉落地、高转化率，淘宝你就算入门了，所以先搞定你的详情页。

第二阶段：在懂得做爆款详情页的基础上，会拉流量、做成一个爆款，你就可以成为淘宝运营了。

第三阶段：当你会策划一个爆款、两个爆款、三个爆款的时候，群爆款无悬念了，你就绝对是非常优秀的淘宝运营了。

第二章

冲刺双十一

本章主讲双十一前必做的几大关键动作：定价策略，备货，设定营销指标，节奏控制等。教你如何科学规避产品不赚钱、产品差评多、产品卖不动等一系列双十一后遗症。

第一节　学会这些定价策略，赚钱也没那么难

在今天，如果你在天猫开店经营，20 元出厂价的产品，若以 3 倍的价格 60 元卖出去，那结果只能是亏本。很多卖家忙活了一整年，以为自己赚翻了，但是到年底结算的时候，才猛然发现自己一直在亏本。为什么？因为他们没有依托成本做定价策略。

定价策略怎么做？主要可以从以下两个方面入手。

一、何谓成本

很多人做了三四年电商却还弄不明白“成本”包含哪几项。其实“成本”不只是产品本身，还包括产品整个销售过程中不可避免发生的费用，以最基础的来说，“成本”一共包括 6 大项：

（1）产品成本 (比如是 20 元)；

（2）包装成本 (内包装，外包装，吊牌，售后卡，包装耗材，比如是 5 元)；

（3）物流成本 (仓储，快递，比如是 12 元)；

（4）天猫扣点 (平均扣点 4%，按 60 元销售价计算，是 2.4 元)；

（5）税收 (天猫店铺对应企业银行账户，不是私人的银行卡，所有税收都不可少。按平均 8% 算，那就是 4.8 元)；

（6）拍摄和制作费用 (快消品尤其很高，还要模拍，以单件产品 SKU 上架来看，需要拍摄、修图和后期制作等，按 3% 算的话是 1.8 元)。

上面 6 项成本，加起来是 45.4 元，占 60 元销售价的 75.7%，而且是水涨船高，是销售的硬支出，不可能降得下来。那么就是说，一件出厂价为 20 元的商品，在天猫卖出去 60 元，硬成本就占了 75% 以上，剩下的毛利为

25% 左右，是 15 元。

可怜的是，除了上面的“固定成本”，其实“可变成本”才更可怕，而可变成本则可分三项：人工成本、广告成本和库存，这三者加起来也超过了 15 元。

二、造成亏本的真相

其实卖家在日常账务统计中，还有很多人工无法统计以及容易忽略的成本项。归结之后，造成卖家亏本的原因有两个：成本过高与定价过低。

1. 成本过高

（1）库存成本。不考虑实际售卖情况，盲目地大量生产，最终导致大量库存积压。面对这种情况，可以通过数据预测来对库存量进行控制。

（2）营销成本。大量投放广告，却忘记了营销不精准的代价，再多投入都是浪费。因此卖家必须注意分析人群及广告渠道特征来精准化营销，在扩充营销的同时，要“紧抓”老客户，用最小的流量成本培养老客户、让利老客户。

（3）优惠促销成本。优惠促销方式太多，如打折、送优惠券等，这些促销方式导致利润率太低，因此，卖家必须合理刺激客户，不能盲目打折。

2. 定价过低

定价过低，因为卖家没有准确地预算到成本，最终导致不盈利。

（1）成本项考虑不周全。如水电费、人工、优惠券等，只有综合考虑成本因素得出的定价，才是合理的。

（2）市场竞争，被迫压价。市场竞争太过激烈，价格要是不低就很难卖出去。但是一味用压价的方式来抢占市场，对自身也是一种损耗。因此，卖家必须对市场层次进行区分，通过做细分市场，或者找到自身产品差异化发展的空间，来实现价格差异化，让消费者乐意买单。

（3）被历史售价“绑架”。历史售价低于成本，导致卖家之后再参与此类活动时，必须继续低于历史售价，最终导致亏本。为长远发展考虑，卖家必须逃离这样的恶性循环，在定价前考虑价格区间，活动价格，历史最低等诸多情况下的价格变动。

第二节　备好货，冲刺双十一

前面已经讲述了双十一来临前的几大准备，这一节将从备货这个环节切入，继续冲刺双十一。

以往很多卖家都曾吃过备货的亏——货备少了怕赚不到钱，浪费这么好的机会；货备多了又怕卖不掉，要是没卖好全年赚的钱都要压进去，辛苦一年赚到的都是库存。

其实双十一备货的核心是要处理好一个问题：现金流与供应链匹配。

卖家不能只考虑业绩、销量，更要考虑做成目标销量的支撑点是什么。先分享一个真实的案例：这是深圳的一个卖家，之前做传统企业，线下不好做就转做线上。为了把电商做好，从外面聘请了三位运营高手。第一个月就做了 200 万，第二个月做了 400 万，整个公司都很兴奋，大家都处在热火朝天冲业绩的状态。后来第六个月就倒闭了，原来是因为他卖得太多太快，结果供应链跟不上，发不了货，买家投诉，被淘宝封店整改，半个月后再开，又被投诉，再次封店。这家店就这么失败了，失败的原因就是卖得太多、太过火，导致供应链断裂，直接闭店。

双十一不是一个普通的活动，不管能不能进入会场，对所有准备好的卖家来说都是一次很不错的机会。如果无法上双十一主会场或分会场，其实对于准备充分的卖家来说，这个节日的气氛所带来的自然流量也同样可以创造巅峰战果。

如果能参加双十一的主会场和分会场，自然是个好事情，但是同时备货压力和难度也增加了好几倍。双十一备货虽然很难，但是其实只要想明白几个问题就够了。

问题 1：如何设定双十一的销售目标？

双十一备多少货，首先要看双十一定多少销售目标。目标怎么定呢？一般要分析参考以下几个因素：

1. 上一年双十一的业绩
2. 天猫商城的增长比例
3. 天猫对上一年双十一的期望值和市场预热力度
4. 本店上一年双十一业绩(如有参加)
5. 9 月初至 10 月底的日销售额平均增长状况
6. 主要竞争对手的销售增长状况以及市场份额占比
7. 会员客户的增长速度以及整体排名状况

除了对过往数据进行认真思考以外，还要根据具体实际情况定一个相对合理的计划，较为保守的做法就是各部门参与双十一的人员都参与目标分解。

推广部门要提交一份流量目标分解报告，预计通过直通车引来多少流量，通过钻展预计能引来多少流量，淘宝客、手机端、淘外等流量有多少？做一个基本评估，并最大限度地保证店铺流量的持续性。策划部门要准备多套活动方案，以保证销售顺利完成。根据内部的会员增长情况、产品复购率、新增产品数以及销售月增长率，确定一个切实合理的销售目标。（注：主会场平均增长 80 倍，分会场平均增长 40 倍）。

问题 2：备货是按小二给出的参考指标还是按自己的销售目标？

小二会给参会商家一个销售指标，因为双十一也是电商界最大的一个日子，也是代表着电商市场的趋势，所以各大商城会对参会商家有一个筛选，也会对商家有一个销售指标，代表着商城的市场投入力度，也代表你目前在市场中的机会。当然给出的指标会高于你以往实际的销售水平，但如果你准备充分也是可以完成的。

很多卖家有疑问，是该按照自己评估出来的销售指标备货，还是该按照商城给出的参考指标备货呢？要想清楚的是你所能做到的真实销售目标与小二要求的目标差距有多大，是否有风险。如果对方提供的指标过高，你就要与对方沟通一下，搞清楚这个指标是怎么得出来的，他会告诉你怎么完成。也有一些卖家觉得差距不大，甚至之前定的目标比指标还高，说明这个卖家很自信，但要谨慎，不要太盲目，折中一下。备货最好控制在自己的销售目标之内，保守一点的做法就是：宁可卖断货，也不压货。

问题3：备货的死穴是什么？

备货的关键就是要对风险进行充分地预知。假如双十一的销售目标是1000万，那么要备多少货才比较合适？若备多了，辛苦一年全是库存，若备少了，机会又白白浪费。

网上流传着这样一个备货量公式。

备货量＝折后金额控制在目标销售金额的2倍以上，即预估售罄率为50%。

按这个公式，假如销售目标是1000万，那么就要备4000万的货，按全场五折售罄率50%才是1000万。其实这是一个误区，如果卖不掉呢？备这么多货卖不完怎么办？所以备货不能按照这个公式，备货的关键是要根据自身的情况对风险进行充分的预知，并且搞清楚以下几个问题。

1. 如果要完成1000万的销售目标，需要备多少货？譬如你自己评估的售罄率约为40%，最低销售业绩底线为800万，按照全场5折计算，那么就要备3200万的货。

2. 备这么多货需要占用多大的现金流？ 按货单价100元计算，就要32万件货品，假设成本为30元，也就是要占用94万元现金。如果备货32万件，那你的现金流还充裕吗？一般不建议占用 60% 以上的现金流，这个限度就接近危险指数。因为双十一还有很多突发状况发生，双十一后遗症也很多，所以现金流不要太紧。

3. 全场打完折扣之后，请问还盈利吗？剩多少库存便不存在压力？

有的人辛辛苦苦做活动，却没有赚钱，这是很可惜的。所以，要问一下自己，这样做赚钱吗？

4. 那么如果这些备货卖不掉，大量库存应该如何消化？售后措施是什么？多长时间可以消化？工厂是否同意回收、折抵？你所接受的最大库存比例是多大？该怎样做好应对措施？

思考到这一步，基本上你就会清醒地知道，原来备货只需要备这么多就好了，这样算出来的备货量才是最安全、最合理的，然后再思考下面几个问题。

5. 如果销售中出现货紧问题，那补货需要多长时间？产品的生产周期有多长？保险的考虑一般是把生产周期延迟一周，若不是自家工厂，在双十一期间也有很多意外。

6. 一天的预估接单量大概是多少？需要多少人支撑完成打包发货？人员安排和出货频率是否能匹配？

如果这些问题都思考明白，风险预知得很充分，那么双十一之后就不会留下一堆库存了。

问题 4：要备哪些货？怎么把这些产品筛选出来？

备货量在自己可控的范围内做好之后，就要对产品进行深度分析，因为只有好产品才会有好转化。首先选产品要有几个指标：

1. 好评率较高的产品
2. 销量持续增长的产品
3. 有利润空间打得起价格战的产品
4. 能带来大流量的产品
5. 适合与多个套餐组合的产品

6. 相对竞争对手具有差异化或者具有明显优势的产品

7. 有强大库存供应支持的产品

8. 具有价格吸引力的产品

在备货过程中需要注意的几个重点如下：

（1）在销售目标中不管是预售还是会场型号均为规划产品，并未有明确下来的资源。需要实时跟进运营思路、选品的结果以及更新状态等一切变化因素。

（2）规划型号目标任务时，对各型号做出保守预估和乐观预估两个规划，根据乐观预估去规划备货。

（3）补货计划中，需要考虑到截止活动日销售加上活动预估销售以及安全库存备货。安全库存极为重要，需要根据工厂的反应情况进行做相应地调整，假设工厂生产周期为 10 天，运输入库周期为 10~15 天，则安全库存就是 25 天，意思为活动后需要在仓可销要达到 25 天以上的库存才能安全过渡到下一周期到货，A 类货品可将安全库存提高，防止预估不准，分仓不均等情况。

（4）规划补货节奏、入库节奏，一般活动补货可根据型号以及工厂生产节奏，可以分批节奏性地进行补货，不仅可以降低高库龄滞销率，也可以降低周转率，另外可以缓解最后批次入库的紧张情况。

（5）一般预售产品或会场产品会因为流量承接量大，而导致货源或者分仓不确定等问题，这时商家会选择开启负卖。但是笔者一般不建议开启多个型号负卖，因为负卖的不确定量会导致后期一系列问题的存在。在负卖过程中，进行实时监控，如若分仓已经确定，则根据分仓后的确定数量来进行监控，建议留 10% 左右做后期售后问题，如换机等预留库存。

此外，还需要注意以下两个方面。

一、选品维度

先看一张选品维度的思维导图：

序号	选品维度	参考方向
1	市场容量	Top 100 卖家销售额、全网历年销售额环比增长率
2	品类占比	品类在类目下销售额占比
3	价格区间	品类最受用户欢迎价格区间
4	价格竞争力	品牌在品类中的市场容量、口碑、价格区间对比
5	成交方向	最受用户欢迎风格、面料等
6	品类竞争程度	市场容量与卖家数比例

A. 市场容量：市场容量主要参考市场规模、用户规模、市场前景，对于当下市场容量较小的品类来讲，不是不可以做；如果这个品类增长空间不错，那说明市场前景不错。

B. 品类占比：指的是要选择的品类在大类目下的市场份额，比如厨电类目下电饭煲、水壶、榨汁机等，品类市场容量分别占比多少。

C. 价格区间：价格区间决定了用户群体及用户规模，比如你准备做一款售价 300 元的水壶，但全网 99% 的用户都选择了 300 元以下的，那么就代表没有受众，如果你硬推，就需要付出市场教育的成本，但这个成本是非常高的，并且成功概率极低。

D. 品牌竞争力：这个对于标品来讲尤为重要。假如要做国产手机，是选择做华为、中兴、小米、联想、酷派还是其他品牌手机？一定要分析这几个品牌在市场规模的占比、口碑及价格区间（即用户群体）。

E. 成交方向：即用户选择产品的属性。比如手机，是选择做 16G 容量 /1000 万像素还是 32G 容量 /1200 万像素的，如果 99% 的用户都选择了 32G/1200 万像素的手机，那么若去做 16G/1000 万像素的？那肯定成果不佳。当然容量和像素只是举个例子，像手机还有自动美颜等这些非常受小女生喜欢的属性，我们也要做多维度的分析，而不是单一维度的分析。

F. 品类竞争程度：也就是市场容量与卖家数量比例，市场容量固定，卖家数量越小就越具有竞争优势。比如下图就可以看出卫浴家具相对具备的竞争优势。

品类竞争优势					
品类	销售额	竞争宝贝数	竞争优势	竞争店铺数	竞争优势
卫浴龙头	31 335 578.78	84 300	371.7151	26 011	1204.705
卫浴挂件	91 399 812.79	72 300	1264.174	12 890	7090.754
卫浴家具	673 291 223.8	4880	137 969.5	7105	94 763.02
卫浴配件	9 891 842.23	20 600	480.1865	11 467	862.6356
坐便器	391 143 383.6	341 900	1144.029	25 113	15 575.33
地漏	22 073 784.36	63 100	349.8223	12 497	1766.327

注：这里讲的店铺并不是真的卫浴类目，而是为了便于分析，笔者才用了此类目的数据做讲解。

二、测款

测款者们采用的方案非常多样，比如直通车、钻展、爆款关联、老顾客、微信评价积分等测款方式。每种测款方式参考的数据维度都不一样，比如直通车测款，笔者主要参考点击率，其他维度基本不看。这里将对店铺采用的爆款关联测款方式进行阐述。

例如：卖家有一款日访客 1 万以上的爆款，是一条夏季的裤子，现准备测试秋季的上衣，那么拿出 4 款上衣（分别为 A、B、C、D）放在当前爆款的详情页上进行搭配销售。

爆款 + 上衣 A=108 元

爆款 + 上衣 B=108 元

爆款 + 上衣 C=108 元

爆款 + 上衣 D=108 元

搭配销售 7 天，最后按以下维度综合选出主推产品：

（1）宝贝详情页访客数最多的上衣为最优选择；

（2）宝贝销售数量最多的为次优选择；

（3）宝贝转化率最高的为最次选择。

根据以往几个月的销售状况，判断出符合要求的产品，进行深度规划，这样就不会出现产品不赚钱、产品差评多或产品卖不动等一系列双十一后遗症。

第三节　双十一营销计划之营销活动与关键指标分析

双十一营销计划是指在对“天猫平台双十一活动营销环境”进行调研分析的基础上，根据品牌的双十一营销目标和店铺关键指标来制定并实现这一目标所应采取的营销策略、措施和落地步骤的明确规划和详细说明。营销计划能指导品牌电商在双十一期间“正确地做事”。

一、营销计划表

接下来我们看看双十一营销表由哪些维度信息组成，以及为什么会有这些维度信息的存在。以下是详尽分解和分享。

下表是双十一营销计划表的构成。

品牌双十一营销计划表

<table>
<tr><th>阶段</th><th>项目</th><th>描述</th><th>备注</th></tr>
<tr><td rowspan="5">大促前</td><td rowspan="3">去年分析总结</td><td>查看去年双十一的资料</td><td>回顾过程</td></tr>
<tr><td>讨论</td><td>安排人员和商品</td></tr>
<tr><td>总结</td><td>规划店铺内商品结构</td></tr>
<tr><td rowspan="2">目标</td><td>设定双十一销售目标（B店：冲2000万保1500万；C店：冲300万保100万）</td><td rowspan="2">通过双十一，达成目标</td></tr>
<tr><td>设定服务目标，DSR评分、纠纷率、回头率、响应率</td></tr>
</table>

续表

阶段	项目	描述	备注
大促前	目标	设定运营指标、转化率、跳失率、人均浏览页	
		设定客户 CRM 指标	
	商品端	梳理商品计划、确定主推商品及价格	商品分层和定价（包括双十一后主推商品）
		主力商品价格申报	确保活动当天销售无误
		确定 11 月 11 日能调整的商品库存	确保当天能有临时调拨库存，在当天能申报
		库存盘点，精准库存	防止超卖投诉及售后问题
		客服衣服试穿，尺码推荐培训	最大程度了解实物尺码，提高尺码推荐准确度
		设置安全库存	
	系统相关	价格申报系统学习及商品导入	
		财务人员跟进各种收费产品情况(图片空间、直通车、促销工具等）	
		图片移至淘宝图片空间	
		保证金冻结	
		物流系统对接调试	
	运营端	10 月初开始双十一预热	
		双十一店铺首页模板确定（5 套备选）	
		宝贝详情页优化(5 套备选）	引导自助购物，双十一活动说明，发货情况备注等相关信息
		店铺自定义页面及商品列表页优化（2 个方案）	

续表

阶段	项目	描述	备注
大促前	运营端	活动当天的规则确定及相关细节	规则、奖品、产品实现、时间点
		直通车及明星店铺、充值并确定推广关键词和商品	提高产品范围和推广力度，全力为0~12点引流
		淘客调整佣金比例，确定淘客推广计划	
		短信群发，提醒老客户关注双十一情况	
		商品标题优化，匹配商城关键字，如：双十一购物狂欢节	提高搜索流量
		旺旺群消息关注情况	关注会场群及各种商家群，确保最新通知无遗漏
		友情链接	增加各个店铺的友情链接，最大化流量
		短信模板、电话模板、催款模板等	标准化服务
		E客服增加	提高客服接待能力
		内部内训	全员理解活动规则和操作流程，专人专责，落实到人
		全体动员大会、士气激励	
		售罄标识	活动当天可以适当留若干售罄标识，增加促销气氛
	物流端	标准作业流程、测算发货效率	安排小组分工，测算每小组单位发货量
		根据发货效率计算所需人员数量、并根据订单情况排班	

续表

阶段	项目	描述	备注
大促前	物流端	仓位确定	所有商品有序排放，热卖商品放置靠前位置
		流程优化	
		机动发货人员名单确定	预先招募人员
		实战培训演练一次	
		硬件准备（打印机、纸张、扫描枪、快递盒）	多备，并确保可用
		物流公司沟通	确定双十一仓库待命和配合分工
		商品布局、人员路线、发货流水线优化	
		提供热卖商品预估方案提前打包	
大促中	运营端	数据监控	入口图片点击、店铺首页商品点击、运营数据、销售数据等全面监控
		美工视觉营销	页面制作，商品位置调整
		货品端监控	
		信息监控	密切关注小二信息和竞争对手动态
		临时商品信息申报，库存补充	
	客服安排	人员分配	售前接待、售中催付款、售后退款等，专门接电话的客服
		住宿吃饭	提前订餐，准备零食，安排通宵人员住宿情况
		审单打单分类	按照最新的审单标准

续表

阶段	项目	描述	备注
大促中	物流端	合理安排发货人员班次	根据当日前半段发货进度调整之后的人员配备
		盯库存	
		仓库整理	专人仓库整理，将错单、掉地上的商品整理
大促后	运营端	更换活动后页面模板	
		活动总结	
		根据活动后高位流量维持一周的经验做好销售	
	客服端	售后服务	
		库存核对	

分析上表会发现整个双十一营销计划表单是由多个信息维度组成的，营销计划表是一个二维表，以时间为横轴，关键维度为纵轴。其原理是以时间控制为核心来确定双十一关键指标能按时按量地完成的。

其中最主要的几大维度是：营销活动、双十一会场位置、业绩指标、客单价指标、转化率指标、流量指标，另外还有商品配备原则、店铺活动推广、店铺陈列原则、流量补给推广等。当然在这几大指标中又会做一些细分，具体细分成哪些指标会在下面的内容中做出说明。

二、营销活动

整个双十一营销计划表中我们把活动分成三个部分。

（1）打基础、增销售。时间节点是在 10 月 10 日—10 月 31 日，这部分主要是聚划算活动和店铺优惠券发送活动。当然这段时间也不局限于只是聚划算的商品团和品牌团，如果开通淘金币权限的，淘金币活动同样是可以参加的。另外像品牌特卖也是可以的，只要是一切能举办的店铺活动，都可以申请参加。

（2）预热。预热活动也是直接影响到双十一当天业绩的关键部分，预热是双十一的前奏，预热的时间节点是11月1日至11月10日，活动内容主要包括双十一当天使用的店铺优惠券推送、提醒消费者提前加入购物车、参加官方预热活动、CRM（客户关系管理）维护和营销、SNS（社交网络服务）推广等。

预热这十天，除了要通过合作预热活动拉新会员之外，对用户群基数较大的卖家来说，最重要的事情还有CRM维护和营销。具体分成几步，每一步采用什么样的手段来激活、维护已有的老会员，吸引老会员领取双十一优惠券，提前把目标商品加进购物车，双十一当天能回来下单购买，这些都是值得各位卖家要深思的问题。

（3）双十一当天。双十一当天的营销活动主要是根据当天官方赛马时间点和规则来定的，不同时间段有不同玩法，当然全场1~5折必须要有，满减也是不可缺少的。但是除了这些常规款外，我们是不是可以进行一些玩法的创新呢？以下是两个活动设计思路，仅作参考：

①刺激用户购买：

第1、88、888、1888……用户的激励

限量购产品销售（稀缺感）

售罄产品公布（紧迫感）

赠送礼品

Vip会员包装

②提高客单价：

关联营销

满额就减、买多折上折

对高客单价用户进行奖励

提高单包件数

买多件享优惠

三、双十一关键指标

我们在做双十一营销计划指标内容的时候，要明白双十一关键指标所包括的是哪几个信息维度，这里重点讲一下双十一营销计划表纵轴中的几大关键指标：

（1）会场位置。我们要根据双十一审核结果，明确自己所在的会场，双十一有主会场、分会场之分。当然，我们如果在分会场，也要通过赛马规则争取主会场。2012 年的时候还有一淘会场，另外就是双十一当天是否有聚划算的品牌团或者商品团支持。根据当天会场资源进行接下来的各项指标的预估和制定。

（2）业绩指标。这里的业绩指标由两部分组成。第一部分是通过自然流量带来的业绩指标；第二部分是根据会场预估所能实现的双十一业绩指标。业绩指标可以根据上一年度相关数据，或者竞争品牌相关数据作为参考来预估和制定。

（3）客单价指标。这里的客单价指标指的是双十一当天预估的客单价，同样也是根据不同会场的折扣要求和消费群的区分，以及商品价格的不同来制定相对应的客单价。可以参考上一年度双十一的客单价数据，或者竞争品牌的相关数据。

（4）转化率指标。这里的转化率指标指的是双十一当天预估的转化率指标，同样也是根据不同会场的流量情况和消费群的区分，以及商品价格的不同来制定的。可以参考上一年度双十一的转化率数据，或者竞争品牌转化的相关数据。

（5）流量指标。这里的流量指标分为两部分，一部分是自然流量指标，另外一部分是已购买的流量指标。根据双十一目标业绩，结合客单价、转化率以及自然流量这几部分的数据，计算出达成目标业绩的流量缺口，确定所需要购买的流量数据及预算。

第四节　五大打法创造休闲服江湖角斗传奇

“穿什么就是什么”这句广告语“很 80 后、90 后”，创立于 1996 年的森马集团，以时尚个性的风格迅速抢占了 16~25 岁这一层年轻人的休闲服装市场，旗下有“森马”及童装“巴拉巴拉”两个知名服装品牌。

2014 年双十一当天，全网业绩为 2 亿，其中官方旗舰店当日的业绩达到 8550 万，位列天猫男装的第 8 名。而天猫的巴拉巴拉官方旗舰店，则达到了 7450 万，位列天猫童装的第 1 名，母婴类目第 2 名，仅 6 天时间就完成全网 102 万单货的发货量。

如何在高手云集的双十一做出如此漂亮的成绩？本节将以森马为例，从计划拟定、爆款打造、营销布局、流量运用、团队氛围等多个方面，详细讲述双十一品牌商到底该如何做出漂亮业绩。

一、计划要先行，否则钱亏在哪里都不知道

要想在双十一大战中拔得头筹，提前准备是重要一环，这个准备期长则一年，短则三个月，必须做到“计划先行”，否则，大促做下来有可能不赚反亏，而且都不知道亏在了什么地方。尤其是当品牌商客单价低、发货量大、参与人员多的时候，如果没有计划，那就会非常危险。

因此，每年在开始准备双十一时，都要制定“双十一作战部署”，并告知公司里的所有人员。真正做到“全员透明”，只有这样大家作战的步伐才会一致。

1. 把握好关键时间节点

在双十一作战部署中，需要设定关键的时间节点，这既是对员工努力工作的鞭策，也是一种仪式。以下是几个比较重要的关键时间节点，可供参考。

（1）双十一启动会

“双十一启动会”是要告知所有人员，“双十一已经开始了，你们要进入备战状态了”。为了让员工提前感受双十一的氛围，企业可以组织员工集体到仓库参观。另外，每位员工都十分关心自己是否可以得到“双十一福利”。所以在启动会上，可以组织员工一起讨论在之后的表彰大会上，最想要得到的奖励是什么，并承诺会在业绩目标达成的情况下，把尽可能多的福利回馈给大家。

（2）确定方案日

在进入双十一备战状态之后，公司需要成立专门的指挥部门，并负责在双十一前两、三个月的某个具体时间点把所有方案完全确定下来。

（3）双十一动员大会

这是部署中十分重要的一个关键节点，它标志着11月1日预热已经开始。无论是准备还是执行，都要开始推进，所有人员都要进入一级战备状态。想尽办法让客户在11月1日—11月10日期间，往购物车、收藏夹中添加更多的商品。

（4）表彰大会

这个大会是员工们最期待的，企业必须把原先在动员会上承诺给员工的福利，尽可能地回馈给他们。这会让员工在回想起来时，得出这样一个结论：“公司给大家的承诺做到了！而业绩也做到了！”久而久之，这会形成一种良性循环，并且加固公司和员工之间的信任机制。

提前部署好双十一作战计划后，就按照不同的时间节点，有节奏地进行推进，即使是看到了竞争对手的备战动作，也不能慌了阵脚，要按照自己的节奏去推进自己的事情，因为每一家企业的情况都是不一样的。

2. 提前把账算清楚

在公司内部可以尝试采用“阿米巴管理”，在这个管理体系里有很重要的一项是阿米巴核算。无论是双十一，还是年度、月度，公司都必须重视这件事情。一旦经过反复完善，它给公司的回馈会是巨大的——每一次制定的计划，只要不出大的问题，基本上都能够实现。

在阿米巴核算中，有一张核心的表格——财务预算表，根据这张表格公司可以将所有收支都清晰地罗列出来，并做出预估。从终端销售额、商品成本、回款、收入、毛利到物流费用、固定费用、运营费用、净利润，都可以通过这张表格在双十一之前完全制定出来。有了清晰的财务预算之后，才不会在面临选择时变得盲目。

另外，实施阿米巴核算之后，每位员工在赚钱的时候也会更有动力。因为每一个阿米巴组织都是要自负盈亏的，每个团队都要自己去赚钱。赚了钱，团队就会有奖励，而团队成员个人也才会有更多的奖励。

“不以赚钱为目的的店铺不是好电商。”这是竞争压力大、工作内容辛苦的电商企业该有的态度。尤其是客单价比较低的企业，如果不做好财务预算，不做好计划，一件事情如果不盈利，那就真的没有任何意义了，还不如把钱放在银行，这样还会有几个点的升值空间，可以坐收利息，那不是更好？

3. 把工作内容按人拆分到细节

为了有条不紊地推进双十一工作，企业需要根据工作内容和部门职能，帮员工“站队阵营”。例如：森马集团在双十一大战时，分了六大军团同步作战。森马和巴拉巴拉是比较大的两个品牌，所以分为森马军团和巴拉军团；而其他品牌分别融合到了平台汇军团和意森联盟军团里面。另外，还有总后勤军团和仓库野战军团，分别负责后勤工作和仓储发货。

在划清阵营之后，企业还需要根据整体作战部署计划里面的节奏，把各自的计划完全地分解下去，明确到每一个人，让大家清楚地知道自己在不同的时间里，必须要完成的事情是什么。当工作完全细化，在双十一结束之后，才能公平公正地算出每个人的奖励。为了增强每个“阵营”的凝聚力和战斗力，在奖励的时候，可以设置一个大的“奖励池”。例如，如果这个军团超越了 8000 万或 9000 万，那分别会得到怎样的奖励。每个人应得的奖励就可以按照原先的部署计划来定——完成的任务、贡献的内容、上级的评价等，这些都是核心的考量因素。这样一来，即使有的人能获得 2 万奖励，有的人只获得 200 元，那也不会有任何人提出异议。

二、找到核心竞争力，打出爆款拉大差距

无论是做大促还是做日常，核心产品都非常重要。只有找准了核心产品，才能打造出爆款。一般情况下，每一家店的核心产品数量可能都不太一样。森马店里的核心产品大概有 50 款，2014 年做得最好的一款是由李敏镐代言的棒球衫羽绒服。在大促当天它实现了 4.1 万件的销量，在天猫男装 top50 的产品里排名第三，羽绒服里面排名第一，拿下 700 万 ~800 万的业绩。

客单价仅为 179 元的单品，居然能取得这样的成绩，原因何在？

经过对近几年双十一大促数据的分析，森马发现：在休闲装、童装领域自己的业绩虽是第一名，但是和第二名的差距非常小。这个时候它想到，是否可以在保留已有款的情况下，再增加一个款，作为爆款来推，由此带动整体的销售，进一步拉大和第二名之间的差距。到了双十一当天，这个款一旦推出，就会让竞争对手“措手不及”，对方再想要用什么样的方式来竞争，都已经晚了，因为那个款是森马提前 3~4 个月就已经开始筹备了的。

可是增加一个什么样的款合适呢？森马突然有了新的想法：不如打造一款自己的领头羊款。在和总部的协商下，它找到了往年线下的一个爆款，在线下虽然已经停止售卖，但是当时的数据非常好，于是公司就决定把这个款拿出来做改良。随后把这款改良版和其他的款式放在一起，召集一批买手和运营人来投票选择，最后从很多款中选出了这款。确定下选款之后，从策划、拍摄、引流到客服活动等方面都投入非常大的资源给它。为了跟客户进行更好的互动，森马抓住目标人群年轻化的特点，把它交给了 40~50 人的客服团队，并对他们做了专门的培训，让客服清楚地知道这个款的卖点是什么，可

以和什么进行搭配，让他们高效地和客户进行沟通。

大促当天，打出这个价格之后，同行的商家惊讶不已："按照这个价格卖的话，不是要亏本吗？"实际上在做这个款的时候，森马就已经提前做了很多"文章"，这款羽绒服所需要的面料，都尽可能地全部选自库存面料，结果做出来之后，这款衣服的成本只有 120 元，这样一来就有 50 元左右的毛利，按照在天猫的费用比例来算，还是有不错的盈利空间。而且，这个款一做就是 10 万件。在成本和数量的双重保障下，森马用高性价比的爆款，在羽绒服类目中拔得头筹。

除了这款羽绒服之外，还有另外一个爆款是"巴拉巴拉"的领头款，在 2014 年双十一的销量是 2 万，这个结果虽已经达到了森马的预期，但是和羽绒服爆款 4.1 万的销量相比，还是有很大的差距。这和品牌资源、天猫资源都有着很大的关系。

三、制造噱头，做好营销布局

每年双十一都是一场没有硝烟的"厮杀"，高手云集。每一家都有自己的绝招，而自己能使出什么样的招数就非常关键。

要想做好营销，首先得有一个抓眼球的噱头。关键四步如下：

①看订单数；②瞄准一拨人；③确定奖品；④包装宣传。

公司可以通过对往年双十一的订单数据和日常订单数据分析，找出具有消费潜力的那一波人，然后确定下能吸引他们注意力的奖品，结合包装宣传，打造爆款。例如：2014 年，森马在分析数据时发现，即使平均客单价为 200 元，但还是有一小部分人的客单价在 300 元以上。其中，300~499 元这一档订单的占比只有 3.22%，订单金额仅有 4.97%，于是森马瞄准了这一小部分人，试图通过奖品的形式吸引他们的注意，从而刺激购买力。

在确定奖品的过程中，有一个非常重要的环节是"测试"，即测试出客户们最希望拿到的奖品是什么。为得出这个结果，每位客服需要以问卷调查的形式给核心会员推送消息，调动大家的热情一起参与。2014 年，森马奖品的谜底是："满 499 元，前 100 名送 iPhone 6。"经过这 100 台 iPhone 6 的刺激之后，300~499 元这一档订单的金额占比变成了 21%，订单占比上增至 9%。而且，即使没有赢得 iPhone 6 的客户也没有申请退货，实际效果远比当初预想得要好。

在营销布局中有一个非常重要的点是"抓明星"，如果能包装好，那就可以让销量借势而上。在前面的阐述中，已经介绍过 2014 年森马的两大爆款：森马领头款和巴拉巴拉领头款，这两大爆款的打法几乎一致，但在销量上还是拉开了近 2 万的差距。除了品牌资源、天猫资源的影响之外，最重要的一点是代言人。森马领头款的代言人是李敏镐，而童装是不能找代言人的（16 岁以下的小孩都不能做代言人），因此，巴拉巴拉没有可以利用的明星资源，相较而言，森马就有了优势。

那么怎样"抓到"合适的明星，来引爆流量？这需要迎合目标消费群体的口味。森马的主要客户群为 16~25 岁的年轻人，韩国艺人李敏镐深受他们的欢迎。他的微博粉丝近 5000 万，如果能从这么庞大的粉丝群里，吸引 7 万人到店里，那就已经非常不错了。于是，森马把李敏镐确定为代言人。为了能吸引到更多粉丝的注意力，品宣部开始在宣传文案上下功夫——对大多数忠实粉丝来说，最接受不了的就是挑衅他们对明星的熟知度，于是"不要说你懂李敏镐"成了这款羽绒服最后的文案。

结果，这句话一发出去，在微博上 @ 很多粉丝之后，很快就得到了响应。于是，顺理成章地，森马开始了下一步动作：受淘宝帮派的启发，它把李敏镐最新最全的消息集合在一起，让粉丝来看，这些消息粉丝们在微信、微博、百度贴吧等都只能看到一部分，但是在这里却可以看到最新最全的。简单过渡之后，森马继续开足马力进入下一步。"你如此喜欢的李敏镐很快就要去服兵役了，你一定很想见他吧？"抓住粉丝想要见明星的这种迫切心理，它开始"玩各种花样"——和这款衣服互动最多的 50 位粉丝，将免费获得李敏镐见面会门票。表面上借的是明星的噱头，但实际上是想要让粉丝来增加流量，把这款羽绒服"打爆"。

果然，在预热环节时，这款衣服“加收藏”“加购物车”的速度就非常惊人，其他的款虽比它提前上架，但是远没有它的速度快。在双十一当天，仅这一款衣服就给森马带来了50000~60000的流量，远超预期。

四、珍惜流量就是珍惜资金

从备战到一线，为了能更好地集中能量，可以把较长的战线切割成不同的阶段，例如标签阶段、蓄能阶段、预热阶段、销售阶段等。在各个阶段，需要注意的是，一定要珍惜流量。因为流量都是靠资金去买的，所以花出去的钱一定要产生效果。在双十一的整个布局中，森马所有的投入为200万左右，具体收入比见下表：

分类	时间段			
	10/20—10/26	10/27—10/31	11/1—11/10	11/11
	标签阶段	蓄能阶段	预热阶段	销售阶段
花费	15.3w	21.9w	127.1w	11.21w
流量	18.85w	21.3w	69.8w	10.2w
销售额	31.8w	94.3w	883.4w	204w
阶段性目的	标签战争	迎新守老	主守攻辅	实时作战
	提前给受众访客打上森马标签，在平台大流量导入的时候，优先其他店铺展示森马宝贝	新老用户活动通知，与其他店铺拉开抢人大战	通过广告主动展现形式，不断加深客户对森马双十一活动的认知	根据当天的指标完成情况，实时调整计划

（1）标签阶段：钻展和直通车开始有目标地推进。

（2）蓄能阶段：客服开始对新老客户进行双十一抢购预热。

（3）预备阶段：只做一件事，让客户加购物车、加收藏。

（4）作战阶段：这是最后一步，基本上所有事情都已经敲定，要做的就是紧盯会场。

为了珍惜流量，从预热开始到双十一“赛马”的每个环节，企业需要和小二保持高效频繁的沟通，主动了解各张图点击量的排名，并提前做好测试。在多数情况下，即使提前做好了测试，也无法保证能在双十一这一天100%有效，但是至少可以做到心中有数。淘宝小二一般都十分繁忙，所以建议采取电话沟通的方式。

另外，为了让流量的效益做到最大化，建议同行业中的品牌商可以尝试数据共享。大家把双十一当天的数据分别拿出来交换，一起分析从首页到承接页，数据好的原因在哪里，差的地方该如何避免。大家可以相互讨论，做了分析之后，就会有针对性地把控流量，知道该如何去做调整。

例如，在休闲服饰的圈子里，森马每年都会和以纯、美特斯邦威、真维斯等品牌共享数据。

五、团队氛围很重要，不要小看人的力量

再完美的计划也需要靠人去推动，因此千万不要小看人的力量。

森马内部一直重点强调的是在努力中寻找快乐，鼓励全民参与，协同所有部门，利他共赢，鼓励团队多去担当，奖罚分明。这六大点，不仅可以成为企业应对双十一大促的管理要诀，也可以作为日常维持团队高效战斗力的方法。

1. 在努力中寻找快乐

森马内部推行的是“阿米巴经营”，在阿米巴的第六项精进里面就有一项是“付出不亚于任何人的努力”，这一点在公司成立时，领导层就一直反复去和每一个人宣扬：无论是中层还是高层，不要因为日积月累的工作，就减少了继续探索的热情和对成就感的追逐，要在努力中寻找到快乐。

2. 鼓励全民参与

鼓励全民参与也是阿米巴经营模式中的一套原则，无论是计划制订还是

营销施行，每一处工作细节都不是单靠一个人的力量就能完成的，它需要很多人一起参与。而只有当所有人都瞄着一个点共同去做的时候，这件事情才有可能成功。尤其是团队壮大之后，如果只有一小部分人在努力，那效果会大大降低。

3. 协同所有部门

无论是 HR 部门、IT 部门还是行政部门，在双十一期间，企业都需要将他们充分利用起来，给他们安排明确的任务和职责，如果他们有人无法胜任工作，就组织培训，帮助员工成长。

4. 利他共赢

利他共赢不只是决战双十一的团队管理方法，还可以成为一家企业的价值观。员工在做事情的时候，森马会给他们灌输这样一个概念——“善的选择”。即这个选择对现在有好处，对将来也有好处。对员工而言，就是在完成一件事情的时候，要考虑自己的选择对上游部门、下游部门和协同部门是否有好处。例如：森马店铺的流量非常大，那是不是可以给巴拉巴拉、其他的童装品牌、男装品牌去做引流。2012 年，森马团队在做这件事情的时候担心其他品牌会将自己的流量抢走，但其实整个流量是抢不了多少的，因为品牌是区分的，人员是区分的，是不可能抢走的。而且，这样调整之后，反而收到了很好的效果。实践证明，利他共赢不仅会使页面引流得到提升，还会让团队协作变得越来越好。

5. 鼓励团队多去担当

鼓励团队多去担当不仅能让团队运作更高效，对员工自身而言，还是一种成长。例如，一位普通的 IT 员工，在完成自己的工作，保证现场的设备都能正常运行的情况下，如果看到周围的同事需要帮助，那就去协助他们，帮助他们完成发订单、检货、打包等工作。时间一久，每个人所拥有的都不仅是一技之长。

6. 奖罚分明

奖罚分明是员工努力工作的原始动力。在双十一之前，让大家先明确，如果没有完成分配到的工作，或是没有反馈，那将会受到非常严重的惩罚，当年的升职加薪可能会被全部取消；但是如果员工完成得很好，那会在得到原先预定奖励的基础上，再得到另外一笔额外的奖励。

为了营造团队氛围，除了以上六大要点，企业还可以尝试其他方面的努力：改变公司的装修风格，让它更加电商化；在大促当天，举办参与度高的小活动；分发小礼品，调动大家的热情等。例如，以前森马的大楼是隔间的，太过传统。在双十一到来的时候，为了营造氛围，森马在大楼里面设置了一个红色跑道，所有人在上面签名，让大家感受到双十一自己身上负担的责任和使命；另外，在双十一当天，森马会通过抽奖、发红包的形式不断刺激大家，让大家往优秀和多担当的方向去表现。那天，不同部门的负责人轮流穿上财神服到员工群里去发红包，每到一处，都能引来员工的“哄抢”，拍合照、抢红包、做游戏，热烈的氛围，让大家的作战状态更加积极。另外，“森马军团过 7000 万小庆祝”“各司令团穿吉祥物庆祝”“双十一销售结束，全民庆祝”等不同时间节点的庆祝活动，都十分精彩。即使是战斗在后方的仓库部门也会为营造氛围玩出新的“花样”，身穿红、黄、蓝、绿四种颜色马甲的员工俨然组成了彩色大军，将团队气氛推向高潮。

第三章

搜索和数据

在电商领域，各项数据都十分重要，它能告诉我们自身存在哪些不足，哪里存在问题，就像温度计一样，帮我们量出与“正常水平”的差距。

同时数据需要进行比较才有意义，本章将结合卖家需求，从多个维度带领你实战分析几大主流数据工具的快捷优化用法。

第一节　价格带卡位

所有数据都是相对而言的，例如，客单价、差评数量——一家一个月售卖 100 个产品的店铺，是不是不好？一百个差评对一家一天发单量超过两千、一个月十万订单的店铺来说，算不算多？这都说明，看数据不能割裂开只看一面。

另外，数据需要和同行对比才能发挥出参考价值。在同一个行业内，不同的对比数据是不一样的。同一个数据指标对每个店铺能起到的效果都不一样。不过，无论如何，数据永远都像天平的两端，是可以增加不同重量的砝码实现平衡的。例如，当差评率高时，可以通过增加订单总数来进行稀释。这就是淘宝数据天平理论模型。

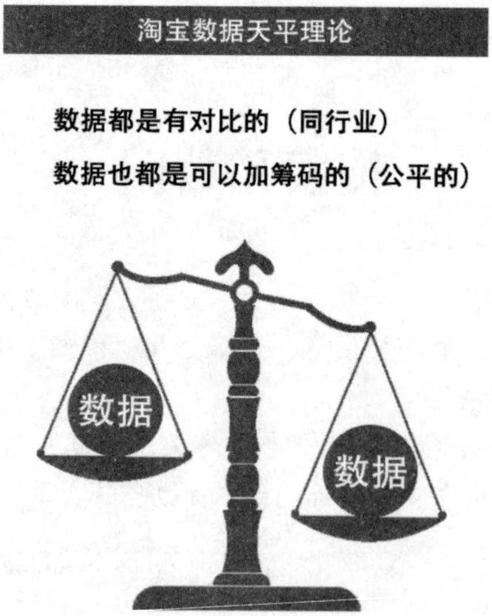

在日常的运营过程中，卖家不要过于纠结为什么某一个方法用在别家的店铺管用，用在自己的店铺就不管用了。相反，卖家要多看基础数据，要是DSR（淘宝店铺的动态评分）很低，那无论用什么方法都不可能报名上抢购或者聚划算。所以，一个比较有经验的操盘手，就和医生差不多，先重点提升店铺的综合数据，然后再定向提升某些数据，如果能长期这样良性循环，这家店铺就能如鱼得水了。

在所有数据模型中，有一个十分关键的点——价格带卡位。

在淘宝搜索的时候有五个价格区间，也就是价格带，天猫内部对产品定价有“价格模型”。你的产品定什么价格，卖多少件，排在什么位置，都是可以计算的，这就是“价格带卡位”。

价格因素对SEO的影响

A.谁来定价，怎么定价，为什么这么定价

B.市场以及竞争环境决定了你的定价

C.如何预判定多少钱，卖多少，排多少名

D.利用价格判断竞争环境，市场方向

……

定价，不是由你来决定的，而是由市场决定的。在定价时，切记不要定在价格带最低的那个档（低价冲量也不建议定价在这个价格以下），因为它的权重最低。

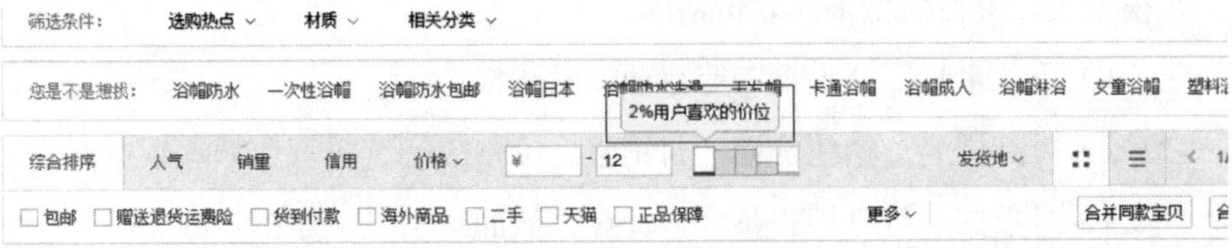

如上图所示，方框里呈现的就是价格带。按照淘宝平台的规则，价格高，销量少，排名会靠后，价格低、卖得多，排名才会靠前。但是压低价并不是一个“万金油”的方法，在不同的运营阶段有不同的定价策略。在不同的竞争环境下，也有不同的定价选择。卖家一定要找到适合自己的方向和目标，切记不可盲目。

这里告诉大家一个价格带卡位的方法：

价格因素对 SEO 的影响

一、根据天猫价格模型来建立价格库

1. 天猫默认排名搜索类目“大词”明确方向

2. 排名前一百的宝贝数据（人工抓）如下数据

“文胸”数据收集				
排位	销售价格	月销量	价格区间	总营业额
1	28.8	52 996	0 ~ 50	1 526 284.8
2	28.8	24 539	0 ~ 50	706 723.2
3	28.9	50 414	0 ~ 50	1 456 964.6
4	29.9	72 110	0 ~ 50	2 156 089
5	79.9	3396	50 ~ 100	271 340.4
6	59	3462	50 ~ 100	204 258
7	28	7956	0 ~ 50	222 768
8	39.9	38 136	0 ~ 50	1 521 626.4

根据天猫价格模型来建立价格库：

（1）用“主词”“大词”等行业词做词根；

（2）拉高排名、销售价格、月销量、价格区间、总营业额等数据；

（3）对数据进行分析、整合、计算，从而得出以下数据。

价格区间	排名合计	宝贝数量	平均排位	平均价格	平均销量	平均营业额	营业额汇总	营业额占比
0 ~ 50	202	3	67	37.7	2467	96 061	288 183	1.34%
50 ~ 100	1131	24	47	77.4	379	81 488	19 557 00	9.06%
100 ~ 150	767	20	38	126.6	352	195 859	3 917 185	18.15%
150 ~ 200	1312	26	50	184.3	288	443 398	11 541 356	53.47%
200 ~ 300	470	10	47	250.0	572	54 475	544 749	2.52%
300 ~ 400	508	7	73	383.9	113	183 069	1 281 481	5.94%
400 ~ 1000	351	5	70	676.4	1539	113 804	569 020	2.64%
1000 以上	309	5	62	1651.0	1551	297 030	1 485 152	6.88%

在上面这个表格中，我们重点看这几个数据：

（1）价格区间，看哪个价格区间的产品卖得最多；

（2）平均价格，明确自己定价要定多少钱；

（3）平均销量，知道自己定什么价格，要卖多少件才会有排名；

（4）平均营业额，明白自己在这个价格区间内，有多大市场占有率。只要数据达到 20% 就证明这款单品做得很不错，你的产品已经可以入小二的“法眼”了；

（5）有了这组数据后，我们可以明确定价、销量、排名之间的逻辑关系以及市场价格环境。

在做价格带卡位时，需要注意以下几个点：

（1）在计算价格带时，销量很重要。例如：一件 9.9 元的宝贝，需要卖到 3.6 万件才会有排名；一件售价 14.9 元的宝贝，则需要卖 3000 件才会有排名。但若是想要赚钱，并且长久卡位，那计算后会得到 29.8 元的售价才是最合理的价格。

（2）价格卡位价格模型。价格模型是在接手一个类目时必须要做的，它能告诉你方向、市场容量，以及你能做多大、能不能做上去，不懂这方面内容的运营，不是好运营。

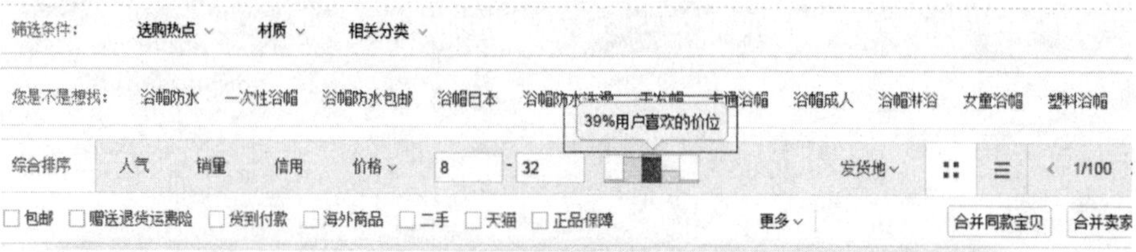

在对用户喜欢的价位数据分析后会发现，价格带最好的是 29.9，我们看看其他产品的定价，就可以知道为什么没有排名了。如果价格卡不上去，可以两件一起售价 29.9 ，目的就是卡排名。

（3）价格卡位要计算好。不然即使所有数据都做得很好，但价格定位不好，卡不住价格模型，排名也上不去。

（4）按照人气分的计算方式，活动会影响人气分，所以，主推款尽量不要做活动，做活动最好都用活动款。

（5）价格卡不上去就要用营销方式来解决，比如两件一起多少钱。

（6）淘宝不会让某个店铺“一家独大”，排名是会轮流的，会强硬变化。

（7）价格卡位过度的第二个玩法就是“销量卡位”，销量越高，越能卡住好的流量入口。

（8）注意动态评分维护。

第二节　淘宝中小卖家运营主要看生意参谋的哪些数据

如今，淘宝官方的数据平台越来越成熟，数据维度与分析方式更加多样化。那对于中小卖家来说，如何从数据平台纷杂的数据中掌握自身店铺的运营状况呢？

今天，笔者就以官方数据平台生意参谋为例，为大家简单梳理下数据运营的思路。

生意参谋的前身主要是辅助分析无线端运营状况的工具，自从 2015 年年初取代量子恒道之后，就成了淘宝的最大基础的数据平台，其他数据平台的数据都是调用生意参谋。可以说，生意参谋的准确性毋庸置疑。

生意参谋里的数据太多，对于中小卖家而言，哪些数据是必须关注的呢？

一、需要关注的第一项数据是实时直播

这是基于店铺当下的销售情况分析，便于及时采取运营策略。

实时直播中，需要关注目前的 PC 端和无线端的访客、销售额情况，跟前几天做一下大致对比，明确数据是否出现异常。

如果流量出现异常，需要仔细关注流量来源，核实流量异常的渠道明细，及时采取应对策略。

在实时数据分析中，无论店铺的销售额是否出现异常情况，都必须查看实时榜单，看看有没有哪些宝贝的转化率或者流量出现异常，以便及时调整。

如果每天都关注搜索变化，那实时直播中的实时访客数据就有助于优化关键词。

二、需要关注的第二项数据是经营分析

这是基于对过去的数据进行分析，主要包括流量、商品和交易。经营分析中的流量分析，主要关注流量地图，可以把 PC 和无线端每天的流量来源下载后，透视出来，这样就可以观察到每个渠道每天的流量变化情况。

经营分析中的装修分析，装修分析的点击率或点击量分析，是店铺装修（PC 端和无线端）优化的依据，非常重要。

经营分析中的商品分析，主要关注商品效果和异常商品，可以通过单品中的流量、销售额、转化率等去判断商品是否出现异常情况，并做及时优化。如果出现异常情况，直接点击商品温度计和单品分析进入，进一步分析异常的原因。

经营分析中的交易分析，可以通过交易概括和趋势分析，判断某段时间的增长情况。交易构成主要是告知无线端销售占比情况，以及类目和价格带的销售情况。

另外，营销推广主要分析营销策略的效果，这里的数据不是特别完整，建议使用其他数据工具。

关注实时直播和经营分析之后，实际上就已经基本了解店铺的运营状况了。

三、自助取数功能，实际就是一个数据库

数据库里的数据基本只保留 3 个月，所以需要及时下载保存。另外，取数中的很多维度，细化到收藏、APP 渠道来源、回访客、DSR 等各种各样的数据。

可以根据自己的需求，设置不同的报表。通过报表数据，可对会员、无线、客服、运营、活动等各种岗位员工进行合理地考核。

同时，商品、销售的数据对制定月度、季度和年度销售指标以及选品策略都有着非常重要的作用。

以上内容，主要是告诉你需要重点关注哪些数据，这些数据基本可以指导你经营好淘宝。其他功能可以根据个人需求进行关注，毕竟精力有限。

比如流量概况里的店铺路径和流量去向，是对流量更精细化的管理；官方工具里的选词助手可以帮助你做关键词优化；行业排行可以告诉你行业中流量、销售等排名靠前的店铺或宝贝，以帮助你学习别人的长处。

大家都在说，现在的淘宝越来越难做，竞争越来越激烈了。其实，竞争是相对的，没有哪个时候的生意好做过。前几年大家做淘宝，更多凭的是感觉和经验；如今的淘宝，真的是讲数据驱动了。

运用好数据，可以成为许多卖家的核心竞争力之一。以上是笔者的经验总结，只是笔者的道理，不是真理。希望对读者有一点启发！

第三节　你真的会用生意参谋吗（实操篇）

没有做付费推广的卖家，要如何做数据分析？本小节将集合 80% 的中小卖家需求，从多个维度出发，分析如何使用生意参谋。

用户从哪里来？

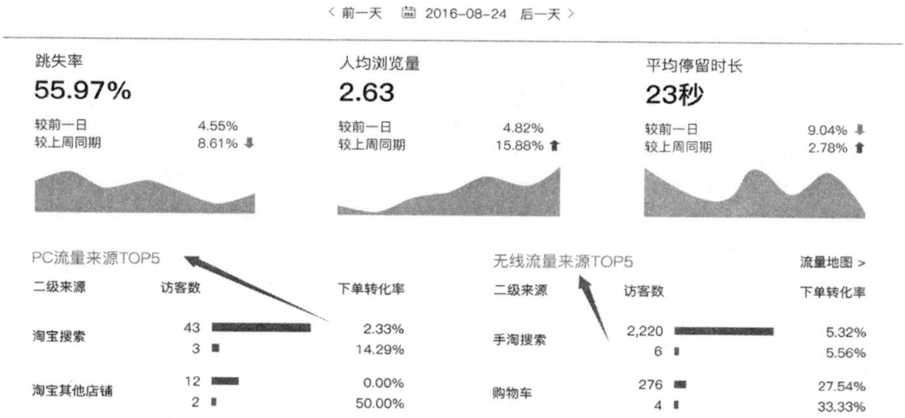

进入生意参谋第一页，下拉到流量分析，取前后 3 天的数据，对比后可以发现通过“淘宝搜索”来的流量最多。也就是说用户是通过搜索找到店铺的。经常有卖家发出这样的疑问：“为什么我店里流量突然少了很多，转化也不行了？”面对这个问题，笔者建议卖家可以先去看流量来源分析，弄清楚是少了哪一块儿的流量。如果是付费区少了，那就去分析付费的问题出在哪里；如果是搜索流量少了，那就去对比搜索哪里少了。除此之外，很多卖家还会有这样的疑惑：“搜索流量来源最多，那到底是哪些词给我的店带来了流量？店的排名到底在哪里可以看到？”这个问题的解决方法很简单——点击浏览来源淘宝搜索进入，拉到下面可以看到一个名为“来源详情”的板块。

▌天猫搜索：来源详情

来源关键词	访客数	新访客数	浏览量	人均浏览量	收藏人数	加入购物车人数	跳失率
长袖T恤女	937	716	6091	6.5	13	118	73.64%
女装2015春装	282	232	1592	5.65	1	38	53.90%
牛仔外套女	176	139	381	2.24	1	11	88.24%
T恤女	167	156	540	3.23	0	11	83.23%
长袖T恤女	159	133	524	3.3	0	17	84.28%
蕾丝衫	129	112	283	2.19	1	9	90.70%
雪纺衫	120	101	307	2.56	0	7	89.17%
短外套	107	91	275	2.57	1	8	94.39%
长裙	90	85	200	2.22	0	6	86.67%
衬衫女	84	80	179	2.13	0	6	94.05%

订购后的结果显示如上图，关键词搜索来源、访客数都一目了然。卖家可以找出重点词、核心词去做重点优化。所谓核心词就是那些收藏率高、加入购物车高的词。除了以上这种方法外，还有一种比较笨的方法就是每天晚上 11 点记录当天的流量来源分析。

通过“实时访客”，查看每一条最近的访问记录：访问时间、入店来源、被访页面、访客位置、访客编号。

这个方法比较好的地方是，可以指定商品。卖家可以清楚地看到自己店里每天销量最高的产品，到底是哪些词带入流量的。找出这样的词之后，就可以对直通车、标题、评价做出重点优化。

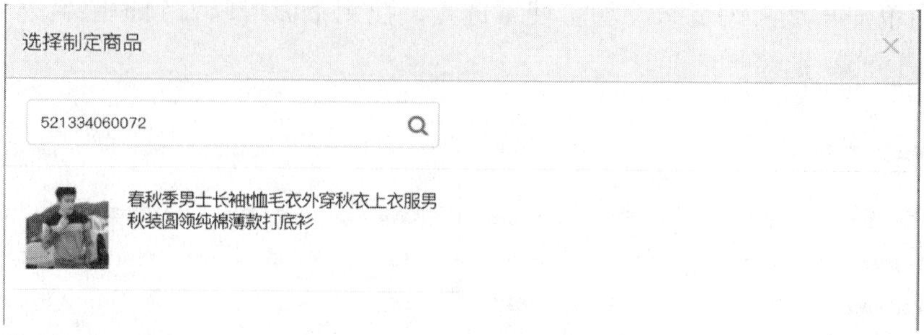

如果发现有“……”，不知道是哪个关键词的时候，卖家可以直接点击旁边的淘宝搜索，打开对应关键词的结果页。

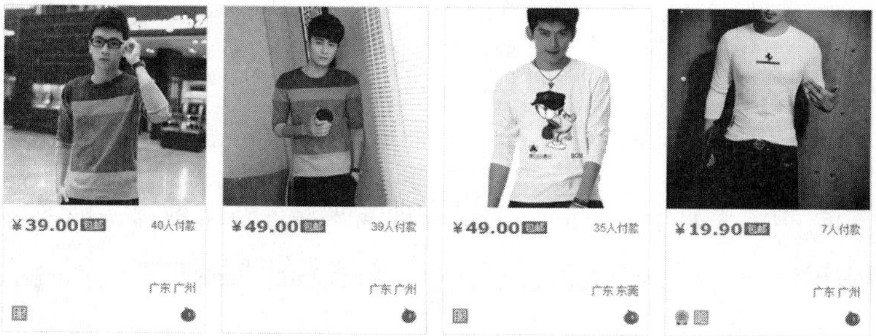

消费者通过搜索进入店铺，那么你准备让用户第一眼看到的是什么？如果你没有思路，可以按照以上提到的方法，找到自己的关键词，搜索结果页，然后进行对比。

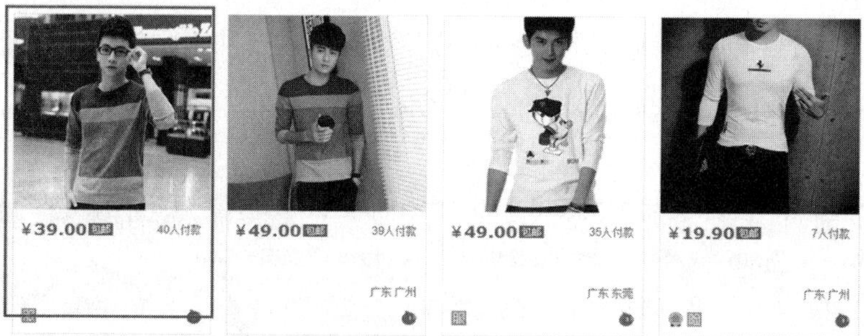

这里我们需要思考的是，如果对应的这个关键词宝贝排名位置不理想，那原因是什么？商品图片摆在那里实在勾不起消费者的购买欲望，或者说根

本就没法吸引买家的注意。那么，问题又来了，如何让自己的产品展示在重要位置，而不是陪衬的位置？这里就需要自己多看、多找感觉了。每个人的审美不一样，找到用户群体爱好的共性来定吧。

用户进来后，他们会看哪些东西？这里又要用到生意参谋了。找到专题工具——商品温度计。把对应的产品链接放到这里点击搜索。

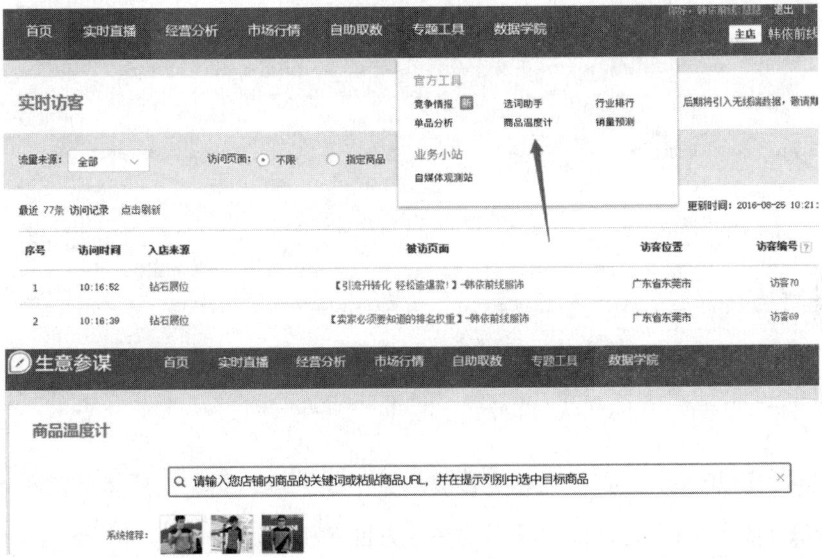

搜索出来拉到页面底部——找到影响商品转化的因素检测。

这里我们主要分析两点，用户看到的第一点：详情。

对详情页的展现情况进行综合研究会发现，同类目下面只看详情 1~2 屏的用户占比是 62%，3~5 屏是 11%，5~10 屏是 8%，10 屏以上是 19%。当前商品分析 1~2 屏只有 46%。很多人都在说前面 2 屏很重要，的确很重要。若前面看不到想要的就直接走掉了！

拉到详情开始页到浏览器正好看到的就是一屏，这个一屏呈现的内容如何？是否将买家关心的点呈现出来了？这是笔者留给大家的思考，不妨去研究下自己的店铺！当然，如果浏览深度高于同类目，那就千万别动！

第二点：评价。

很多人会忽略评价，惯性思维都以为是详情重要，事实上，详情也确实很重要。但有数据显示，现在 60% 的用户是先看评价，再决定要不要看详情的。所以卖家要反问下自己有没有这个习惯，另外再考虑一下要如何优化评价。

我们先搜索大词找同类目销量最高的产品。

价格先不去点评，我们先去看看销量高的产品评价如何。

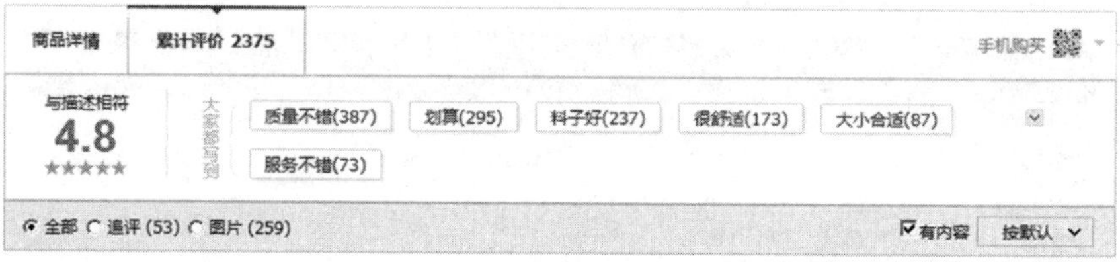

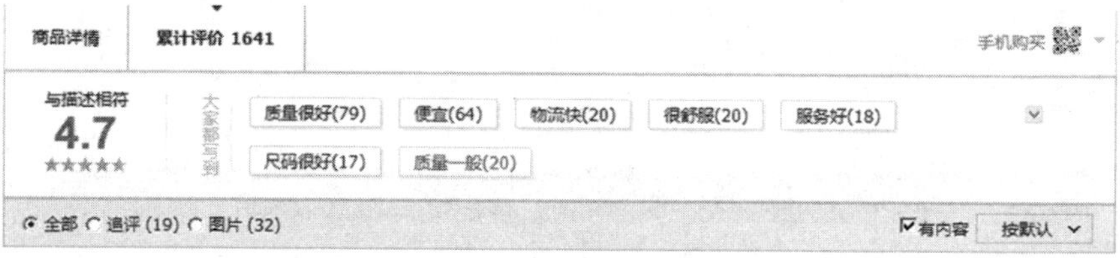

看到这些评价，有什么感觉？发现其中一个点，买家对质量非常在意，如果我们想让用户给好评，就需要在这方面多引导。

写到这里，我们再来看看用户在店铺其他地方有浏览的路径吗？我们还是要借用生意参谋。

我们可以借用生意参谋中的经营分析——装修分析。

还没有添加定制的尽快添加。

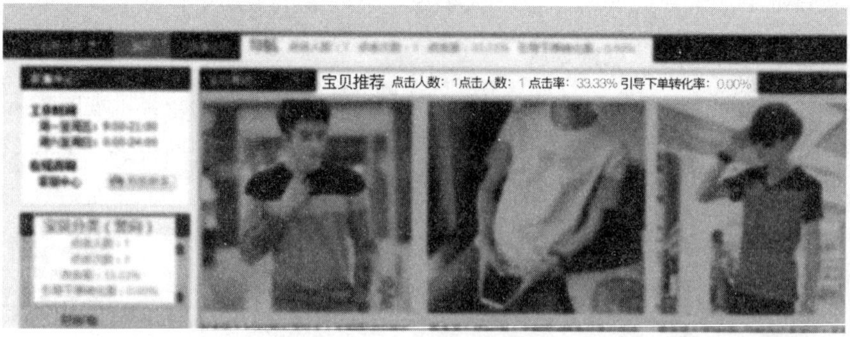

作为卖家，要对自己的店铺了如指掌，知道哪些地方装修有用，哪些地方没用。

可以通过点击“装修分析”中的“点击分布”，查看数据。

如果说这个专区是自己想主推的，但是发现没人点击，那是不是就意味着没什么用？所以需要给这个专区引流，那该如何引流，就是要通过简单显眼的位置引导起来。

最后再给大家分析一个访客时间分布点，22：00—22：59。我们在做上下架分布的时候，可以集中打散在这个时间段！比如周一安排 2 款，周二安排 2 款……这样就能保证一周内这个时间段都有自己的产品。经过首页搜索分析上下架时间的重要性占比还是很必要的。

第四节　淘宝 SEO：20 天 UV 从 2600 到 36000

一、提高全店转化率

如果有人做得比你好，那我很确定的一点是他比你更注重细节。流量引进来了，如果不能形成转化，那就是严重的浪费。SEO 很重要的一部分是通过对各个细节的完善来提高全店转化率。

例如，20 天内日访客从 2600 到 36000。

这家店铺的风格独立、价格合理，是流量能快速增长的根本。3 月 13 日开始调整，20 天后访客已突破 36000，付费流量占比 35%，钻展为主。

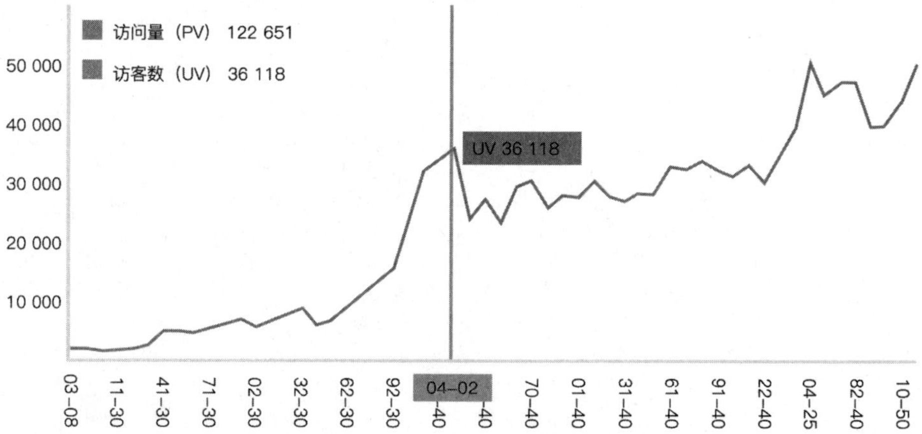

为什么到了 4 月 3 日突然就掉到了 26000 访客？一是缺货，面料紧缺；二是缺人，发货人手不够一时又招不到人。权衡之下，只好把付费推广暂停，

所以第二天就少了 10000 的访客。4 月上中旬店家家里有事，处理完于 4 月 15 日回到广州，然后用 10 天时间把访客数从 28000 增长到 50000，这次付费流量只占 15%。可能有人会说能做到又如何？还不是团队的功劳！可是这家店铺除了一个帮忙做了一个月手机详情页的美工、几个客服和打包的员工，负责生产和管理的老板以及所谓的运营推广团队其实就一个人。

尽管刷单已经成为一种“潜规则”，但是没有刷过一单的店铺也有，从来不刷一单，一个月能卖到百万级的店铺同样有。当然，对于大多数店铺来说，基础的销量和评价还是需要做好的，要不然哪有 SEO 的可操作空间。

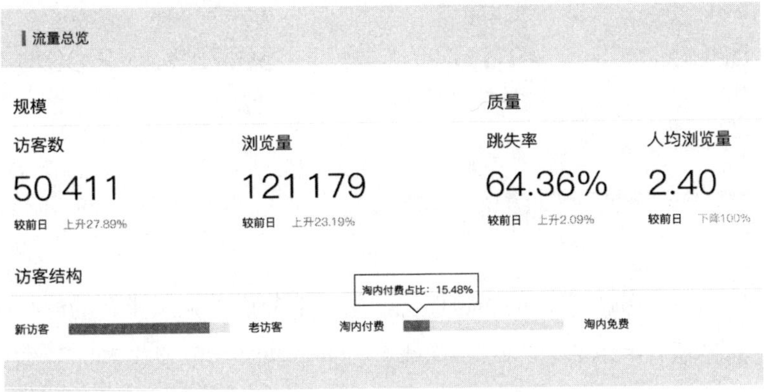

标题优化到底有没有用？

很多人质疑标题优化到底有没有用，其实标题优化只有在宝贝和店铺有一定的销量和权重时，才能明显感觉到它的效果。一个没销量、没人气的店铺，标题再怎么折腾，意义也不大。

例如，3 月 13 日晚，店家对 5 个销量最高的宝贝进行了标题优化，没有做其他任何更改，第二天访客数就翻倍了。从 2600 变成了 5200。当然不做其他改变的情况下，店家经历更多的是修改了标题后搜索流量的维持不变，因为原本没有搜索权重的宝贝，虽换了标题，但它还是它。所以我们需要做更多的工作，去改善它，让它更受搜索引擎喜欢。

日期	浏览量（PV）	访客量（UV）	旺旺咨询人数	人均访问页面	店铺收藏	宝贝收藏	加购物车人数
03-11	6222 详	1978 详	33 详	3.1	21	175	171
03-12	6863 详	2430 详	42 详	2.8	25	189	214
03-13	8225 详	2615 详	46 详	3.1	29	248	216
03-14（六）	14804 详	5204 详	54 详	2.8	41	415	444
03-15（日）	16543 详	5631 详	62 详	2.9	57	480	432
03-16	15359 详	5068 详	69 详	3	41	381	399
03-17	17713 详	5927 详	98 详	3	45	441	476

SEO 第一部分主要讲了标题优化，第二部分讲了宝贝排名的影响因素，以下是第三部分的内容：主图、详情页、上下架时间以及各种完善细节来提升全店转化率。

主图非常重要，如果主图效果好，标题你即使从同行那里借鉴一下，这个宝贝都能自己跑起来。但对于大多数产品来说，主图的表现都很一般。如果不花精力去做个好主图，最后只会埋没了这个宝贝。想要提升宝贝排名，多拿 10% 的展现量有时困难重重，但如果花点精力做个更吸引众人的主图，点击率提升 20%，就能立马提升 20% 的流量。而且点击率的提升，又会提升搜索权重。

（1）我建议主图最好与其他人的区分开，要有自己的特色。比如大家都在用平铺图的时候，你要是先用起模特图，那点击率肯定是不错的。但现在大家都用模特图，你若用角度不错的平铺图的话，也许就会有想不到的效果。大家都用红色做底色，如果你用黄色或黑色会如何？一些促销信息，特别是与数字有关的，最好整合到主图上。主图上不应该加太多文字，但如果只是适量地加，比如文字模块不超过主图的 10%，那对主图权重是不会有太大影响的。

（2）主图要与主推关键词紧密相关，让主图直接表达出你最想体现的卖点。主图的一些元素还要与所卖的产品相匹配，比如你卖大码女装，却放个 90 斤不到的小美女作为模特图。可能你是想让胖 MM 们看到这图会想到自己穿了这件衣服也能这么苗条，而实际上她们会认为这是款修身款，不适合她们穿；又或者你卖数千元的手表，但主图的文字和配色低档庸俗，谁会相信你的手表品质和价格会相符。建议标题只加引流词，不放促销词，促销信息提取最主要的做到主图上面，特别是顺丰包邮、2 折清仓之类的直接做在主图上，会醒目很多，要尽量用数字，数字是最容易让人理解并最快速接受的信息。很多人容易犯一个错误，就是提炼了很多卖点，什么都想往上面放，我的建议是最好只放一个卖点，最多不能超过两个。

（3）不管是钻展创意图，还是宝贝主图，我都建议上面的产品图一定要清晰可见、背景简约。不要放过多无用的信息在上面，就算是虚化的也一样，别让背景比宝贝还突出。而且宝贝主图是同时和搜索结果页一屏大概 10 个宝贝竞争，如果你想在这 10 个宝贝中脱颖而出，要么展示宝贝全景让人对款式感兴趣，要么细节卖点的特写让人印象深刻，要么高性价比的醒目数字把买家抓住。限量限时常常也是吸引人特别关注的好文案，注意促销文字一定要简单易懂，尽量多用数字表达意思。如果要加文字和数字，尽量用红色和黄色，它们最容易让人接受的颜色。还有就是产品在主图上所占的比例最好在 40%～60%，符合审美为佳。如果是女装，同时展示模特图的正面和侧面或背面，而且让买家们知道这衣服还有多种颜色可以选，自然会让买家更愿意点击，效果有可能比只展示正面好一些（这个是相对的，并不适用于所有风格和价位的女装）。

（4）如果有条件的话，我建议直接用直通车来测试主图，每次宝贝上架前做好四、五张主图。确定好要做主推的款，上架之后添加到直通车，直接上多个二级词。刚上架宝贝加到直通车大概二、三元一个点击，每张图测试 20 个点击或 2000 个展现（只创建一个创意，创意标题不换，只换图）。直通车测试尽量在一个上午或一个下午测试完毕，这样的话点击率高的主图基本就出来了。看起来测试一个款主图的费用就要二百多元，但要知道如果这个款火起来了，那后面几万甚至几十万的费用就都省了。电商想做大，该投入时就要舍得投入。

（5）一般更换主图建议在每天晚上 12 点左右，因为这样方便跟前一天的统计数据做对比，方便我们判断主图更换后是变好还是变坏了。而且我们一定还要明白另一件事，就是主图点击率是受排名影响很大的，比较刚下架的那几天，排名低，主要是长尾词有展现，这时候点击率可能有 1.5%。但到了靠近下架时，热门一点的词也开始有展现，因为此时跟我们竞争的都是和我们实力相当或好过我们的，这时候点击率可能会下降到 1% 以下，这些都是正常的。所以主图最好在下架后那三天来测试，受到的影响比较小。

（6）关于更换主图的注意点，非热销款我都是根据经验直接换主图的，没必要先上传到主图第二个位置，过一两天再移到第一个位置。如果是热销款，我会先用直通车测试原来的主图和准备换上去的图片，只有确定新的主图会比原来的更好，才会直接换上去。当然主图不宜更换太频繁，特别是不要在更换主图同时更换标题和属性，这样容易被系统误判，被降权了总是不好的。

（7）关于主图和后面四张 800 像素图，有一个细节是容易被大家忽略的，就是在这四张 800 像素图上添加促销文案的重要性。现在移动端流量占比越来越大，WIFI 覆盖率低、手机网络卡，导致很多人会先把五张主图看一看，就决定要不要下拉加载其他来查看。我们要把这款产品最重要的四五个卖点用文字的形式分布到这四张 800 像素图中。还有要注意一点，文字不要挨着上边或下边，原因是什么用手机打开自己的宝贝看一下就明白了，宝贝主图上下边是被遮盖了一部分的，大概是 70 像素，上下边这些区域加了文字也是看不到的。

（8）必要的检测，每个确定主推的宝贝，都建议你直接搜索相应的关键词，看一下自己宝贝所在的结果页，看看自己的主图跟周围宝贝的对比，最主要看一下你自己有没有点击主图的欲望。然后再看一下移动端的主图，会不会因为图片压缩而看不清上面的文字或品牌 LOGO？会不会因为左上角的天猫或直通车标记遮盖了重要信息？在宝贝详情页页面有没有因为主图上下边不完全显示而出现不必要的误解或没有表达清楚本意？

二、重要的详情页

关于详情页，我希望大家一定要明白，现在还有很多店铺把时间浪费在首页的修修改改中，浪费在 PC 端详情页的一次次优化中。现在店铺流量组成早就不同了，有些店铺无线端占比高达 80%，却还在执迷于让美工每个星期花两、三天时间去修改只有 5% 的访客会看的店铺 PC 端首页。如果按我的做法，我建议店铺首页直接找个好的模板，全部套用模板把宝贝搞上去就行了，而让美工把 90% 的精力花在优化无线端的详情和活动图上。

（1）据统计数据显示，浏览 3 屏以上的人不会超过 50%，浏览超过 10 屏的人不会超过 15%，大多数人浏览了前 3 屏就关闭页面离开了。这个数据值得我们好好思考下，该如何描述详情页。如果不想办法在正式内容的前 3 屏（不算小海报和关联模块）打动一个买家，那很可能就失去了这个买家。

（2）以卖点为中心，制作整个详情页，前期卖点需要自己提炼，后期根据成交热词来调整，成交热词是买家对产品价格特点的归类选择，详情页一定要对这些词加大篇幅去深入体现，让买家们通过这些成交热词进入宝贝后可以清楚地看到他们所想要知道的，以此提升转化率。

（3）提取宝贝最核心的卖点，最好不要超过 5 个字，太长就不容易让人在 2 秒内接受并理解。比如一件衣服，它最重要的卖点就是精致印花，或者性感露肩等。有时候卖点不是那么容易被提取，或者开始被提取的是错的，那我们就要及时修正了。比如一款连衣裙，性感上衣的点击率甚至转化率都远高于气质连衣裙，那一开始定气质为卖点就是错的，要及时更换。

（4）一个买家是否决定在你这里购买，开始的15~30秒最为重要，也是决定他是否愿意继续浏览宝贝详情的关键。所以如何把握这最开始的30秒，就极为重要。这时候我们就要研究买家打开宝贝时最初的想法了，他在想这衣服我穿合不合适？这个价格是不是合理的？其他买过的人是怎么评价的？在这家店铺购买放不放心？售后如何……只要解决好这些问题，他自然愿意留下来继续看后面的详情，并和在其他家浏览的宝贝对比，直到收藏或购买，就算最后仍然离开没有购买，这增加的停留时长对宝贝的权重也是有益的。

（5）不要想着做个所有人都喜欢看的详情页，因为宝贝价格和款式、点击的关键词已经锁定了目标客户群，你要做的就是讨好这个客户群，做出他们喜欢看的页面，营造出他们愿意购买的场景。有一点一定要注意，我们常常为了提高主图点击率，重做宝贝背景，甚至用一些奇怪角度的图片，而实际详情页的内容跟主图所表达出来的差距甚远，这样引来的流量转化肯定也不会高。

（6）详情页要有购物感，不要文艺得让人看三遍都不明白是在卖什么。对于大多数店铺来说，我建议就用卖东西的风格来打造详情页，把晦涩难懂的文案都扔掉，简单明了地告诉买家这个宝贝怎么样，它就是好东西，你不买就是错过了。

（7）有时候，产品到了买家手里我们才发现存在哪些问题。比如衣服短、抬手就露肚脐，或者太厚、太薄，或者原以为修身的很多人反映不修身，这时候就要及时修正宝贝标题属性卖点。之前我有一款毛衣，年前上架的，在我们看来是常规款，但因为薄导致了很多差评和退货。这种情况下，我就把属性从常规修改为薄款，并在标题上加上薄款，在PC端和手机端的最前面都用文字表明：这是薄款毛衣，适合冬天打底，春秋单穿。经过这些改动后，再也没有因为薄而导致的差评了，退货率也降了下来。

（8）分析竞争对手热销宝贝的评价，从中找出买家最关注的问题，在我们的宝贝详情页中帮他们先解决掉。比如担心会缩水、会掉毛，或者外装饰容易掉、尺码不准，担心不是正品，对健康不利之类的痛点。我们分析出来，在自己的详情页和评价里解决掉这些问题，转化率一定可以大大提高的。

（9）适当加文字，可以增加买家对宝贝的了解和延长停留时长。但要注意淘宝搜索只从标题、宝贝属性处抓取关键词，是不会对详情页的文字进行抓取的，因为如果还对详情页进行抓取，必定会极大地加重搜索引擎的负担，影响体验，而且容易被人钻空子。还有副标题、无线端文字详情都是不抓取的。但码数是属于属性的，是会有机会抓取的。我曾无意中看到有个搜索“恢复正常发货女装”这个词进来的流量，我分析了下就是在码数那添加了：2 月 26 日起已恢复正常发货。

（10）把宝贝本身存在的无法解决的问题在详情页用文字说清楚，如这个款会轻微脱色、掉毛、起球之类的，是为了让愿意购买的有心理准备，不至于收到后才来吹毛求疵（这个也要看类目，不是每个类目或价位都可以这样做的）。如果有客户在评价里说了很难听的话，我们首先不要想着骂回去，而是该思考下她为什么会这样评价，我们该如何避免。如果有条件，应该打电话给她，道歉或提供补偿，赢回客户。有时候不是质量有多好，而是你有多诚心，你在服务客户时所牺牲的利益，一定会在其他地方被补偿回来。

（11）关于详情页的图片大小，一般控制在 150~200KB 之间比较好，有利于加载，提高浏览体验。淘宝之前推荐说图片高度 800 像素，实际上 800 像素对于大多数电脑来说都不可能在一屏看完整张图片的。如果可以，尽量把高度控制在 500 像素左右，这样更符合买家们的屏幕尺寸。

（12）更换详情页和上面提到的主图更换差不多，其实我从来都不是一点点更换详情页的，而是将整个详情页直接全部更换，因为新的详情页肯定是做得更精美、更吸引人的。反正到目前为止，我还没有遇到因为更换详情页导致流量大跌的情况。

（13）在详情页中要时不时突出自己的品牌名，一个陌生的品牌只看一、两次很难让人有印象。如果看了六七次以上，那至少会知道有这个品牌。以后再通过搜索流量、付费流量吸引他们进店，让品牌名持续占据他们的脑海，加深印象。如果店铺产品质量确实很不错，服务也周到，那对于这群人来说，这就是品牌。

如果要总结详情页的话，我觉得应该是打消买家顾虑，解决买家最关心的问题，坚定买家购买的决心。判断一个详情页做得好不好，除了停留时长和跳失率，还应该关注静默转化率，只要你把客户可能咨询的问题都在详情页里解释清楚了，相信转化率特别是静默转化率不会低。若你还是不知道怎么做详情页，那就去收集一些卖得好的同行宝贝，多分析，多比较，你一定可以明白详情页原来要这样做。

三、移动端详情页的补充说明

移动端详情现在远比 PC 端的详情页更值得花精力去完善。移动端详情建议控制在 8~10 屏，1 屏大概是普通智能手机的高度，960 像素。我一般建议的设计顺序是产品形象图、卖点、模特图、细节图、成分图、售后和其他需要补充的图。只描述重要的东西即可，手机端详情越简洁，往往转化率越高。一般手机从浏览到下单、付款都会比 PC 端快，因为不好寻找多个差不多的款对比，加上非 WIFI 情况下网络较慢。需要有详情的文字，如果是整合到图片上的，一定要检查字体是否够大，很多店铺的手机端文字没有人能看清上面是什么，这样的体验，买家会用跌失率告诉你他们的选择。

手机的评价页在没打开之前会展示出一个评价，而这个评价是非常重要的。这里的评价往往与买家的旺旺等级、质量、性价比、物流和服务态度最相关。无线流量大的宝贝一定要适时监控这个评价，如果让不好的评价占据了这个位置，就要进行解释或想办法解决，比如联系已确认收货又在线的买家给予大额度的返现让她写个有竞争力的评价放上去。

关于这一点，我顺带提一下移动端首页，不需要装饰得多华丽，尽量的放点宝贝上去才是真的。前端要加上分类导航，后面多放宝贝，我的移动端首页连模板都没有，但有时候移动端访问深度都可以在 4.5 以上。

四、打造流量闭环

流量闭环并不高深，但却是我接手一个店铺必须要尽快完善的一个东西。流量闭环，就是一个买家从进店开始，想找某种类型的宝贝，想去分类页或首页都很轻松自如，而不是找不到入口，或点击的页面里面都不是他想要看的；或是尽量引导买家到转化率高的款式或活动页上面。打造好流量闭环对于提升店铺访问深度、停留时长和其他宝贝展示机会意义重大。

分类是我第一个会重视的东西，分类一定要准确有序。比如我想在这个店铺找一件短袖的夏装T恤，那么我当然希望存在这样的分类：2015夏装>短袖T恤或者T恤>短袖这样的分类，这样我才可以方便地看完店铺的所有夏装T恤，或者我想看有没有清仓款，也要能很方便地找到入口。

第二个是在合适的位置把分类导航放上，不管是首页的前端，还是最后面，以及所有的二级页、详情页的左侧栏，这些都是可以减少跌失率和提升停留时长的。

第三个就是适当地引导买家去看别的宝贝，每个详情页的左侧栏和宝贝关联（推荐相搭配的款式或同风格同价位的店铺其他款式）就显得重要了，搭配套餐的完善也可以让其他宝贝获得被点击机会。

有一段时间在店铺流量还不高的时候，我每天会抽些时间专门盯着江湖策的访客路径，看看他们从哪里来、经过了哪里，又从哪里离开了。看多了，你就会明白自己的客户群他们喜欢如何浏览你的店铺，你会从中发现有用的信息。

五、不简单的上下架时间

在对上下架时间没有足够的了解前，我以为上下架是件很简单的事，不就是设定个时间让宝贝自己上下架吗？但当我了解得多一点的时候，才发现上下架时间一点都不简单。

（1）上下架时间的存在是因为淘宝希望有更多的卖家宝贝得到展示。

根据关键词的搜索量预选最近一段时间，有可能是十几分钟，也有可能是几天，让宝贝优先参与关键词的搜索排名。合理安排上下架时间，分散全店上下架时间和选择自己有竞争力的时间段，这都是上下架时间的优化重点。选择了正确的上下架时间，你就需要在选择的那个时间段里和几百个甚至几千个人竞争，我们争取这 15 分钟的展现，是为了让系统发现这里有一个点击和转化都不错的宝贝，之后给你更多展现，这就是为什么我们要找一个有竞争力的时间段的原因。

（2）竞争的本质就是选择合适的竞争对手，除了选择关键词外，合理的上下架时间都会让你遇到合适的竞争对手。上下架时间一般是和标题优化同步进行的，选择哪个作为主推关键词，就需要选择相对合适的上下架时间，宝贝下架当天的展现，是根据你主推关键词来考虑的，而不是根据你标题里全部 30 个字来考虑的。所以，我们要先用工具分析出主推关键词和它的主推扩展词的可展现时间。所谓可展现时间，就是指离下架时间还有多久，可以参与综合的排序，比如类目词可能是 15 分钟，但三级长尾词离下架还有三、四天就可以出现在综合搜索结果页，这就是关键词的可展现时间。

（3）每款宝贝都有可展示时间。以“蕾丝衫 女”这款宝贝为例，只有下架时间小于 2 小时 30 分钟的宝贝才有可能出现在“蕾丝衫 女”这个词的综合搜索结果页。很多人容易困惑的就是，明明前一天用某个关键词还可以搜索到自己的宝贝，第二天翻完 100 页也没找到，其实你只要理解了可展现时间，就不会困惑了，像“蕾丝衫 女 镂空性感”，如果你的宝贝离下架时间超过 4 天半，那这个词里是绝对不可能搜到自己宝贝的，除非你能挤进豆腐块（不是每个词都有豆腐块）。每个词的可展现时间都是不同的，不过只要知道了自己类目几个关键词的可展现时间，其他就可以大概地估算出来了，比如搜索人气都是 10 万左右的多个不同关键词，它们的可展现时间是接近的。

（4）如果我们把店铺最热销的款放在星期一下架，那它大多数长尾词在星期六、星期天和星期一就会参与排名，但这三天都是淘宝访客比较少、转化率比较低的日子，所以放在星期一下架可能会浪费大量流量机会。一般来说，上下架时间对大词影响比较大，对小词影响较小，所以大词的可展现时间短，而小词的长。但是如果店铺竞争力非常小，为了避开强力的竞争特意安排到凌晨和星期一早上上下架也是可行的。不过，我一般建议上下架时间的安排需要先了解自身店铺转化率比较高的时间段和类目转化率高的时间段，比如女装一般星期二、三转化率比较高，但需要全家人讨论购买的大家电，或者给老人买的中老年装一般在周末团聚时转化率会高点。还有最好设置在有客服在线的时间段内下架，如果联系不到卖家，转化率会下降不少，特别是需要询单才方便购买的类目。

（5）上下架时间的安排可以做得非常细，比如我们有款短裤准备做，而且发现这款短裤最好的关键词是皮短裤，那么我们就用工具把人气前 10 页的皮短裤数据分析出来，然后确定几个合适的位置，再把接近这几个位置的宝贝找出来，每个位置都对比下我们的主图、价格和销量是否有优势。如果都没有，就换另一个位置。为什么要这样去做呢？因为你选择了对应的下架时间，和你下架时间差不多的那些宝贝会在很多长尾、不长尾的词那里和你碰头，请确保在这堆宝贝里你的宝贝是突出的。如果你有已确定的最大竞争宝贝，若你的宝贝销量或价格比它有优势，那就和它同一时间上下架，压制它的成长；如果我们处于劣势，就要和它错开三四天的上下架时间，寻找成长的机会。

（6）调整上下架时间的三种做法：一是安排在行业流量高峰的时间段，这么多人搜总会有展现机会吧；二是平均分配全店宝贝，让每个时间段都有自己的宝贝将下架；三是只安排在流量低峰，避开和强力对手的竞争。其实这三种方法也不能说对还是错，毕竟淘宝发展到现在，能说流量低峰时间段的竞争就真的小吗？这个主要就是看你怎么考虑了，但是避开竞争最大的时间段和安排在客服上班时间段是基本的要求。

写初稿的时候，觉得上下架时间非常复杂，现在想想没必要弄得这么麻烦。一是因为移动端流量占比增大，现在还研究 PC 端的上下架时间没有太大意义；二是上下架时间这东西大多数人都熟知并知道怎么安排，这就使得一天 24 小时每一个时间段都有与搜索量相对应的宝贝数量，晚上搜索人多，但宝贝也多，凌晨宝贝数量少，但搜索的人更少，真正的低竞争度的空白时间段早已没有。所以大概地选个合适的时间点上架你的宝贝就行了，我们应该把更多的精力放到提升产品质量、库存管理、服务、推广效果和客户维护上面。

六、橱窗推荐

天猫橱窗位从 60~2000 个都有，一般都是用不完的。需要注意的是 C 店，比如你只有 40 个橱窗位，却有 200 个宝贝，那建议购买一个可以对橱窗进行轮换的服务，对一些主推款和引流能力强的款进行橱窗锁定推荐，比如 15 个橱窗位，另外 25 个橱窗位分配给其他 30 天内有销量的非滞销款，谁最接近下架就推荐谁。

现实中，有些店铺橱窗推荐并没有被完全用上，可能是忘了，可能是软件到期了，也可能是真的不懂。总会有店铺在浪费自己的流量，销量很好的一些款竟然都没有设置橱窗推荐，这样的店铺我在半年内就遇到两个，有一个还是天猫。关于这点，我觉得真的需要每半个月检查一下自己的宝贝，不要等发现的时候已过去不知多久了。

七、提升转化率的一些细节

影响转化率的细节也是非常多的，但只要我们一一改善，提升转化率并不难。有流量才能考虑到转化率的问题，所以如果没有流量，就肯定要先考虑引流问题。

（1）评价的维护。大家觉得淘宝发展到今天，详情页最重要的内容是什么？是评价。网上的东西很难让人放心，但如果是买家们说出来的使用感受，那绝对是比卖家自己怎么吹都有用；一个刚上架的宝贝，先弄点基础销量和评价还是很有必要的，后期可以通过好评返现、晒图返现的形式来维持好评价，前期如果舍得，可以联系老客户，提供一个特别价，只要评价和上图就可以享受。

（2）主图等醒目的地方要突出卖点。如今的生活节奏如此之快，如果你把卖点深藏在详情页的某个角落，而不在最容易被关注到的地方凸显出来，那你的卖点就等于没有。以前我们还喜欢在码数颜色那里加卖点文案，有些品类改版后不能输那么多字或不得输中文，不过一般都还是有一个位置可以输中文的，不要浪费这个宣传窗口。

（3）详情页的重要性。关于详情页的细节和利用上下架时间与强力对手错开，上面有提到，这里就不多说了。其实如果详情页用一个问答式的顺序来表现会很有用。比如，这个款模特穿是什么样的？有我的码数吗？其他买家怎么说的？买家秀怎么样？会是正品吗？别家的比你便宜好多啊？近期会降价吗？为什么要我今天就买？为什么我不应该到别家去买？宝贝的细节是什么样子的？是什么面料的？有现货吗或预售多久？发什么快递呢？一般多久能收到？如果不喜欢，退换货有保障吗？

（4）出价的技巧。每个人购物都会有自己的预算，能在预算之内买到自己想买的东西，那肯定是乐意下单购买的。所以关于出价就有很多微妙的东西，比如用 8 或 9 做结尾（男 8 女 9），比行业平均值低 5% 的价格或者高 30% 以上的价格（低 5%，买家会认为你的和那个 100% 售价的产品是一样的，而你这里更实惠；高 30% 以上会让买家觉得你这里的才是正品，其他低价的可能是仿造或二手的）。

（5）时间的紧迫性。这招对老手没太大作用，但对于新人来说，效果还是不错的。就是最后一天、还有 1 个小时、仅限今天等时效性文案。一定要让买家觉得你店铺里的东西是值得购买的，一定要让买家明白如果他不抓紧时间下单，可能就没有了，一定要让买家觉得现在买是最便宜的，之后就没这个价了。

（6）促销文案。短则数十字，多则数百字，一般放置在详情页的前端，增强买家信心，诱导他们继续往下看。促销文案有唯美的，有纯推销的，看你的宝贝是什么风格和处于什么阶段。如果自己实在想不出怎么写好，去借鉴一下同行也是可以的。

（7）优惠的体现方式。比如有个款活动优惠 20 元，你最好体现为大减 20 元或直降 20 元，而不是突出满 99 元减 20 元这样的，虽然它们本质上是一样的，但给买家的感觉是不一样的。

（8）手机专享价。为什么移动端成交占比从去年开始飞速上涨，其中一个原因就是得益于手机专享价的普及，大家都知道手机下单更便宜，买家也养成了习惯。如果你没有，买家就会觉得不划算，购物欲望有所降低。再说设置了手机专享价也有利于提高移动端的搜索权重。

（9）满减或优惠券的必要性。对于大多数买家来说，如果是价格相近的产品，他们会更愿意选择有优惠券或满减的店铺，你也许会问：这不是一再让利吗？本来利润空间就很稀薄。我的建议是先提价再减价。比如有个款我们本来打算卖 129 元，但我们把它售价定为 149 元，再通过满减或优惠券、手机专享价、好评返现等，让它最终实际成交价为 129 元左右，让买家的心理得到极大满足。如果利润稀薄，优惠券就不开放领取，只向有问客服要的买家发放领取地址。关于如何通过包邮、满减或优惠券，尽量让买家一次购买多件也是值得好好研究的。

（10）淘金币或天猫积分。这些都是有搜索加权的，而且很多买家苦恼淘金币怎么花出去，如果你的 C 店刚好有设置，那最好不过。天猫积分除了系统规定的 0.5%，你也可以设置成多倍，把赠送多倍积分作为一个卖点。

（11）关于副标题。这个是有必要写的，最重要的卖点按顺序填进去就好了。改版后的副标题人性化多了，也方便多了，不像之前为了整齐美观调个半天，或者写上百字，却根本没人看。

（12）主图视频的完善。主图视频没有你想得这么难，一个软件，几张图片，很轻松就制作了一个视频。有视频让买家觉得你的店铺更专业，而且还加搜索权重。

（13）搭配套餐和关联的意义。如果可以通过软件或自己分析哪些款最容易被买家一起购买，一定要设置成套餐。一是引导客户购买多件，提升客单价；二来也可以增加其他宝贝的展现机会。

（14）好评返现的必要性。主要有三点作用。一是让那些爱讲价的买家知道最终成交价还可以通过返现优惠几元，是有议价空间的；二是避免过多的差评，愿意来申请好评返现的，一般都是比较挑剔爱贪小便宜的人，有个好评返现避免他们把本来不是问题的问题写在评价上；三是增加好评的字数和买家秀，让它们占据默认评价的前几页。千万不要认为这样利润又被剥削了，账不能这样算的。实际上真正来申请返现的人不会超过 40%，一般在 20% 左右。但若是这 20% 的人的评价处理得不好，那往往是致命的。而且这些返现亏出去的钱，也会因为你有更多的好评而在后面的转化率提升后数倍赚回来。

（15）客服的专业程度。这个真的要细讲，足以再写个三部曲了。都知道要用心去服务每一个客户，问题是有多少个店做到了。具体如何做，里面涉及的技巧也是非常多的。很多店铺觉得客服是最不需要技术含量的工作，觉得招个客服，只要会打字就够了。不过那只是他们不懂客服的重要性而已。

（16）会员制度的完善。如果你的产品质量不错，那回头客不会少。如果你给店铺的会员设置个专享价，哪怕是 9.5 折，也会让老客户觉得拥有特权，日后会更愿意再来购买。

（17）15 天无理由退换货。虽然现在不能再设置 7 天以上的，但我们可以宣传自己店铺支持 15 天退换货，实际上收到货 7 天后还来申请退换货的非常少。一般退或不退，在收到的那二天就决定了。15 天你都担心？有不少店铺现在都是喊支持 30 天无理由退货。

（18）关于运费险。这个完全取决于类目和自身产品的质量，你对自己的质量放心，类目退货率不高，赠送运费险是个不错的卖点；如果你本身质量一般，客单价也不高，运费险就要衡量一下了。

（19）公益宝贝的设置。这个影响大小不好评估，建议设置，当是支持公益事业吧，买家也是这样想的。

（20）无转化的流量。有时候我们急于店铺流量一直没有起色，会想方设法提升店铺流量。比如标题不符合我们的大流量词。只要 CPC 够低，不管是什么流量都往店铺引，这些都会导致店铺转化率下降。要坚持一点，引来的流量是有可能形成转化的，否则真的要慎重。

除了这些，其他很多小细节，像短信提醒、电话催付、购物车营销、掌柜推荐、手机二维码的放置、微淘运作等，都需要你自己慢慢总结领会了。

看了上面的，你可能会想：提高转化率的办法很多，但都是用各种方式让利呀，这样做还能赚到钱吗？上面的也不是全部都要去做的，在自己的能力范围内选一些适合自己的就好。而且转化率提升后，所带来的后续影响足以补平这些缺口，而且还有可能获得更多。

我们在定价时就要考虑到这些各种折扣、优惠、返现，使最终成交价不低于盈利线。做淘宝尽量不要卖利润太低的东西，除非有绝对的货源优势能跑量。我们不应该只做个产品的推销员，通过价格把产品卖出去，而应该做一个产品的营销员，通过产品把价格卖出去。消费者愿意购买你的产品，重要的一点就是他觉得你产品的价值对得上他要付的价格。我们对转化率所做的一切优化都是为了让他们获得足够的价值感，愿意下单购买。等他们收到货时如果实物的价值感远低于他们的预期，那大量的退货和差评就来了，永远不要为了销量而去生产和销售低价值感的产品，这样你是走不远的。

第五节　综合搜索关键词卡位技巧

我们要知道什么是关键词卡位？卡位是指在某个关键词里面，抢占某个位置，达成本身想要的目的。卡位可以让我们的单品宝贝稳定在某一个关键词位置上，也就相当于抢占了一个坑位，从而让我们的一些流量来源更加的稳定和精准，让自己的店铺数据更加有可控性。也就是说一个关键词在一个位置上，我们可以了解到自己的店铺客户群体以及消费能力等数据。

关键词卡位的五点操作

一、正常找词卡位；二、如何找卡位关键词；三、关键词卡位准备操作；四、关键词卡位执行操作；五、卡位关键词注意事项。

一、正常找词卡位

在一般情况下，众多的找词方式就是通过一些数据软件或者网页，收集自己想要的词的数据。例如数据魔方、淘宝指数、淘宝下拉框、淘宝属性框等，然后进行词搭配，组合成为一个标题，进行优化。这一点我想大家都会理解，在这里就不做详细说明了。

二、如何找卡位关键词

1. 主打词

这个主打词主要是对自我产品的了解。身为运营是肯定知道的。举个例子：韩版时尚修身宽松大码短袖雪纺衫，这个主打词就是雪纺衫，也就是我们所说的主词。

2. 助攻词

身为卖家，你要从受众的角度来思考这个问题，在搜索这个产品时，买家会喜欢用什么词？我们可以提取这些词在一个文本中统计起来，这样留着后面会用到。

三、关键词卡位准备操作

1. 关键词卡位准备

前面我们已经知道自己的主打词，以及一些预备的助攻词，现在我们就要了解什么是关键词页面价格带。在一个关键词的综合搜索页面里面会出现 44 个展示位置（除去一些推广展示位置、直通车等），里面会有 3 个豆腐块位置，1 个下架橱窗推荐位，那么剩余 40 个展示坑位，也就是在我们的关键词页面，那里面会存在着很多个价格带，比如 90~99、100~109 等。而每个关键词里面也存在着隐形的一个价格位恒定，我们就要找出关键词的薄弱点进行突击。

我们先要统计好前面每个关键词里面到底存在哪些价格带，这些价格带里面又有多少款产品宝贝，存在这些价格带里面的宝贝销量指数如何，人气指数如何。也就是我们每个关键词的一个多维度分析，这里面也包含了一些店铺的数据，如 DSR，还有一些售后指数等。都是包含在要摄取的目标位置单品宝贝权重里面的。因为现在主攻的是综合，那么也要考虑到一个单品的综合权重比。

当然不可能所有的词都是适合我们的，这里我们可以在分析的时候就进行剔除，利用数据魔方、淘宝指数、直通车词库等一些数据软件，进行对比分析。这时候就是应用到我们前面的那些主打词以及助攻词，搜集完这些数据之后找出所要剔除的。

因为我们都知道不可能所有的词都能用上，而且我们的标题是要进行优化的，所以你可以先挑选一些预留词，预留词是要进行后续优化时添加使用的。在做完这些的时候，大家都会发现自己对关键词卡位已经有了清晰的目标，知道要抢占哪个“坑位”。

目标制定。创立阶梯性目标位置，搭建阶梯框架，成金字塔式攀登关键词。而我们这个目标不是指店铺目标，指的只是单品关键词的攀登目标，也就是打破了传统。

传统目标制定一般的操作都只是在制定这个关键词之后就不管了，我就是要达到这个顶端目标而已。其实不然，你从底层开始制定目标到顶层，你会发现你的一些数据都在增长，都在掌控中。

2. 关键词多维度搭配

前面准备工作做好，我们还要做一件事，就是多维度搭配。

（1）详情页

详情页里面要图文并茂，也就是图片加文字。现在有很多人忽略了这一点，其实在详情页里面添加文字，也是在综合权重里面给自己的搜索抓取多几个机会。但是也要注意一点，千万不要只添加上去几个关键词，如果一点别的东西都没有，这样只会取得反效果。

（2）卖点或者小标题

这里面也有很多可以忽略的，直接给出一段优惠信息，或者就是直接找一些格式好看的。但标题下面的卖点或者小标题，既然出来了就应该考虑到它的价值，里面的字数，对于搜索抓取来说就相当于一个网页里面的一个关键词密度对比以及关键词的一个比重。

（3）店内关键词分布

每个关键词能出现同一店铺的机会都是有限的，所以我们要合理分配关键词。虽然说不可能将所有关键词都卡上坑位，但是也不要浪费其他能引入的关键词分布。

（4）直通车

当直通车质量得分高的时候，综合排名也会提升，直通车要想快速上分，必须学会养词。在养词的初期，可以通过热门词搭配长尾词的方法，来实现卡位，这样会容易很多。

（5）跟进维护操作

注意单品流量来源。淘宝给予的展现机会，千万不要错过。一些服务软件的后台都可以看见单品进店来源，如江湖策后台或者体检中心里面的搜索来源，都会展现关键词，以及成交关键词，要掌握好这些词进行维护以及利用。

四、关键卡位执行操作

做好了这些准备工作接下来就是执行操作了，怎么去卡这些位置呢？这里就涉及了破零，需要纠正的一点是“破零不等于刷单，刷单不是新单品破零的唯一方法”。刷单会上瘾，很多卖家都深受其害。破零有很多种方式，例如新店测款没客户没推广怎么办？可以用站外推广。在一个新品上架之前，我们就应该设定这款宝贝到底是什么时间上架，那在这个过程中，大家可以直接去一些行业网站上，或者是一些论坛上发表一些帖子之类的。这里要记住的一点是行业的网站以及论坛，不是所有的网站以及论坛。比如女装类目的，找一些女装时尚网、女装吐槽网、妈妈群体、学生贴吧之类的。

现在的推广渠道有很多，而且能在一些行业网站上引流进来的都是一些意识客户，所以不会大大地降低转化率。如果你对这种方式已经很熟悉了，那可以发一张广告水贴出来，只要说明限定哪个时间然后自己删除就好了。这时候你的零在上架当天就已经破除了，而且是上架的期间就已经破零了，还是真实销量。在此期间你还有新品权重，那么会在搜索系统的一些抓取中。

如果你现在已经卡上 2 级阶层或者 3 级阶层，那就可以设定一些优惠或者一些店内活动，以及一些店内引流词的搭配。如此流量来源以及访客量就会慢慢地稳定，接下来就是要控制好这些数据量，增加 SKU 或者增大店内活动力度等，同时进行客户维持。在下一个单品打造的时候你就不用去站外了，你可以直接同时激活老客户了。

有些人可能不懂 2 级阶层或者 3 级阶层是什么，这里给大家举个例子说明一下。

如产品：雪纺连衣裙。

顶点：女装或连衣裙。二层：雪纺连衣裙，雪纺女装，女装连衣裙。三层：雪纺连衣裙，女，雪纺女装，连衣裙等。四层：时尚雪纺连衣裙，女，韩版连衣裙，女，韩版女装连衣裙，等等。第五层已经接近半个标题了所以没必要去找第五层的词了。

五、关键词卡位的注意事项

（1）卡位不是说不用数据魔方之类的找词数据软件，而是用这些数据进行更精准的搭配。这里面可能需要你更多精力的投入。

（2）卡位切记要留引流词，不可一味地投入利润词。因为引流词虽然没有转化，但是能给你引来流量访客。

（3）卡位切记找自己店铺内能消化得了的关键词，不可一味地进攻大词。

（4）卡位切记后期维护，不可当天卡上位置，马上放手直接卡第二单品。

（5）卡位人力资源投入较大，一般中小卖家只建议先尝试卡一个单品，不建议全店全面卡位。

（6）一般制定四层阶梯，因为第五层阶梯已经是很长的词了，所以没有必要。

第四章

淘内流量攻略

流量的来源主要分为两种，淘内流量和淘外流量。继续细分，本章要谈的淘内流量包括免费流量和付费流量，免费流量主要来自于活动流量等，付费流量主要来自直通车、淘宝客、聚划算等。

第一节　深入浅出优化直通车

通过直通车打爆款的赚钱的年代已经过去。零售的核心是产品，要想做出和别人不一样的成绩，先要找到有别于“市场大众货”的产品定位。定位清晰了，才能驾驭好直通车，力保“一路通畅”。在本小节中，笔者将基于产品定位，详细阐述，如何深入浅出地优化直通车。

随着淘宝大环境的变革，直通车已经不再是纯粹用于打爆款的工具。现在它的作用更偏向于新品引流测款、增大流量、提升单品搜索关键词的排名等。在运用直通车的过程中，卖家常会遇到展现量、点击率、点击单价、投入产出、转化率等问题。总结来说就是如何让 ROI（Return On Investment 投资回报率）最大。

如果你已经做了很多尝试，但是 ROI 依旧很低，那这个时候你就要开始反思，自己是否仅仅了解了直通车的皮毛，推广手段是否还停留在“按部就班”的阶段?

接下来，笔者将结合实践经验，阐述开好直通车常用的推广手段。

关键词推广：这种推广方式是最普遍、最常规的。它的优势是，买家都是通过主动搜索而来的，因此流量十分精准；

定向推广：这种推广方式一般会被卖家列为附带选项，它的点击单价虽低，但是流量大，测款作用好，ROI 也高；

店铺推广和类目推广：类目推广的方式已经下线，它的主要特点是费用低、转化低、精准性偏差，之前卖家一般会用它来做品牌宣传。

一、学会用数据“搭积木”

CTR（点击到达率）、PPC（按效果付费）、ROI 以及转化率是直通车数据中最重要的 4 个。很多人都知道这些数据，但是真正了解并会运用的人并不多。笔者一直相信的是，开直通车其实就是搭积木，必须一块一块地搭好，最后才能搭成一个牢固的建筑。虽不要求把每个环节的每个数据都做到极致，但是如果不去主动了解，不做出应对优化，那最终的结果一定不会太好。所以，在开直通车的时候，一定要去了解数据的关联性和作用。

下图是对上文提到的 4 个关键因素的阐述：

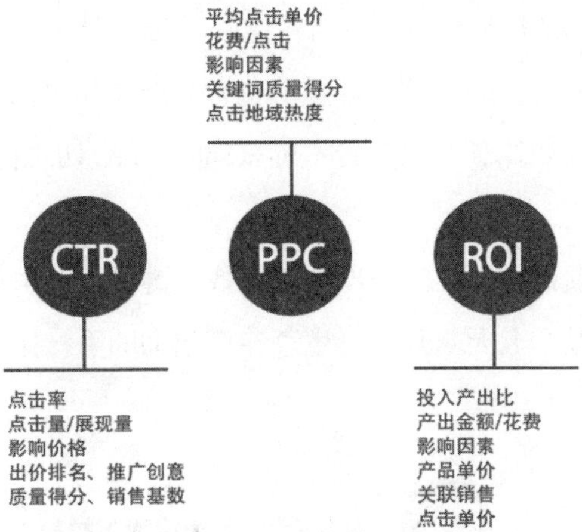

二、直通车推广手段的优化技巧

1. 选品策略

在做选品时，需要考虑的几个核心因素如下：

（1）流量转化率。相信不少卖家也发现了这样一个现象，同一批上线的产品，有的根本不需要卖家做任何推广，自然而然就能卖出去。为什么？因为淘宝后台会对产品的好坏做出评判，如果后台认定是好的，就会主动把流量分给它。流量是基础，而好产品是流量的基础，只有当平台有了流量，卖家再去做推广时，才会对平台上的其他单品起到引流的作用。

（2）单品毛利率。随着淘宝大平台的变革，店铺的运营开销和以前已经大不相同。所以卖家一定要了解清楚“这个产品的利润能有多大的开销空间”，不要因为觉得一个产品好，就做盲目推广，这样很容易透支利润。只有时刻了解单品的毛利率，才能理性地开销。

（3）关联产品。简单来说，所谓的关联产品就是“产品组合”。例如，女装店在拍摄某款上衣的宝贝照片时，可以和某款裤子一起拍，这样就可以引导消费者在购买上衣的时候，也顺便把裤子纳入考虑范围。

（4）用户评价。用户评价一直是消费者在购买产品前参考的重要因素，所以，卖家在选品时，就要考虑如何更好地拿到消费者的好评。

（5）其他因素。除了以上提及的4个因素之外，页面跳失率、停留时间也是卖家要重点考虑的因素。因为这些都是消费者对产品和页面最直观的反馈。通过这些数据，可以过滤掉那些消费者不感兴趣的产品，切忌盲目推广。

2. 关键词选择技巧

选关键词其实和选搜索词是一样的道理，怎么找关键词，这里推荐三大工具：搜索下拉框、数据魔方七天飙升榜、生意参谋选词助手。接下来就分别展开阐述。

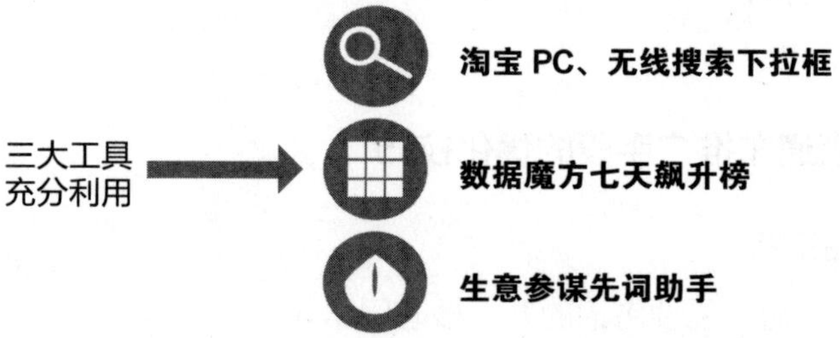

（1）搜索下拉框。这个工具非常重要，尤其是无线端，因为手机打字本身没有电脑方便，所以消费者会更依赖推荐词。每次消费者要搜索宝贝的时候，只要在搜索栏里打入核心词（例如：连衣裙），淘宝的下拉框里就会根据最近的趋势弹出一排推荐词。这些推荐词你都可以考虑，如果和自己需求的宝贝的相关性很大，就可以将它设定为自己需求的宝贝的关键词。

（2）数据魔方七天飙升榜。通过自然搜索的排名情况可以看到消费者的购买趋势，在前文中也提到“直通车关键词推广展现的原理和搜索是一样的”。所以在挑选关键词时，可以参考这些搜索趋势。但是需要注意的是，不要只顾着拉升搜索幅度而忽略了关键词本身，像大码、套装、欧美这些本身就是热词的词语，如果加到关键词里，转化率不一定会高，所以一般不要机械地直接把它们作为关键词，但是可以通过组合使之成为关键词的衍生。具体做法是根据自己宝贝的属性，看和这些热词是否符合。如果符合，就可以结合在一起。例如，欧美大码女装连衣裙、欧美加肥大码连衣裙。这样的话，你的直通车列表里会出现很多其他直通车词表里没有但是又有搜索流量展现的词，既能提升宝贝关键词的排名，又能在推广段抢占先机。

（3）生意参谋选词助手。通过以上两种工具选出来的关键词并不是一定都可以用的，一定要分析、了解清楚所选出来的关键词的竞争情况、转化表现。但是只从直通车关键词列表里是看不出来的，需要借助工具去测试。笔者推荐生意参谋选词助手，用它来做筛选。把选出来的词放到里面，质量分不低于 7 分的都是能用的词，而且一定会有效果。

三、关于关键词，卖家常见的疑惑解答都在这里

1. 关键词数量多少合适

很多卖家会有这样的疑问：“关键词的数量是否有标准？”答案是完全没有标准或规律。数量的多少只看一点：预算的多少。如果预算少，那你就只能选择出价低的词，为了增加表现，你需要尽可能地添加其他词进去，以增加展现，获取点击率，得到流量；如果预算充足，那你就可以选择出价高、表现好的词，加大投入，其他关键词的数量也可以相对减少。对于多数小卖家来说，玩烧钱永远玩不过大卖家，但是相比之下却有更多的时间和精力，所以“小卖家可以多点开花，大卖家就要蹲点守候”。不过小卖家也要适时根据宝贝成长状况来调整策略，如果宝贝表现很好，销量一直在攀升，这时候就不能按照原先制订的预算计划，而是要及时加大投入，给表现良好的

宝贝抢占热词，保证流量的最大化。其实热词的 PPC 一定会比长尾词的低，但很多人过于在意质量分，一定要追求 10 分、9 分词，其实这是错的，很多 7 分、8 分词效果并不会比 10 分词差。

2. 如何测试关键词

很多卖家选词都是系统给什么或者看到什么就用什么，被动地等着数据出来，分析完数据之后再做调整。这其实是对资金的一种耗费。所以，可以利用生意参谋选词工具进行测试。

3. 关键词如何匹配

关键词的匹配分为三种：广泛、中心、精准。在行业内有这样一句流传很广的口诀，“要流量开广泛、要点击开中心、要转化开精准”。但是在真正做的过程中会发现，这句口诀实在“不靠谱”。以广泛匹配为例，长尾词的出价本身就偏高，而且还会影响热词的点击效果。所以无论如何，笔者都建议采用精准匹配的方式，以得到最精准的流量。

（1）直通车优化计划

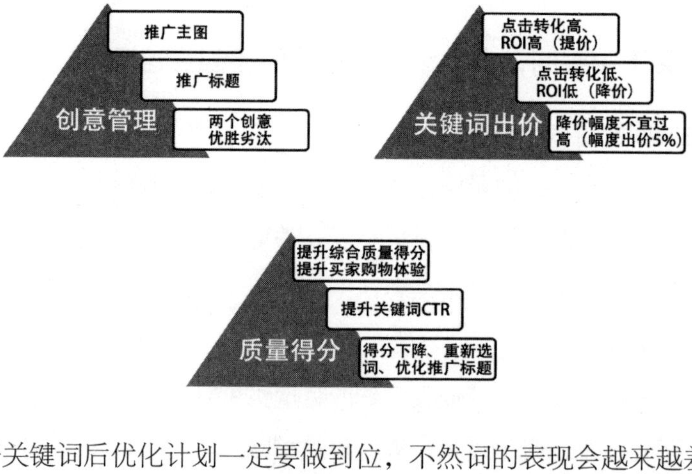

选好关键词后优化计划一定要做到位，不然词的表现会越来越差，质量分下降之后，花费会越来越高。那么，该如何对直通车进行优化呢？

①创意管理。推广创意方案一定要做两个，其中一个可作为备选。做创意管理追求的都是点击率，因为点击率的影响十分广泛，它代表着反馈好、

关注度高，得分自然会上升。随之而来的是，单价上升，ROI 也就提升了。

现在，直通车已经改版，标题不再像以前一样，将鼠标移动到上面就会自动展现标题。所以，卖家在做直通车时要注意关键词的关联性和质量分。因为，改版之后，消费者都是看到了图片觉得不错，然后点击进入店铺，这个时候，他们根本不会在意标题，但是直通车后台会在意。所以以前做标题是为了点击率，但是现在做标题是为了质量分。因此，在创意方面，卖家可以将重心从标题转移至图片。一般而言，创意图分为两种：一种是简单干净型的；另一种是配上简单粗暴的文字型的。究竟哪一种风格更合适，卖家可以参考同行业其他店铺的风格。需要注意的是，主图创意要做得和别人有差异，如果你的宝贝在第二位，第一位的主图是白底，第三位的主图也是白底，要是突然“蹦”出一个红底的，就会很显眼，一下子就能抓住消费者的眼球。

②关键词出价。为了让出价更为稳妥，一般情况下，笔者建议先以平均点击单价加价 10% 的幅度出第一个价，之后如果没有点击展现，就按 10% 的幅度加价，一直加到有数据为止。如果点击单价卖家已经承受不了，那可以选择放弃这个词。但是，如果点击单价还能承受，那可以考虑慢慢降价，让它回落。建议可以采用 5% 的幅度进行降价。笔者的经验是关键词的单价下调 0.01 时几乎没有任何影响，既不会影响宝贝排名，也不会影响点击量，一直下调到数据出现下滑时，就是这个词价位的临界点。

③质量得分。影响质量得分的首要因素是计划。通过测试会发现，同一款宝贝放在不同的计划里，相同关键词的质量得分是不一样的。这说明，直通车后台也会对计划做出判定，而判定的依据主要是计划预算和日常点击情况。所以要保证计划里不好的词尽量少出现。另外，卖家还需要注意，当质量分不高的时候，要去优化宝贝关键词、推广标题以及宝贝属性。最重要的一点是优化买家的购物体验。

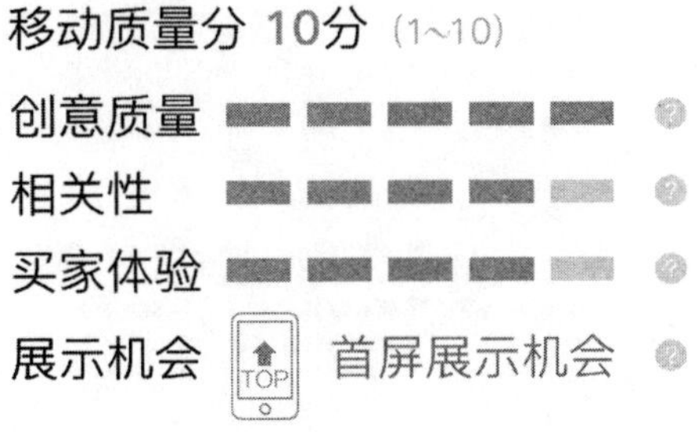

就像上面这张图传达的信号一样，很多10分词是最后都“死在”了买家体验上。所以，卖家一定要保持警惕。

笔者建议主推的产品要永远放在一个计划里，这个计划持续做好，对卖家后续主推款添加得分很有帮助。另外，对于那些得分下降的词，卖家需要及时删除，因为同一计划内的关键词情况会相互影响，所以要保证计划里不好的词尽量少出现。

（2）投放策略

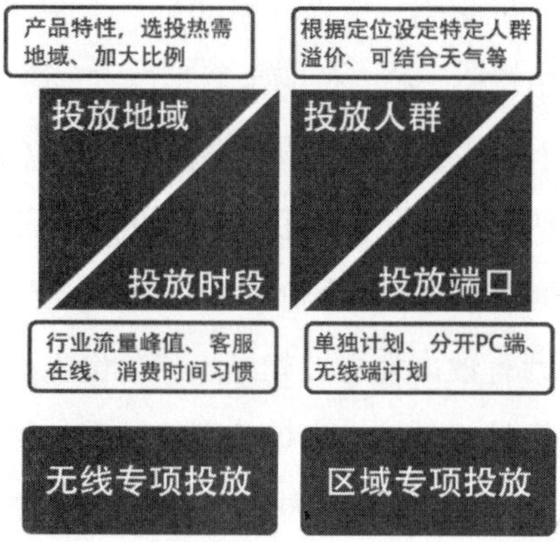

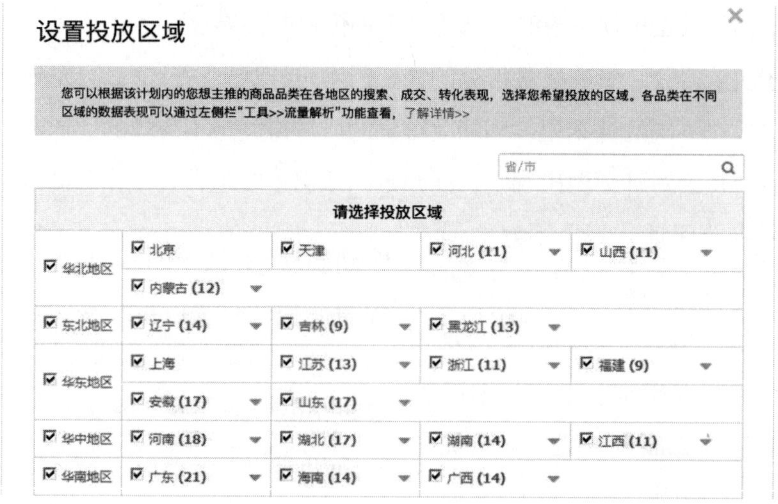

①投放地域。在投放策略上，首先要考虑的是地域，即根据产品的特性来选择投放地域。例如，如果你是卖大码女装的，那么就要分析目标消费群体在哪里。假如，你通过淘宝指数发现山东、河北的消费者特别多，那这时候你就可以考虑要不要做一个单独针对这些地区的计划进行单独投放，加大比例。

②投放时段。投放时段要考虑计划的质量，系统不喜欢卖家停止投放，所以在凌晨那段时间也不例外。而白天的投放时间段，卖家可以根据行业流量峰值来设置，例如女装品类，晚上下架周期比白天多 15 分钟，所以笔者建议晚上的投放时间比白天长一些会较好。但是，类似于太阳镜这类“要用才想起来买的”非必需品，一般在天气炎热的白天投放效果会好一些。

③投放人群。面对不同地域的人群可以单独溢价，例如广东、东北这两大天气比较极端的地域。

④投放端口。笔者建议一定要分开做 PC 端和无线端两个计划，并分开管理，因为两者的规律表现完全不一样。无线比例一般都会比 PC 高。

做好直通车的过程，其实就是一个了解直通车每个环节、应用好每个环节并紧密结合的过程。在刚刚起步的时候，需要卖家多花一些时间，坚持关注，等稳定下来以后，可以每天抽一些时间定期看看，只要用心，一定能做好。

第二节 直通车账户权重如何提升

直通车是淘宝目前最为常用的，也是一种不可或缺的推广工具。很多卖家朋友都在开直通车推广自己的宝贝，可有时候某个计划加入关键词后，虽然关键词的四个维度都差不多满格，然而添加进去的关键词质量分数并不高。这是什么原因引起的呢？相信很多卖家朋友都会遇到这个问题，尤其是刚拿了“驾照”的“车手”，很多都是无从下手。在这里笔者给大家解决这个疑问，以及发生这样的情况，应该如何解决。直通车基础的知识我就不在这里讲解了。基础比较薄弱的“车手”可以自己去补充一下。

出现类似这样的情况有以下几种原因：

（1）直通车刚刚开通，没有投放过；

（2）直通车停了比较长的一段时间，然后再参与推广；

（3）直通车花费没有达到一定的金额。

以上几个原因最终可以归结到一个点，也就是直通车的账户权重低的问题。当直通车账户权重低时，即使直通车的那四个维度的格子数比较多，但是添加进去的关键词的质量得分也会比较低。针对如何提升直通车权重这个问题，我之前做了相应的测试，效果也很明显。下面给大家分享一下这个方法，十足的干货，能消化多少就看大家自己的领悟能力了。

首先选好款式，选择“上车”的款式是有条件的，不是每款宝贝都适合“开车”。在选款的时候需要选择有一定销量基础的，评价没有什么问题的款式。我在测试的时候选择了一款基础销量 100 多的男士 T 恤。接下来就是把这款加入直通车。

加入直通车后，需要设置这个计划的日限额、投放平台、投放时间以及投放地域。

（1）日限额：30元；

（2）投放平台：全开、站外投放折扣88%、移动折扣100%；

（3）投放时间：直接选取行业模板，然后0点~8点设置为30%折扣；

（4）投放地域：选取店内主要访客来源的地区投放（生意参谋可以查看）。

这些基础的操作完成之后，就可以开始选词了。在选词方面，我是这样选择的，前期选择竞争指数低的，点击转化率还可以的，展现量也比较大的词添加即可。竞争指数具体怎样才算低呢？可以跟类目热词对比，每个类目都是不同的。在加入这些词之后，把分数低于6分的词全部删除。低于6分的词相对来说比较难养起来。然后全部统一出价，我测试的时候出价直接3元，具体的出价尽量卡在前三页。之后就每天观察关键词的具体情况。对于那些展现高的，点击少的词，这些词可以直接修改匹配方式，降低展现，从而提高这个关键词的点击率。低于关键词是选择修改匹配方式还是选择调整出价，我的操作手法是这样的。选点击率1%为标准进行操作，每个类目定的标准不同，具体看直通车数据情况而定。也就是说，如果某个关键词的点击率远低于1%，那么就修改匹配方式，降低展现。另外，像这种点击率接近1%的词，可以直接降低出价，从而提高这个关键词的点击率。具体看调整后的数据反馈情况。

另外我是这样理解直通车的匹配方式以及出价的。匹配方式相当于粗调，而出价就相当于微调。粗调和微调相结合，从而提高整个计划的点击率。直通车的权重提升的快慢跟点击率以及持续花费是有关的。做好这两个方面的话，直通车的权重也会相应提高。在提升直通车账户权重期间，需要不断地优化创意图，从而提升点击率。直通车日限额设置之后，每天必须烧完，注意日限不需要太高。

在这期间，偶尔有产出的话，对账户的权重提升有很大的帮助。经过这一系列的操作之后，直通车账户权重就提升了。直通车权重的提升没有大家想象得那么难。本文篇幅比较短，但是都是本人的实操经验，希望对大家有所帮助。

注：附上直通车选词来源以及关键词的处理方式。

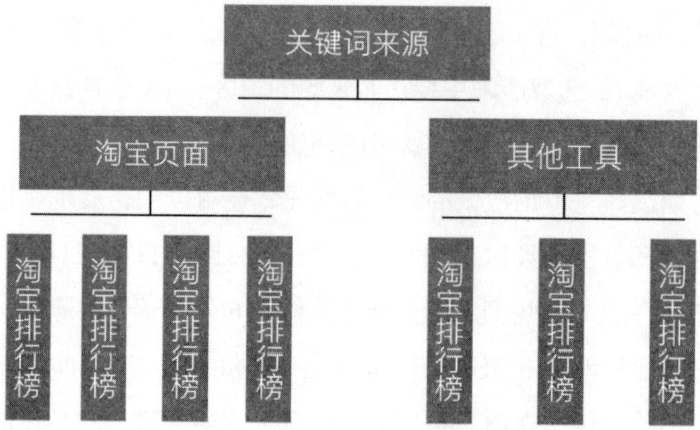

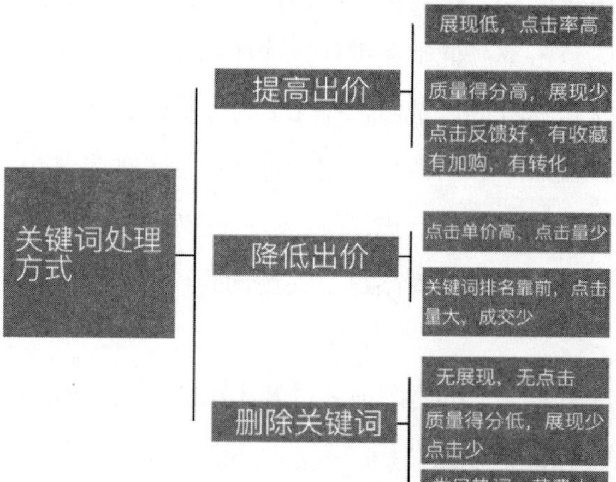

第三节　无线端做好这八件事玩爆你的宝贝

“无论黑猫白猫，会赚钱的就是好猫。”笔者用本节中提到的这些方法，一个月轻松赚了 30 万，其他近 300 位商家也慢慢做了起来。手机排名，维护千千万万。不要纠结那些太多的小细节，手机专享价、淘金币这些能开的，都开起。没时间弄就不要着急。

①点击率；②宝贝销量；③宝贝人气；④无线的搜索成交；⑤店铺产出；⑥ UV 价值；⑦转化率；⑧抓好下单的人。

小细节操作起来时间成本太高，基本可以忽略，不牺牲利润的情况下反正能补的都补上。搞定了这八大权重，什么首页，都弱爆了。

一、点击率提升的方法

方法 1：别人用冷色背景，你用暖色；别人用空间展示，你用正面；别人用模特展示，你用真人展示。总之跟别人不一样。无线端的点击存在随机性，所以差异化是第一重要指标。

方法 2：“主图作弊”：在主图的左上角或者右上角，挂免费试用，或者全额返现，或 7 天无理由退货，就是免费试用 7 天的意思。做了这个噱头，就要承担无论什么问题，包来回运费。承诺全额返现的话，一定要说清楚怎么返现，然后提供返现的证据，解决信任成本。笔者之前用过“大白”做主图，差一点侵权了，这个是“作弊思路”，你们可以去玩，但是不要侵权就好，拿一个单品去直通车测试。

二、宝贝销量

特别小类目，产品线不够宽的类目，基础销量非常重要。

在没有多余推广资源的时候，卖家可以直接拿出 200~500 件商品送给买家，并在直通车主图上打出“免费送”的说明，吸引买家。这样一来，商品送出去之后，基础销量有了，质量分也就自然提升了。另外，卖家还可以多子类目，子品类相结合，做成套餐，用“捆绑”的方式去推，尽可能卖出更多的商品。

三、宝贝人气提升

人气分为两种，一种叫新客户，一种是老客户，如果老客户的回购率不高的产品，把新客户做好即可。比如：家具类。老客户回购高的类目，老客户的权重要高到离谱。

1. 新客户提升

方法是用咱们的模特先下单，做首批买家秀。然后用真实买家来下单。根据前面说的，保证 7 天的周期是递增的。有条件的话，把 UV 价值提升上去。真实买家来下单，转化率跟同层级差不多即可。再次强调，可以多拍一些产品，提升店铺产出和 UV 价值。

2. 老客户的回购

在一般情况下，新客户通过搜索的方式进店，而老客户则是通过“已买到的宝贝”进店，做好用户分类，并有目的地进行推广，转化率会更高。

四、无线端的关键词搜索成交

简单说就是通过某关键词无线成交的，自然该关键词的权重高，排名起来快。那么做的时候，做的关键词符合前面说的，最相关，下拉词优先，搜索指数不错的，从长尾做到大词，分多个关键词去做。如果产品基础销量不错的话，那么直接可以从搜索指数比较大的词来做，先按照销量排序成交。如果新品竞争力不够的，按照前面的方法，快速起来销量，从中等词做起，缩短周期。

五、店铺产出提升

原理解释：因为淘宝的筛选的就是一个金字塔的层级，分为 7 层，卖家们一层层地往上爬，而销售额就是第一指标。每当你想获取更高的流量的时候，必须爬到更高的一个层级。那么你要做的就是超过同层级优秀的。所以，要把店铺的产出迅速做起来。

玩法：如果是有产品线的类目，如：家具类的，茶几、电视柜、餐桌这类产品，主要搞套餐；如果产品成不了线的产品，如：3C，那么做配套送的或者加 × 元购的，去人工做些产出；如果客单价实在太低，如：垃圾袋等这些东西，把你销量拉起来，也是一样。

六、UV 价值提升

此指标非常重要，未来越来越重要。原理：现在流量红利期过了，流量紧缺，而各大平台在瓜分淘宝的流量，淘宝的流量也是花钱买的，所以他们希望你们能创造流量或者让流量创造更大的价值。所以有个 UV 的价值的隐形指标，当你的产出和 UV 价值都比别人优秀的时候，提升是非常快的。UV 价值 = 产出 /UV。商家要做的就是跟同层级优秀的人对比，努力超过他们，根据预算来，实在超过不了的话，那就慢慢玩。前面有例子，不懂的可以看前面说明。

七、转化率飙升的原理

要想知道怎么提升转化率，我们就需要了解人群的习惯。现在移动端这么成熟，流量越来越碎片化，我们需要了解人群的习惯。首先，无线的点击是具有随机性的，也就是意味跳失率会非常高。那么我们就要研究为什么跳失率非常高呢？①点者无意；②懒得翻页；③懒得进店对比。这里大家自己也深有体会，我们打开手机滑屏的时候，是左右滑的舒服还是上下舒服。

自己去体会哈。笔者直接总结了，现在要降低跳失率，提升转化的第一把利器，就是主图。5 张主图的作用，早已经超过详情页了。因为，买家需要看到感兴趣的东西，才会翻下去的。所以主图作用远超过详情页了。这就是为什么很多人跳失的主要原因。那么问题来了，什么样子的主图是最好的呢？

第一步：第一张主图，差异化让别人进来，告诉别人我是谁。第二张，买家晒图。第三张，细节描述。第四张，有什么优惠活动。第五张，承诺，×××承担来回运费，提醒加个收藏。如果产品客单价比别人的高的，一定围绕展现优势去做，然后用详情页和评价来弥补信任成本。第二步：有了主图的介绍，那么详情页就是要制造真实的人气，解决信任问题。详情页的人气制造原理，有了对主图的初步了解之后，商家要看你是不是吹牛。就像我们的项目，最开始免费，现在 1088，很多人疯狂加入，就是因为我们有很多成功案例和人气。所以支持的人越来越多。那么详情页怎么制造人气呢？①很多很多买家的晒图；②很多人评论截图；③上架售空。

八、抓好下单的人

评价制度是专门针对已下单的客户，为了让评价更为客观真实，好评、中评、差评最好都要有。通常情况下，买家晒单的图片数量不一，评价字数也有长有短。对卖家而言，在这个环节中最重要的是，需要对那些淘宝账号级别高、晒图多、有追评的买家热情一些，增加更多的互动。例如：卖家可以以掌柜的身份在这些评价的下面，回复 300 字左右，尤其是中、差评这块。

总结：

销售额 = 流量 × 转化率 × 客单价。

客单价 = 产品成线 or 成套餐。

转化率 = 基础销量 +5 张主图 + 详情页的造势 + 评价的证明。流量就是对精准的人群下单，结合方法，快速提升流量。

第四节　改标题、主图、详情页会不会影响排名权重

最近一直很多商家问我，改标题、改宝贝主图、改详情页会不会影响权重？他们心里很忐忑，宝贝稍微有点起色，什么都不敢做，好像卡住了。

其实这就是为什么很多店铺爆款做不起来的原因，可以负责任地说，任何一个爆款少则修改几次，多则几十次。

但是正所谓无风不起浪，各种培训、论坛、文章都讲到修改要注意，有的甚至说修改就会降权，弄的是人心惶惶。那到底谁讲的是正确的，谁讲的是错的呢？

我们下面就正式地讨论一下，修改标题、主图、详情页会不会影响权重？我可不希望你们的爆款都死在恐慌之中。

一、修改标题是否影响排名权重

这个问题，是要看你怎么改，如果你原本的核心关键字是“男士香水持久淡香”放在最前面，排名也不错；而你把它修改为“男士古龙香水清新花香调持久淡香”虽然修改后的关键词同样保留“男士香水持久淡香”，但是这样修改后，你搜索“男士香水持久淡香”时，排名就会下滑，为什么？因为淘宝现在计算权重是给每个词加分制度，当紧密连接跟用户搜索匹配时，权重会更高，但是如果打散后，每个词的权重分会重新计算，而且没有了紧密连接的权重，所以排名就会下滑。

案例：

我曾有款苹果手机壳爆款，原本标题最前面是“iPhone6 手机壳水钻”，当时这个词我们是豆腐块，但是我要想这个款再爆一点，因为这个词已经满足不了了，所以我必须换核心关键词，通过数据分析“苹果 6plus 手机壳”表现不错，而这个词更大，所以我们就把标题修改为“苹果 6plus 手机壳水钻女新款金属边框镶钻 iphone6 plus 手机壳潮”。你猜怎么了？不错，当我 5 分钟后搜“iPhone6 手机壳水钻”时，我的产品就不在豆腐块里了，直接下降到“人气”的 18 名位置；当时有点忐忑，为了证明是否是因为修改标题而产生了排名下滑，我又还原了标题，5 分钟后，排名回来了，回到豆腐块第三名。

总结：

事实证明，修改标题的顺序，是会影响关键字排名的，所以在修改标题时，关键词排名比较好的几个词，记得修改时不要挪动其位置，不然数据可能会被重新核算，最开始布局爆款时，核心关键词要定位好，放在标题的最前端，这样后期修改标题，核心词也不用挪动位置。当然后来我的这块产品，还是用了新标题，大概有两周的时间不在豆腐块，因为我们的目标是更大的词，所以这个阶段必须度过。之后搜索“iPhone6 手机壳水钻”，我们还是回到了之前的第三名，因为数据重新被积累。

二、修改宝贝主图，是否影响排名权重

答案是不会影响排名权重。那为什么会被那么多人认为改主图会影响排名呢？

其实是被大家误解了。真相是这样的，主图其实是直接跟点击率有关，如果你今天在首页第 5 名，每天可以获得 500uv。当你换了一张主图后，可能第二天还是在第 5 名的位置，但却只获得了 400uv，到了第三天你可能是在第 5 名，或者 6、7、8 名，但是你发现 uv 越来越少了。然后你以为是换

主图降权了，其实是换主图降权了吗？不是，可以负责任地说，任何一个宝贝在换主图的当天，排名波动几乎不会受影响（在目前情况下）。

大家都知道淘宝今天的排名，是根据你宝贝昨天的历史情况给的，所以你换主图的当时，是没有感觉的。要么你换的主图点击率更高了，明天淘宝会给你更好的排名；也有可能是更差了，明天就下调你的排名。大家都知道淘宝卖的是展现，他只能控制把你的宝贝给多少人看，但是不能强制要求哪个客户进你店铺，因为点击的过程是用户自己触发的，所以这里就有个流量价值问题，单位展现内，谁的点击率更高，就应该得到更多的扶持，当然不是光点击率高即可排名更高，这还要结合下面讲的“转化率”。

总结：

我做过的每个爆款，主图都修改过无数次，而且都是直接替换，有人说是不是要先上传到图片空间，然后换到第5张，然后再慢慢挪到第一张？告诉你，完全不用，你正当换主图怕什么，直接换即可。那要什么时间换最好呢？其实就换主图本身来说的话，没有什么时间要求，但是为了方便统计换前后点击率的区别，可以晚上12点换，这样换，前后的点击数据就可以独立统计到了。

三、修改宝贝详情页，是否影响排名权重

这个问题跟上面的类似，修改详情页本身，对权重是没有影响的。只是你修改之后，产生的转化率数据对排名赚钱产生了影响。大家都知道搜索排名里，单品人气分中，就有“转化率”这一项的权重，而转化率分“静默转化率”和“询单转化率”，静默转化率受详情页的直接影响，所以如果你原本的“静默转化率”是5%，而修改详情页之后，导致转化率下滑到3%，那么这样下去2天之后，你的流量就会少，为什么？

同理，假如你的流量产出比不给力，那么淘宝就会把更多的流量给其他更牛的人，分给你的就会相应少点。再讲讲“询单转化率”，很多人认为这

只是客服的事情，其实不然，要有询单，必须让用户看到你的页面产生想买的欲望，然后他才愿意找你们的客服进行咨询。

如果详情页让用户都没有购买的欲望，那么何来“询单”呢？就更别提转化了！所以很多人认为修改详情页会影响排名权重，其实是一种看到表象的误解！

修改宝贝详情要注意测试结果，同样建议晚上 12 点更换页面，把修改前的数据都统计好，然后继续监控修改后的数据，这样你就知道修改前后的区别。如果更差就赶紧换回之前的版本。我有款产品的页面修改过 7 次以上，后面可能还会继续修改，目的都是测试最佳转化率。

第五节 淘宝活动你为什么报不上

“淘宝活动那么多，为什么我就报不上呢？”

“淘宝活动是不是只为大卖家准备的？”

这是很多卖家经常咨询的问题，我也在很多课程中解答过。这里再次梳理出来给大家分享下，淘宝活动报名有哪些“潜规则”。

要成功参与淘宝官方活动，我们要清楚小二是怎么审核活动的。

前不久，我跟活动小二交流过这个话题。据了解，淘宝活动基本都是机审和人审。卖家通常会在活动前 7~15 天提交报名，有的活动小二会提前一个月进行排期。

活动报名截止后，系统会根据小二设定的条件，进行初步筛选，然后再针对系统筛选的结果进行人工二次审核。

这里要注意的是，有些活动小二未必会等到活动报名截止才进行筛选，也就是说你报名太晚，有可能连审核的机会都没有，所以你会看到“待审核”状态。

有些活动（比如淘抢购）以及其他类目活动的审核，通常需要经过类目小二第一轮筛选，然后提交给活动频道小二终审，最终决定报名是否通过。

小二让你上活动，目的就只有一个：销售额或售罄率可能会很好，没有其他。

什么叫“销售额或售罄率可能会很好”，这其实是小二审核活动报名的依据。

有些活动注重销售额，如聚划算会考核你的单坑产出。有些活动尤其是限时抢购的活动，他们更加看重售罄率（售罄率 = 销售件数 / 报名数量）。

所以，活动还没开始时，小二只能通过一些标准和经验去判断你报名的宝贝是否会受欢迎，以保证销售或售罄达到预期。

那么，我们就来分析下哪些标准和经验，可以帮助小二判定你报名的宝贝是否符合要求，归纳如下。

一、报名提交的信息符合硬性条件

这就是说，你报名提交的信息、素材与入口图是否匹配，比如商品的链接，入口图是否有 LOGO，标题是否符合要求，货值是否满足要求，等等。

这些条件通常是决定成功报名与否的必要条件，是活动报名的基础。而这些基础往往是很多卖家容易忽视的要点。

二、报名活动宝贝在近期的表现较好

影响这个标准的因素很多，就单品本身的因素主要是近期的访客、收藏量、加购物车量、转化率等维度。

通常情况下根据我们的经验，7.5 个收藏约等于 1 个成交，3.5 个加购物车约等于 1 个成交，这些数据均可反映出一个宝贝的受欢迎程度。

想想看，在这些数据都具有竞争力的情况下，以 30 天内最低价的 9 折活动价，可能卖得不好吗？

这给我们卖家一个启示，就是当你决定选择某个产品参与活动报名时，你需要针对该宝贝制定推广的策略（无论付费还是免费），都需要在很短的时间内逐渐提高转化和效率，告诉活动审核系统你的宝贝是很有潜力的。这样才会大大提高报名的成功率。

三、选品和定价来源于行业分析判断

选品和定价也相当重要。最直接的方法就是去研究你所有报名的这个活动，最近几期都选择了什么样的商品，价格、销量、销售额甚至是店铺的综合实力怎么样，等等。这些数据需要即时跟踪，也可以通过某些第三方软件去查询。

当然，根据行业数据分析出的产品信息，需要结合你的店铺推广策略、产品销售目标、利润目标等进行匹配。

四、其他因素的影响

还有一些其他因素也会影响到活动报名，比如店铺的 DSR 评分、服务质量、信誉度、活动疲劳度、活动黑名单，等等。

比如你上次活动效果太差或者违规，小二有可能会把你的店铺加入黑名单，限制报名活动，无法通过审核。或者因为上次活动，你的服务质量跟不上，DSR 迅速下降，甚至还遭受顾客投诉，那也会被加入活动黑名单。

要想成功参与官方活动，看似很难，实际也比较简单。只要平时经营好店铺，再知道一些“潜规则”，上活动也不难。

第六节　双十一报名成功后，卖家一定要做的事

在卖家中普遍存在这样的现象，以为报名成功之后就可以稳当地等着双十一到来。还有一种卖家没有报名成功，就觉得没有机会了。其实不是这样的，双十一前后几天流量都会比较大，巧妙地获取零碎的流量也会给你带来很大的惊喜。全网双十一和所有人都有关。

那么在双十一报名成功之后，卖家一定要做的事有哪些呢？主要包括以下三个方面。

一、主分会场 & 场外打标卖家：必设店铺活动承接页

淘宝方面表示，最终主分会场以及场外报名审核通过的卖家必须完成的一项工作——设置大促店铺活动承接页。

承接页将由淘宝官方设计完成，系统会自动识别店铺内是否有入围主分会场或场外打标的商品，有的话则默认为这些卖家展示承接页设置页面。卖家须及时装修并发布承接页，否则系统将无法自动生成，也就无法从预热期到大促当天为卖家引入流量。

二、主分会场 & 场外打标 & 不参加大促卖家：如何提升流量

橱窗推荐作为卖家端最传统的营销工具之一，可以帮助卖家把店铺内最优质、最具核心竞争力的宝贝优先展示出来。活动期间，如果卖家没有设置橱窗推荐，店铺宝贝被搜索到的概率将大大降低。

为此，淘宝网特地推出了橱窗奖励活动，帮助店铺宝贝增加曝光机会。

活动期间，只要成功报名11月11日·淘宝嘉年华主、分会场的卖家，均可获得10个橱窗位奖励。活动当天达到的成交目标越高，奖励的橱窗位也会越多。

三、主分会场 & 场外打标 & 不参加大促卖家：提升转化有技巧

为帮助更多卖家提高点击率和转化率，淘宝网还推出了心选、微团、淘宝贷款和店铺营销中心的多个工具。

其中，“心选”是一款可以在详情页一区做店内关联营销的工具，可以将店内促销、热卖、优质商品推到详情页一区位置，增加商品曝光，提高购买转化。店铺免费试用、天天特价等板块也将开放报名，帮助卖家做好新老客户的营销。

此外，买家在店铺购买商品后，还可以发起“微团”活动。“微团”是店铺引导老客户拉熟人进店消费的工具，买家只要拉到好友购买同一款商品，好友即可享受微团专属优惠。为帮助卖家们及时周转资金，淘宝贷款还将为符合资质的卖家提高信用贷款额度，推出特惠资金活动。

第七节　淘宝、天猫不经意违规

很多朋友在产品找好了，合同签好了，准备大干一场时，店铺却违规了。自己都不知道哪些违规了，寻求不到方向。下面列举一些不经意之间就会被处罚的违规形式，都是许多电商从业者亲身经历过的，痛不可言。希望大家引以为鉴。

一、重复铺货

描述：不小心用淘宝助理上传了几个重复的商品，出现了 5 个违规商品。

回答：用淘宝助理上传产品或者修改产品前，必须点击出售中宝贝，然后在上面导航处点击同步宝贝，才可以修改，不然就会发生重复铺货的问题。

一个季度没达到 60 个违规，店铺不会被处罚。一般处罚的话，是暂时关闭 30~90 天，严重的，会查封店铺。

重复铺货还有那些情况呢？

（1）同款商品不允许不同颜色分别发布（类目：数码产品、网游、家电、汽车配件及饰品等）。

建议方案：因颜色不同影响到商品价格时可开设销售属性，编辑颜色价格。

（2）专车专用商品不允许不同车型分别发布（类目：专车专用脚垫、专车专用座套、专车专用后备厢垫、DVD 导航等）。

建议方案：

A. 如果不同车型，商品图片不一致，可分车型发布（不包含商品图片中车型文字不同）；

B. 一般商品图片、标题、描述有 80% 相似，所选商品车型属性有重合，就会被判断为重复铺货。可选多个车型属性发布（最多 30 个）避免因车型重复铺货；

C. 非专车专用商品标专车专用发布，如雨刮、装饰性尾喉等。卖家可按销售属性发布商品避免重复铺货。

（3）能适用于多款机型的通用型商品不允许不同机型分别发布，建议以 SKU 套餐形式发布（类目：3c 数码配件等）。

（4）同款商品不允许以大小规格不同分开发布（类目：男装、女装、童装、鞋帽等）。

（5）同款商品不允许附带不同的附赠品或附带品分别发布（类目：数码产品、动漫、母婴、运动、汽车等）。

（6）同款商品，通过更改其价格、时间、数量、组合方式及其他发布形式进行多次发布（例：一件商品每天发布一次，或以一口价和拍卖的方式分别发布）。

（7） 服务类商品，以相同价格、相同服务的不同表现形式发布（例：T 恤烫画服务，烫画价格相同的请以一件商品发布，花样可在描述中展示）。

（8）网络游戏虚拟商品类目下，QQ 币及 QQ 游戏货币，允许单个和多个分别发布，但以多个发布的次数不能超过 5 次。

（9）每种游戏代练类型，只能发布一件商品。如等级代练、任务代练、跑商等，均各只能发布一件商品。游戏代练类商品套餐区里，相同的商品不能同时出现在多个套餐中。

（10）网络电话卡类目下，每个卖家所发布的相同运营商的不同面值的充值商品不能超过 15 件。

（11）汽摩商品类目下，相同属性或者相同性质的商品，不能以不同颜色，或者“适用于不同车型”而多次发布。（例：“SONATA 索纳塔专用补漆笔”和“GOLF 高尔夫专用补漆笔”商品实际是相同的，但以不同车型来分开发布，属于违规发布，可增加销售属性来选择）。

（12）国内外快递、物流业务类目下，相同快递公司不允许按照不同重量分开发布。

二、滥用关键词

描述：最近上传了一些强光手电筒，销售不错，想加上警用、军用的字样，搜索可信度可能会高一些。但过了几天发现热卖宝贝不见了，仔细一查还被扣6分。

回答：

（1）严禁用形容词的最高级，比如最高、最大、最美。

（2）形容词的比较级，第四项细则规定：禁止卖家在所出售的商品标题中出现与其他商品和品牌相比较的情况。这一条很好理解，就是一些形容词的比较级。于是大部分都会绕过这些与品牌相比较的字眼。但是一些类似的相关名词仍是属于禁忌的范畴，如“大牌”、“明星”等。

（3）关于“秒杀”等词汇，许多淘宝卖家喜欢用“秒杀”这个关键词，觉得是最能说明促销活动的关键词，于是在标题上写上“现货秒杀、限时秒杀、秒杀包邮”等词汇。但“秒杀”这个词，在标题设置时是需要“交费”才能使用的。只有购买了淘宝的促销产品并向淘宝交纳数额不等的促销费用，才可以在已经设置了秒杀产品的标题上使用“秒杀”等字词，否则就属于作弊。

（4）关于问题所描述的词汇属于国家保密机构的，是不能在网上销售的，所以会被扣分。

有一点大家需要特别注意，“宝贝异常”不能显示是需要使用软件才能诊断的，被屏蔽或降权的宝贝，淘宝是不会通知大家的！许多卖家发现店铺流量减少后才感觉问题的存在，但又疑惑问题发生的原因。其实，宝贝直接被屏蔽掉的原因有很大部分跟宝贝标题有直接联系，也就是“滥用关键词”。

搜索降权时间：系统识别后立即降权，降权时间根据作弊的严重程度而不同，标题滥用的商品修改正确后联系在线客服进行申诉。申诉入口：体检中心→急需处理→查看原因→我要申诉。

（1）卖家在所出售的商品标题中使用并非用于介绍本商品的字眼（包含但不仅限于如下情况：标题为“MISSHA 杏子去角质面膜 瘦身健美用品热销中”等）。

（2）卖家故意在所出售的商品标题中使用淘宝网正在热推的关键词，并且该关键词和内容商品无直接关联。

（3）卖家在所出售的商品标题中使用非该商品制造或生产公司使用的特定品牌名称（包含但不仅限于如下情况：“橡果同厂出品 * 第二代 * 浙江 - 双超 * 豪华液压摇摆踏步机”，实际商品品牌为“双超”，不可在标题中使用其他品牌）。

（4）卖家在所出售的商品标题中出现与其他商品和品牌相比较的情况（包含但不仅限于如下情况：“可媲美 LV 的真皮手袋”等）。

（5）卖家在所出售的商品标题中出现与本商品属性不相符的文字描述（包含但不仅限于如下情况: 衣服属性选择长款, 但是标题当中出现中长款，短款等）。

（6）卖家在所出售的商品标题中出现非此明星等代言或者授权的商品（包含但不仅限于如下情况：林心如同款等）。

（7）卖家在所出售的商品标题中出现多种与本商品不相符合的促销形式（包含但不仅限于如下情况：清仓促销 包邮 换季 天天特价 限时促销……实际并不包邮或者正值当季商品或者并没有参加淘宝官方的此类活动）。

（8）卖家在所出售的商品标题中存在提现不规范进货途径及不合格商品相关信息（包含但不仅限于如下情况：原单等）。

三、异地登录

描述：前段时间外出旅游，用手机登录千牛主账号，有操作更改标题与发货，3 天后店内产品全部消失，问淘宝原因，账号正常，但是被异地登录受保护，需要重新认证开通，未扣分，但是店铺会被保护三天不能有任何操作违规记录，且一直显示有一个违规记录。

回答：如需在外地登录，最好不要登录主账号，用子账号登录，如果是被认定为描述情况，则需要开店本人的身份证正反面照片，手持身份证半身照，与本人半身照，还需要当地城市的当日报纸来进行认证开通。

账户安全问题方面还有哪些情况？

情况一：淘宝账号如果无法正常登录，看到提示为“您的账户存在安全问题，系统暂时做监管处理。为了您的账户安全，请您在上述链接中提供身份证扫描件正反面 + 户口本本人页扫描件，以及有效联系方式（手机号码），淘宝工作人员会帮助您核实处理”。

情况二：淘宝账号如果无法正常登录，看到提示为“你的账户存在安全问题，系统暂时做限制登录处理，建议查杀电脑病毒”，表示您的账户出现了被盗用的情况，目前已经暂时帮您监管了淘宝账号。

四、错放类目

描述：前些天在网上销售一些袜子、丝袜等产品，由于价格本身很低，发新疆、内蒙古等偏远地区，快递费包邮会亏本的，然后就想自己也弄个运费补差，结果被扣 2 分，直接删掉运费补差的链接。

回答：正确类目：其他 >> 邮费，同理若是一些邮费补差价、赠品、定金、订单、新品预览、搭配商品，类目不能放在“其他 >> 其他”，要发布在其他对应的类目下。

错放类目的情况有以下几种：

（1）商品属性与发布商品所放置的类目不一致。

（2）商品属性与发布商品所设置的属性不一致。

如移动 / 联通 / 小灵通充值卡类目的商品管理规则：自动发货属性下不得发布非运营商官方的卡密商品。

（3）在淘宝首页推荐各类目下出现的和该类目无关的商品。

错放类目处罚：

八大违规包括重复铺货，支付方式不符，商品价格、邮费不符，信用炒作商品，广告商品，放错类目 / 属性，乱用关键词，标题、图片、描述等不一致。

（1）违规商品累计到 5 件，淘宝会通知会员整改其商品。在通知发出的 3 天内，淘宝可能会继续管理该会员的违规商品，但相关的商品数不会累计。

（2）违规商品累计到 10 件，会员会被限制发布商品 2 天，下架所有未出价商品。

（3）违规商品累计到 15 件，会员会被限制发布商品 7 天，下架所有未出价商品，同时关闭店铺 7 天。

（4）违规商品累计到 30 件，会员会被限制发布商品 30 天，下架所有未出价商品，同时关闭店铺 30 天。

（5）违规商品累计到 45 件，会员会被限制发布商品 90 天，下架所有未出价商品。

（6）违规商品累计数，每一自然季度进行一次清零。

（7）在季度清零前被限权的会员，其累计数会在限权期到处罚结束后才会清零。

（8）会员因违规商品累计被处罚，每次处罚后，将会扣 2 分（1 的情况除外）。

五、广告商品

描述：在淘宝上开了两个店铺，一个店铺销售情况很理想，另一个半死不活的，就想在好一点的店铺放上另一个店铺的宝贝，引流去那个店铺，没想到涉及的宝贝全部被直接删除，修改宝贝信息也未能解除降权，泪崩……
回答：淘宝上任何一个店铺都是单独独立存在的，不允许投机倒把走捷径，无规矩不成方圆，所以建议大家在发布宝贝的时候认真选择您的经营路径。

广告商品一般是以下情况：

（1）以一口价或拍卖方式发布已经出售或者仅供欣赏的商品。

（2）发布自己或者别人生活照，实体店铺的店面图片或者介绍，品牌故事，行业知识或者纯粹贴图供人欣赏的商品。

（3）已售勿拍、广告等形式发布的商品。

（4）禁止卖家在商品描述中或阿里旺旺上有出现外网交易的链接信息或诱导买家去外部网站上购买。违反此规定的商品，属于广告商品。

（5）如商品信息标题、描述，或店铺信息中出现“拍前请询问价格后才能购买”或“不询问就拍下不发货”等字样，淘宝搜索视该商品信息为广告商品。

（6）发布相关免费网站注册的信息。

（7）发布仅提供发布者联系方式或其他非出售商品信息的商品。

（8）发布宝贝描述中含有其他店铺超链接等非本店铺商品相关信息。

六、直通车违规下线

描述：说起直通车违规，真的是瞬间就有心碎的感觉。roi 做到了 1 ∶ 3，好容易有效果了，结果公司找来一个号称直通车智客的，半个月时间不到，淘宝直接发来通知，禁止开车，因为滥用关键词，侵犯别人肖像权。因为他给产品换了一张郭德纲照片，关键词加了各类面膜品牌词，被举报。

回答：关键词选择的时候尽量与自身属性相关，与产品标题相关的词，不要涉及别的品牌词，直通车主图不要选择未代言本商品的模特图和名人图片，否则会被诊断为违规，如果违规要及时和投诉者取得联系，删掉关键词和主图。

直通车其他违规形式：

（1）如果是销售的品牌产品，需要早些要到产品的授权证书和进货证明等，如果被淘宝排查到会被认定为侵犯他人知识产权，高仿产品是不能加入直通车推广的。

（2）认真做好自己店铺，不要走任何捷径，如果店铺被扣分，那么直通车就不能进行推广了，得不偿失，一般在扣 2 分后店铺直通车就不能再开了。

以上就是小弟在做店铺的时候，遇到的一些不经意之间的违规，希望可以帮助大家。

常见问题的回答雷区

1. 运费

标题中有包邮，免邮等字样，可宝贝却又设置邮费，那么一旦发生投诉，每一次投诉扣 4 分。

问：如果一家店铺做全场包邮的活动，那么这款宝贝参加全店包邮的活动吗？

答：亲～这款宝贝是特价产品，已经是最低价格了，不参与活动哦！

那么这种情况也是要扣 4 分的哦～如果有这样的活动，一定要告知客服回答一定要做肯定，实事求是，避免投诉哦。

2. 发票问题

所有的天猫店铺，都必须是要开具发票的，如果回答没有，那么每一次都要扣 6 分并扣保证金，还会影响第二年的签约。

问：有没有发票？

答：有发票（如果说，最近发票没有，那么扣 6 分）。

问：我买的衣服，你可以给我开成办公用品（或者其他商品）的发票？

答：根据您购买的商品开具发票，要报税的，请谅解（不管聊得多开心，答应即扣 6 分）。

问：货收到了，为啥没看到发票呢，你们没给开吗？

答：您稍等下，我为您查询下，不好意思，我们已经为您开好，并且后面为您寄过去了，实在抱歉（回答没有即扣 6 分）。

每一次都是 6 分，很多情况下，接单客户多了，如果一时糊涂就会被处罚，所以希望大家每次都可以轻松应对。

3. 延迟发货

问：老板，您这款产品有货吗？

答：亲您好，这款产品暂时缺货，您可以看下另一款，也非常好哦(若买家已付款，那就可以申请缺货赔付货款30%，最高的话不超过500元)。

若库存不足的情况下，请及时下架，避免因缺货造成损失。

4. 货到付款

问：老板我是新疆的能货到付款吗？

答：不可以哦（未履行货到付款的服务，违规扣6分）。

店家在开启服务的时候，一定要选择自己合适的，发布的信息与回答的问题要一致，别因为小漏洞留下隐患。

5. 泄露顾客信息

顾客一：我这个号拍下不能付款，一会换号再来拍。

顾客二：我现在换号来拍了，现在去付款。

顾客一：我付款了，你帮我核对下收货信息。

此时客服若把顾客二的收货地址发给顾客一，那么这属于严重违规，扣6分。

注：只能核对当下聊天对象的地址，若其他要求，可一律拒绝，希望可以用拍下产品的旺旺来聊天。此处是经常出现错误的，望大家谨记！！！

6. 信用卡问题

问：这个宝贝支持信用卡付款吗，手续费谁出？

答：支持信用卡付款的，手续费我们出（若说不支持，1%的手续费要买家来出，那么若发生投诉是要扣4分的）。

P.S.：所有的天猫商家都是默认支持信用卡支付，且买家无需支付手续费的。

7. 线下交易

问: 我没有支付宝,你发下你们的银行卡,我打钱给你们,帮我发货好吗?

答: 亲很抱歉哦，我们只支持支付宝担保交易哦（若发给顾客银行卡，扣 6 分，主动要求银行卡转账的，扣 12 分）。

注: 紧急不可线下交易，只能通过支付宝担保交易，同理若要求 QQ 或者电话联系的，请直接告诉买家只能通过旺旺在线联系。

8. 交易关闭

问: 我拍错颜色了，麻烦帮我关闭交易，我重新拍。

答: 亲直接重新拍下您喜欢的颜色即可（若买家通过旺旺要求商家关闭的，不扣分，但如果是未经允许，商家主动关闭的，每笔交易扣 1 分）。

注 : 建议商家不要主动关闭订单，若买家要求，也尽量让买家自己关闭，或者等待系统自动关闭。

9. 虚假交易

描述: 若商家的一款产品因为虚假交易降权 30 天，商家将宝贝下架后的第 29 天将宝贝上架查看是否还处于降权状态,发现还是降权中,重新下架。过了 3 天,商家以为降权结束重新上架,还是处于降权状态,发现还是降权中,重新下架，过了 3 天，商家以为降权结束重新上架，还是处于降权状态中。

回答: 因虚假交易降权期间将宝贝重新上架，那么降权之日将从上架之日开始再次滚动 30 天为降权期。

注: 如果宝贝因为虚假交易降权 30 天，那么一定要等待降权期完毕后再上架，期间不要做上架操作，否则会延长降权期限。

第八节　淘宝金币活动秘诀攻略

一、淘金币活动基础审核

审核一般分为两种——后台报名审核和表格报名审核。在本节中，笔者将详细讲述后台报名的相关事宜。要想后台报名成功，卖家需要做的第一步，跨过系统门槛（满足系统的要求很关键）；第二步，进入候选池，排名越靠前越容易成功。

如何才能跨过系统门槛?

（1）弄清楚金币的抵扣值。卖家在报名活动时，如果出现不符合金币抵扣规则的情况，那么就基本上等于报名失败了。为了避免出现这样的窘境，卖家需要做的就是在报名之前就弄清楚金币的抵扣值，每日币抢、币尝鲜的折扣都不同，务必区别牢记；

（2）报名图片要清晰。在制作报名图片时，要依据活动要求，把活动关键点踩准，例如：抢购白底、金币需要的场景图等。

总之，在报名时，必须严格按照活动规则来，做到“中规中矩”。

但是，让人沮丧的是，很多卖家会遇上这样的情况：明明是按照系统规则来报名，各项基础要求都符合，但就是“迈不过去”，为什么？因为审核是有维度的。

经过实战总结之后，审核维度大致可以划分为以下六个：销量，评价，产品本身是否应季，价格，折扣率，店铺运营能力。卖家需要做的就是围绕这几个维度去做全面的提升。

对于很多第一次报名参加淘金币活动的卖家而言，除了以上六个维度，还有一个比较“讨巧”的方面可以切入——“混脸熟”。首先，卖家的 ID 必须是审核人员熟悉的，因为通过换位思考也知道，“如果我不认识你，我怎么可能轻易将坑位给你”。面对审核人员这样的心理，卖家必须给足他们安全感和信任感。而这种信任感不只可以通过熟悉的 ID 来实现，还可以用产品来实现。例如：卖家的产品是星巴克 6 瓶装，69 元。凭借常识，审核员知道，这样的产品一定能卖好，所以可能就会让它通过。

二、金币入口

一般情况下，卖家能上的淘金币活动，若按照频次来划分，主要可以分为日常活动和临时活动两大类，以下几个活动是比较常规的。

（1）每日币抢。这个频道的流量大，转化率高，是卖家们的必争之地。要想上这个活动，需要连续 30 天，根据小二的要求进行打折。当然所有要求并不是一成不变的，如果卖家有不错的活动方案，那可以单独交给小二，一般来说，能通过的几率会上涨 30%。每日币抢只要历史最低价，再抵扣 10% 即可。

每日币抢和币尝鲜，这两档活动都有各自的宗旨，前者是要让爆款继续维持，后者则致力于将新品打造成爆款。

（2）聚划算、淘抢购、天天特价。卖家可以主动找到小二，告诉他，我有什么资源，我的预计销量为多少，我打算怎么做，如果同步淘金币我会如何做。在实际操作中，很多商家正是因为这些方案打动了小二，从而获得了上活动的机会。卖家需要注意的是，在申请资源时一定要有自己的节奏、方案、方法和目标。

（3）金币活动。淘金币食品品牌汇每天都会上线 1~4 个品牌（重大活动的情况除外），一个店铺报名商品≥ 8 款，自行设置主推商品≤ 2 款。但是对每款产品的产出要求较高，所以，卖家在报名之前一定要把握好度量。

三、淘金币报名设置技巧

参加币尝鲜时需要注意的是，必须设置一个可以引起消费者兴趣的“利益点”，例如，客单价大于 50 的客户，可以参加“前 50 名买一送一”的活动，而客单价低于 50 的，可以参加“前 100 名买一送一”的活动。在设置的时候标题里需要写明，或者在详情页里注明。

金币审核一般为 7 个工作日，超过 7 个工作日未审核的，可默认为不通过，卖家自行撤销即可，重新报名。

四、淘金币相关问答

（1）问：如果我已经报名了聚划算 / 淘抢购的品牌团，可以同步来报金币的品牌汇吗？

答：可以！但是商品中必须包含部分非聚划算 / 淘抢购商品，同时 2 款主推商品必须为非聚划算商品。

（2）问：如果我的商品报名淘抢购并且通过了，可以同步报名淘金币吗？

答：可以报名，但是建议报名 12 点之前的。

（3）问：我报名了聚划算单品能同步，淘金币日常币抢或者币尝鲜吗？

答：单品聚划算不能同步参与日常金币的单坑活动，但是你可以报名到品牌汇将此单品融入进去！

（4）问：淘金币的千人千面和搜索的区别在哪？

答：搜索是买家主动去寻找商品，目的很明确。但是，千人千面是根据买家之前的浏览习惯来确定给他们展示什么类目的产品。

（5）问：特色平台是通过金币去实现吗？淘金币和人民币是等值的吗？金币流通的处理方法是什么？

答：特色平台是可以通过金币实现的。如何让金币和人民币等值，目前正在研究当中，平台曾尝试用金币兑换实物。例如，在一场主题活动中，每个商家规定某个实物需要金币才能兑换，只要这个实物足够有吸引力，那么消费者都会愿意为了自己喜欢的东西去积累金币。类似的活动现在正在慢慢完善中，前期可能是商家自行设置，但是如果长期下去，效果都很好，那之后也会慢慢转变成由平台开发。

（6）问：淘金币平台和淘抢购竞选机制有什么不同?

答：目前，淘金币平台展示已经改成了千人千面，和抢购平台已经不再一样。另外，在淘金币平台上没有所谓的赛马机制。

（备注：本章内容以最新规则为准）

第五章

淘外流量

流量是变现的保障，是各卖家争抢市场的砝码。随着竞争的加剧，“坐等”流量到来的时代已经过去，而淘外流量更是越来越“精贵”。本章将从活动策划、渠道推广、大促抢夺等多个维度，结合实操案例阐述高效导流的路径，快速提升销量的方法，帮助各卖家走出“流量荒”的困境。

第一节　淘宝客：其实你可以有更多选择

如果你发现你的竞争同行晚上新品上线，第二天店铺新品就几十上百销量；如果你发现某店的宝贝突然爆发几万销量，甩你几条大街；如果你发现某一个店铺不开车不开钻展却过得很滋润。请不要惊讶，也不要肯定他们都是作弊！很多人就是选择了和淘宝客合作。所以请给自己多一个选择，也许你会发现不一样的亮点。

为什么选择淘客。我可以告诉大家几个优势：

1.CPS 结算，成交才算钱。

2. 合作即可能成交，时间做得越久优势越大，可以不受制于平台。（很重要）

3. 只要有执行力，都有可能做得很好。（不拼爹）

下面讲述实际操作过的三个方法。

1. 我就是牛，我就要这个宝贝成爆款（实力派）

我们以 2014 年底操作过的一件女裤来说，7 天淘客引流 25 万 UV 是完全实现的，打造了 2 万左右的销量，投入 3 万元左右，这个过程是可以复制的。

当你对你的产品非常有信心且对此宝贝的目的性非常清楚，只需要快速流量燃烧的时候，淘宝客合作可以成为我们实现目标的一个选择。这个选择的对象就是我们常说的折扣类淘客。当我们选择淘客合作时，应该知道我们会得到大概多少流量。这也是土豪们长期玩的一种，利用低价促销快速抓好时间节点打爆产品。包括但不仅限于折 800、卷皮等促销站。

我们必须要找到适合自己产品的时间和站点，对于土豪们来说，一两个促销站无法带你走上爆款人生。所以我们要做的是发动全网淘客促销站来全力打造。要注意所有淘客关心的一定是你的转化率。

例如折 800 能在 7 天内带来 4 万流量，导购网能带来 3 万流量，QQ 空间能带来 5000 流量。蛮便宜能带来 1 万流量，QQ 群淘客能带来 1 万流量等。

你可能会觉得这不就是做站外活动吗？当你真正去做这个模式，你会遇到很多问题，比如站点为什么会给你流量，时间节点对不上，转化率很低，等等。所有这种做出来的爆款无一不是团队、供应链、运营等各方面都把握好的强手。

2. 一个新店商城，我要真的开始了

真的见过很多的商城，一年到头几万块技术费都要还给阿里。所以为了尽量避免不至于发生这样悲催的事情，我们可以用到返利网给我们店铺打造一个完整基础流量构架。当一个新店基础定位完毕以后，做任何付费推广之前，我们对店铺起步高点，我们利用淘客返利搭建起来，这个也是个人认为最快的。

包括但不仅限于 51 返利、米折、返还、利趣，等等。

需要注意的是时间节点，佣金的比例，以及第一批用户的维护 (要有个好开头)。

3. 淘宝是我们的下单平台

发现了很多有特色淘宝中小店铺，但是这年头酒香也怕巷子深。在我们无法高额烧车和钻展的情况下，我们是不是可以找到导购类淘宝客互惠互利呢？很多产品都是可以做到的。我们是不是能够招募到大量适合我们产品推广的个人中小淘客。这里我给大家推荐几个。

包括但不仅限于口袋购物、爱团、礼物说、美袖、老米、嗨推个人淘客等。

不一定都要低价，只要你的产品没问题、有意思，都能找到自己合作的淘宝客。

说了那么多，这些年也总结几点招募经验。我希望我们所有商家都能把淘客当朋友，而不只是淘宝客。

（1）设置定向链接申请的淘客，一定要留联系方式多沟通。

（2）去淘客论坛发帖子或者搜索淘宝客 QQ 群。

（3）与商家朋友们大量互换手里的淘客资源。

第二节　大卖家淘宝客推广之道

为什么需要更多地关注淘宝客推广（也就是行业里面所说的 CPS 广告）呢？因为，现在淘宝里面的各种推广方式的费用在逐年增长，比如：直通车、钻石展位、硬广等付费广告。就拿直通车举个例子，2011 年的关键字单价和整体推广费用比 2010 年至少翻了一倍。费用不断增加，但其效果我们可以感觉得到并未正比增长。我们做推广，显然目的不尽一样，有些卖家为了店铺或者品牌推广，有的卖家为了直接的效益。不管前期投放的目的是什么，最终考虑的都是 ROI（投入产出比）。在 ROI 这一项里面，淘宝客模式 ROI 无须置疑，在所有推广方式中是最高的。因为推广展现不收费，点击进入店铺不收费，只有有了成交之后才给一定佣金。所以说是最安全、最有保障的、对于卖家来说是最好的一种推广方式。

做好淘宝客推广跟做店铺一样，需要做好内功和外功。

首先说内功。内功里面都应包含什么呢？

1. 店铺综合实力

有朋友问，如何用淘宝客做出爆款？其实，用淘宝客方式打出爆款不是不可能，但比较难。因为淘宝客不会雪中送炭，只会锦上添花。淘宝客应该是配合店铺的运营策划来做，从而起到一定辅助作用的。重要的还是先要把店铺的综合实力提高，这样做淘宝客就会顺水推舟。如果店铺品牌影响力高，销售量和推广量都很庞大，并且客单价符合消费者承受能力、转化率非常优秀，那么自然会有很多的淘宝客慕名而来。比如：韩都衣舍、OSA、裂帛、七格格、阿芙等。

2. 后台研究

目前阿里妈妈后台已经改版。与之前的版本有很大区别，从入口开始就有变化。现在路口分为广告主和网站主。也就是我们商家入口和淘宝客入口。当前还有很多功能并不是很完善。但我们细心研究的话会发现这个平台以后会越来越给力。2011 年淘宝联盟已经分出去 15 亿的淘宝客佣金，预计会超过 24 亿。

还有 2 个需要关心的是加入一淘和加入淘客群。2011 年，马云说会投入 10 亿到一淘专门做外部流量入口，这就是一个大趋势。所以，阿里妈妈淘宝联盟后台的每一项功能和相关报道一定要细心研究。

3. 佣金设置及创建推广计划

先看一下佣金设置。我们要思考一下，淘宝客选择商品或者店铺的时候主要考虑的因素都会有哪些？比如佣金比率，30 天推广量，30 天支出佣金等。因为淘宝客在乎的是如何才能快速地赚到钱，因为他们自己的资源是有限的，在有限的资源条件下，选出好的产品或者店铺，才能给他们带来最大的回报。所以设置好佣金是一个做好淘宝客推广的基础工作，虽然是基础但也是非常重要的一个环节。

佣金需要设置 2 个项。第一个是类目佣金，第二个是主推商品佣金。佣金设置需要考虑几个参照点：

（1）类目平均水平；

（2）同行平均水平；

（3）商品成本水平；

（4）淘宝客收益。

淘宝客收益 = 客单价 × 转化率 × 佣金比率。

从这 3 个项里面我们要找出自己的优势，让淘宝客们很明白地知道，他们为什么要推广我们店铺或者商品，需要给他们一个推广的理由。接下来说一下推广计划。

推广计划也是分 3 种：

（1）通用推广计划；

（2）定向推广计划；

（3）工具推广计划。

在这里通用推广计划就不用细讲了，因为通用所涉及的主要是 API 淘宝客网站和面向全部淘宝客的，因此佣金比率设置基本要求即可。

主要讲一下定向推广计划和工具推广计划。大家需要先知道，我们可以创建推广计划的数量。我们可以创建 1 个通用推广计划，1 个工具推广计划，9 个定向推广计划。从这些不同推广计划可以创建的数量中我们可以发现每个计划的用途和作用。比如定向可以开 9 个计划，也就是在开定向的时候，我们需要做一个阶梯式设置。针对不同等级、不同实力，淘宝客设置的佣金也不一样。如果不清楚该如何设置，最好的办法就是去参考一下其他做得好的店铺是如何设置的。阶梯式模式可以参照全网做得比较好的店铺，但是具体佣金设置比率还是需要看同行业的一个平均水平，这样更靠谱一些。因为不同行业的佣金设置上有太大区别，比如减肥产品、服饰、3C 类，利润空间不同，所能给出的佣金也是有限制的。

工具推广计划针对的是淘宝客官方频道活动。如特卖频道、女装频道、母婴频道等主要做站外投放的淘宝频道的活动。如果想报名这些频道活动，就需要设置好工具推广计划的佣金。

创建好各种计划之后，一定要记住写好计划详情和公告栏。从细节抓起做好每一个工作是非常重要的。在写计划详情的时候，我们也可以参照那些淘宝客推广做得好的店铺。具体如何写好我整理了几个要点。

写计划详情要点：

①一定要让淘客留下联系方式：如 QQ、旺旺；②给出佣金及收入公式；③联系我们：让淘客主动加我们；④直接提供广告素材下载链接。

另外主推款的商品一定要选择店铺里面最热卖的前 30 款宝贝。因为热卖的、销量高的宝贝转化率也相应地会高很多。淘宝客们推出去的时候也容易成交。

而且店铺长期推的那几个款式也能更好地得到淘客推出去的销量累积。这个有助于宝贝的人气提升及其他淘客选择商品的时候能起到标杆作用。

4. 编写淘客招募帖子

招募帖主要有两个方面需要考虑。

第一是内容，第二是时间，第三是发布渠道。第一，先看看内容。淘宝客英雄招募帖最好是配合活动来进行编写。不要只是以广告性质把自家的单品或者店铺推广链接发上去。这么做效果并不好，反而会给淘宝客商家没诚意的印象。先策划好活动内容，如何设置淘客的奖励，比如推广 100 笔，奖励 100 元等，如果不懂可以到淘宝联盟社区去学习一下其他卖家是如何做的。第二，活动时间，最好是定位 1 个月为准来进行。如果太长淘宝客们会没有耐心及信心。如果太短，很多时候淘客还没有真正发力推出去，活动就结束了，这会导致以后淘客们看到这家店铺又举办活动的时候，参与性与积极性会降低很多。做活动策划时一定要注意设置奖励机制及梯度佣金。第三，发布渠道。这个不用说，首选肯定是阿里妈妈、淘宝联盟社区，去里面的淘宝客板块儿发帖。不过细心的肯定会发现，帖子很快就会沉下去。那我们应该怎么做呢？首先帖子内容一定要是经典的，与其他商家有所区别的，有创意性的。这样的帖子如果推荐给版主，并且达到一定要求，是有机会申请置顶、加亮等的。这些有助于淘宝客们第一时间发现我们的帖子，会大大提高淘宝客阅读帖子、了解我们的概率。还有很多淘客论坛及各种可发布内容的渠道，如微博、SNS、论坛、博客等。只要是淘客活跃的地方，我们都需要去撒网招募。

5. 人员配置

如果想做好淘宝客推广，人员配置上需要跟进。大卖家而且是对淘宝客推广非常关注的掌柜，一定会想组建自己的一个淘宝客团队。因为像韩都衣舍的淘客成交量占整个销量的 25%~30%，OSA 和安都所占比率也在 10%~15%。看到这个数据之后，很多掌柜肯定会眼红。人家做得这么好，为什么我们做得就不行呢？因为人家已经有了一个比较成熟的团队在做这个推广，就好比很多店铺专门安排直通车专员一样。淘宝客也需要专员来操作，因为做淘宝客所涉及的工作量也非常多，简单来说，制作招募帖、到各大社区发布帖子、跟踪淘客并整理淘客联系方式、建立群维护淘客、与淘客互动、定期培训、制作并提供素材等一系列工作，这些都需要专员来做。

那到底配多少人员比较合适呢？其实这个没有一个正确答案，需要根据自己店铺的目标来安排。前期的时候只需要 1 名来完成这些内容即可，预估流量在 3000 ~ 5000。后期如果工作量多了起来，一个员工应付不来可以相应地再增加人手。因为每家可操作的内容及目的都不同，所以会有不同的操作方式，不可能每家都做同一种淘宝客推广方式。“一直被模仿，从未被超越”讲的就是这个意思。因为很多人只看到表面就去模仿，但实质性的内容是看不到的。已经做得非常出色的，已经很知名的那些店铺的模式，我希望仅供大家参考。

我们还是需要在自己亲自操作的过程中摸索出符合自己店铺的，符合自己商品的一套操作模式出来，这个会成为我们最大的优势！

6. 数据分析

你知道你自己宝客每日平均 UV 是多少，给店铺带来多少订单吗？淘客平均转化率有多少？自己店铺现在有多少淘宝客？现在有各种群来圈住淘宝客吗？如果无法回答以上任何一点，我相信你一定没有做好淘宝客数据分析。数据的重要性我相信大部分卖家都能体会得到。现在来说一下数据分析都有什么。主要分收集、整理、分析、改善 4 个部分。

收集可以分为两种，一是自己店铺淘客数据收集；二是同类目店铺数据收集。这个其实很容易实现，就是很多卖家没有用心去做。自己店铺淘客数据在淘宝联盟后台 – 广告主 – 效果报表 – 淘宝客效果报表中主要导出推广计划查询（时间、计划名称、点击量、佣金、成交笔数、成交金额）和交易效果查询（时间、计划名称、商品名称、商品价格、佣金比例、佣金金额、成交笔数、淘客昵称），这 2 个报表最好是每日导出来。并且每一个月导出一个报表做存档。因为后台数据只能导出 3 个月的信息。更早的就无法查看也无法下载下来。所以这么重要的数据一定要记得定期下载保存。这些数据最好每天记录，长期下来便可以积累成一个关于自身店铺的淘客数据报表。它可以直观地反映出我们淘客每个时间段的效果状态，为什么有段时间淘客效果很好？为什么这段时间这么差？为什么今天流量不高但是成交很多？在数字的变化中，我们能得到很多有价值的信息。相信在这点上，很多的朋友已经开始做了。

接下来说说第二点：同行业的数据收集 http://taoke.alimama.com/search_code.htm 这个地址，想必大家都不陌生。我们可以在这里搜索到店铺和商品的数据，可以查找到同类目淘客推广做得比较好的店铺，我们可以把这些店铺都收集起来做一个参考。从计划的设置（应创建几个计划、佣金梯度制度是如何设定、计划介绍如何编写等）到推广量等推广效果都可以做一个参照。也可以依次来判断当前在同行里面做得比较厉害的店铺的一个效果标准是怎么样的，我们是否能赶上并且超越，在这些数据的基础上可以设定自己的一个推广计划。

再说说数据的整理。因为刚开始收集的数据都是非常广泛的，而且有些数据是会重叠的，比如淘客昵称这个部分。因为每天的成交详细里面会有好多同一个淘客的成交订单。如果想把这些淘客昵称不重复统计，那么一定要对这些数据做一个重新整理。把重复的都去掉，只留下唯一的一些数据。这个就可以用 EXCEL 里面的功能来实现。分析的部分在上面也简单地讲了一些，就是利用这些整理出来的数据做一个取长补短的工作，看看别人做得优秀的地方，再找出自己不足的地方，还有就是从数据中看出为什么某一段时间淘客流量特别大，销量也非常多，这都需要分析并做出总结，以有利于后期制订计划和安排工作。

内功部分讲到这里，下面我们接着讲外功部分。

外功主要讲的是如何找淘宝客的问题。

1. 自主招募成为主要召集方法

（1）联盟社区（http://club.alimama.com/）——找淘宝客板块发帖。

（2）到各大淘客及站长论坛发布招募帖子（如超站等）。

（3）通过 SNS 网站发布招募信息（人人网、开心网、豆瓣、微博等）。

（4）在购物分享社区招募分享达人（美丽说、蘑菇街、疯魔网等）。

（5）利用电子杂志投放。

（6）邮件订阅形式投放。

（7）与大型淘客站和返利网进行合作（皇冠店铺返利、返现、导航、购物导航）。在与这类网站进行合作时通常是以包月广告（CPT）形式进行合作的。

（8）利用搜索引擎找出淘客站并联系进行合作（主要利用自己店铺商品主要关键字来进行搜索查找），还有一个小技巧就是找到这些淘宝客站之后仔细看一下最下方的友情链接，因为网站为了权威性和相关性等因素，通常会去友情链接与自己网站属性相符的网站。我们也可以从这里入手去联系更多的淘宝客网站。

（9）利用量子统计里面的来源分析查找路径：量子恒道统计→来源分析→浏览量分析→详细报表→淘宝付费流量→淘宝客→详情。在这里我们可以很清楚地看到，买家都是通过哪些淘宝客链接进入我们店铺的，也就是通过哪些淘客站进入我们店铺的。我们可以从这里入手先整理出这些网站，再一个一个联系并进行合作协商。

简单总结了以上几种找淘宝客的方法，其实还有很多方法。但是我一直认为方法不在于多，而在于精。先把其中几种做得非常透了，已经达到瓶颈没法再开发下去的时候可以再换一个渠道来进行召集。淘宝客推广不是一下就能火爆起来，都是慢慢积累，日积月累的一个过程，我们所要的就是从量变到质变的飞越！

还有一个就是，因为有些类目的佣金无法提高，可能种种原因成本太低或者价格太过透明，价格上竞争激烈的类目，这些类目可以实行 CPT+CPS

的模式，因为单单用 CPS 模式有可能无法打动淘宝客的积极性。但真希望一些比较厉害的淘客帮我们推，这时可以以底薪加提成的方式来进行合作。目前越来越多的商家已经开始在这么做，而且效果都非常好。因为很大地调动了淘客的积极性。

第三种就是报团推广。目前有些大卖家已经自发地组织在一起，以报团的形式在共同购买淘客资源或者与一些淘客群进行合作。我相信大家也可以找出与自己实力相符的店铺一同进行一个项目。这样成本及风险会降低很多。报团资源比自己一个人做会来得更多！

2. 淘客维护及素材提供

现在很多店铺都已经在做这件事情，建立淘客 QQ 群，旺旺群。通过与淘客采用旺旺群、QQ 群形式的交流，及时提供推广所需要的素材，如软文、广告图、活动等，以及店铺的促销活动第一时间告诉淘客，卖家一定要站在淘客方面着想，想到他们需要什么，我们就要帮助他们，让淘客感受到卖家的合作诚意，才会更加愿意帮你推广。

还有素材方面需要定期更新。制作素材的时候一定要把素材的质量度提高，这一点非常影响淘客的选用与否，另一个就是淘客们常用的素材尺寸有 32 个。我们需要把这些素材都做好之后放到网盘里面，直接把素材下载地址发布到帮派帖子或者发布到群里面。更新频率不宜太快（店铺特大活动时例外），而且素材色上也要有所研究，因为不同性质网站的背景色都会不同，淘客们需要的是符合自己背景色的广告图，所以做素材的时候最好可以做几种不同的风格，让淘客们自行选择使用。

3. 有效管理淘宝客

（1）大面撒网、重点培养。

（2）广泛招募淘宝客，需要对核心会员提高重视。

（3）保持顺畅地沟通。对于普通淘宝客采用社区版面形式发帖交流，对于核心淘宝客采用旺旺群形式及时交流。

（4）针对核心淘宝客额外补贴。当推广量达到一定程度，可额外奖励，甚至给予一定的基本工资。

（5）核心淘宝客专享优惠。如通过核心会员介绍的买家，提供暗号可打折或送小礼品，以提升核心会员的优越感。

（6）提供推广所需的素材，如导购文章、广告牌、活动页面。

（7）提供必要的培训，包括商品的介绍以及推广技巧。

第三节 电商活动策划怎么写

找资源、上商品、设打折、做秒杀，或是购买广告流量，去吸引客户的注意，以达到转化的目的——这是每位卖家都在想尽办法做的事情，但是，鲜有卖家能真的把活动做得绘声绘色，也少有卖家能在大型活动中临危不惧，妥当地处理各种临时突发事情。

那么，电商营销活动到底该怎么做？首先，得有一个好策划。

电商营销活动策划包含活动项目管理、用户体验设计、沟通、危机处理等方面的内容，而一个完整的策划方案是以上内容落到实处的有力保证。

一个完整的活动策划方案包含活动目的、活动前期策划、活动整体准备以及活动后期评估总结四大要素。下面，将详细展开逐一讲述。

一、活动目的

如果失去目的，那活动就变成了“为做而做”，在办每一次活动之前，都需要想明白目的是什么。归结起来，活动目的一般有以下三种：

1. 拉升产品销量，增加利润；
2. 加大品牌推广，提升品牌的知名度，优化品牌形象；
3. 增加会员，活跃社区。

只有以目的为导向，活动策划方案才是有生命力的。

二、活动前期策划

确定下活动目的之后，就要开始着手活动的前期策划工作。它主要包含以下几项工作：

1. 明确活动主题：和本次活动的目的相契合。

2. 做好时间排期：活动日期、准备阶段时间、预热时间、爆发时间、返场时间等，明确到具体的时间节点。只有明确了整场活动的排期，才能更好地把控，掌握合适的节奏。

3. 制定全店规划：以销售目标为导向，了解库存信息，做出货品规划、制定价格策略，确定营销方式（例如：满送、满减、满赠、送礼品等）。

4. 对接推广资源：找到合适的营销承载媒体（主要为：直通车、钻展、短信、店铺动态等），针对不同的媒体要提前准备好素材图片和文案（钻展文案、直通车文案、短信营销文案、店铺动态文案及活动期间的客服话术），另外，提前测试好投放的位置，明确投放量和最佳投放时段，并依据这些做出广告费预算。

5. 提前做好效果评估：评估内容包括效果、转化率以及高低时段的销售预估，包裹量预估，这样就可以预先打包，以提升活动当天的发货效率。

三、活动整体准备

高质量的活动准备，得“软硬”兼顾，既要优化店铺的各类设施，又要强化团队协作，具体做法如下：

1. 店铺准备

（1）店铺页面：在确定活动主题之后，要明晰店铺的风格，使两者能相互映衬，从而提升用户体验。另外，为了吸引客户购买，在对店铺海报进行设计时，要注意营造活动氛围。

（2）宝贝页面：宝贝详情页在店铺设计中占据着非常重要的作用，因为产品描述完全决定了这个店铺是否专业，而好的描述可以提升客户对店铺产品的信赖度。

（3）活动页面：店铺要根据活动内容，设计好相关素材和相关版面，对参加活动的产品价格要做统一调整，并安排专人检查，注意查看清楚首页的图片标价和商品实际标价是否一致，包邮的信息和宝贝详情页是否一致。在页面上线前要做好页面的测试，反复核查产品链接是否正常，确保无死链接。最后，还要对产品信息进行检测，看所有信息是否与页面呈现的一致（包括价格、规格、数量、库存、包邮等）。

2. 团队准备

一个完善的活动执行下来，少不了各个部门的相互协作。因此，在活动来临前，整个团队也要进入到备战状态。

（1）运营部：要反复演练，做到能及时发现问题并当场做好协调；

（2）客服部：在活动前就要调整好客服排班计划，确保活动期间实时有客服值班；

（3）仓储部：根据运营计划里的货品规划、流量预估做好相关货品准备，将活动产品放置在易打包位置。另外，对于活动单品，能做到预先打包的尽量安排预先打包，但需评估好单品和多笔订单的占比；

（4）设计部：活动期间，所有平面设计师需根据活动节奏，全力做好配合，当发现页面出现问题或产品描述不当时，要及时配合运营去调整和修改。

四、活动后期调整、效果考核及总结

一场活动的落幕，并不代表着结束，后期还需要进行调整，使之恢复到常态。而及时进行效果考核，则能清晰地知道这场活动最终实现了什么，原先的目的是否已经达成。根据活动实际效果进行总结，只有懂得反思，才能走得长远。

1. 页面、价格、标题等相关信息及时调整

对于活动期间官方要求增加的关键词、素材在活动结束后要及时更换，部分商品恢复原价，部分商品调整为日常优惠价（有的可能需手动调整）。专门针对店铺活动后的页面海报图、推广图要在活动前就准备好，以便活动一结束即可马上更换，提升效率。

2. 效果考核

所谓效果考核，讲得通俗一点就是“花了多少钱，办了多少事”，有没有做到花最少的钱办了最好的活动？如何评估一个活动的效果，可以参考以下两种方法：

（1）直接看数据

A. 点击量：只有有了点击量，才能有销量，广告的目的之一就是点击量；

B. 转化率：总结一个广告的效果，重要标准就是看转化率，流量再高，转化率低也是失败的；

C. 投入产出比：投入多少，收入多少，就是活动所产生的价值，每次的总结有助于分析广告效果优劣的原因；

D. 新增客户：这是活动所开发的潜在客户，管理得当，会转为忠实客户；

E. 回头客：回头客有多少，考验的是卖家对顾客的了解程度，数据显示，回头客往往占销售额很高的百分比。

（2）和目的做比对

除了以上这些数据指标外，为了对一个活动做出更深入的效果考核，还需要和当初的活动目的预期进行对比。比如某个促销就是用来提升销量的，那么预期有多少投入，能够在特定时间内达到多少销售额，这些数据和最后实际完成的数据进行对比才能得出考核结果；又比如一个活动是用来提升店铺收藏量的，那么就可以在活动前预估投入以及能够实现的预期效果，然后拿结果来和预期效果做比较；如果一个活动是用来提升品牌知名度的，那这个考核起来难度会大些，因为这项内容没有显性指标，要经过一段时间才能看到效果。

总之，活动效果的考核，需要将最终的结果比照原先的策划目的，逐个分析。

下面提供三个角度，可用于活动效果考核：

A. 财务角度

“花多少钱和办了多少事”，正是从财务的角度去考量促销活动的效果。

在和卖家沟通的过程中，很多人都会提到一个词：ROI（return on investment 投资回报率）即投入产出比，就是用“因活动产生的收益”除以“因活动而付出的投入”，财务认为，花了1元钱，拿回来的越多越好，总之不能亏。

从财务角度考核活动效果首先看总共花了多少钱，然后看收入多少钱，这样可以得到整个活动的总体ROI。再看每个部分分别的收支，得到各个部分的ROI，具体见如下表格：

项目	投入	收入	投入产出比
A			
B			
C			
总计			

这样的做法简单易操作，但存在很大的不足。卖家在对效果进行考核的时候肯定是希望各个细分内容都可以衡量，并且可以实现多个维度的对比，知道“把钱投在哪里更有价值”。综合上述考虑，优化后的表格如下：

项目	活动A	活动B	活动C
时长	10天	12天	15天
硬广投放	3.56	4.33	2.24
直通车	1.23	4.95	4.32
淘宝客	3.54	2.34	8.02
奖品采购	18.57	1.59	4.65

（注：表格中为杜撰的ROI数据，无任何指导意义）

通过这样一张表格，在不考虑其他因素的情况下，至少可以知道：活动A的奖品刺激效果不错，而直通车对该活动帮助不大；淘宝客对活动C这类活动更有帮助，以后可以考虑做类似活动增加淘宝客投入；活动B类型的活动不需要购买奖品……

B. 营销目标

每个活动都有一个营销目标，这是前期在制订营销策划方案时，非常重要的一项内容。所谓营销目的，通俗而言就是通过这个活动，卖家希望在业务上达到什么程度，例如：卖掉多少件，有多少人买，有多少人看到，有多少新客户，有多少老客户，客单价多少，卖了多少钱，利润是多少，等等。其实，就是把财务角度的“支出”部分细化，然后从业务本身出发来考虑。

有趣的是老板常常不清楚他想要的目标到底是什么，而只是要做一个“好活动”“能火的活动”。这些都是很模糊的概念，为了将其量化，我们往往需要对活动效果的各种指标进行“排序”，即卖家最想实现的是什么？然后这个指标和其他指标之间是什么关系？例如，卖家最想要交易量，那么客单价必然保不住了，所以客单价提高就不能作为主要考核指标。

具体来说，该怎么衡量？其实，营销目标衡量起来很容易，只要把表格做好，每个数字都填上就完成了。

项目	促销前	目标	促销后	完成率
销售额	30 万	40 万	44 万	110%
累计到达 UV	32 万	45 万	41 万	91%
新客户数量		1000	840	84%
平均购买份数	1.6	2.0	1.8	90%
……				

（注：表格中为杜撰的 ROI 数据，无任何指导意义）

C. 传播角度

传播角度的目标和考量，往往是卖家最容易忘掉和忽略的，但往往又是非常重要的。传播目标到底是什么意思？通俗来说就是“一个活动，打算影响多少人”。概念很简单，可是要细分起来，却挺复杂，以下这张表格可以说明问题的所在。

	硬广	软文	微博	传播渠道 A	传播渠道 B
到达人群数量					
有兴趣的人数					
有行为的人数					
转化率					
转发 / 传播数量					
间接受影响人数					

其实很多人都会认为，用“传播目标”来考核似乎不太靠谱，和营销目标真金白银的数字比起来，“影响了多少人”着实比较难算。而且，它有太多感性层面的因素，会影响卖家做出客观的判断。但事实并非如此。

在上面这张表格中，需要注意几个指标：到达人群数量、有兴趣的人数、有行为的人数和转发人数，这些数据能直接告诉卖家信息是不是在正确的渠道，给了正确的人，并且打动了他们。“找对人，说对话，走对路”是最直接的考量，具体来说可以拆分成以下三个方面：

（1）卖家的广告，或者放出去给大家看的东西，对方看懂了吗？感兴趣吗？感兴趣的数量和比例其实就是点击率；

（2）感兴趣了，有人愿意告诉别人吗？这就是转发比例和转发量。只有真正打动了人的东西，别人才会转发；

（3）传播的效率和有效程度。影响人数是直接影响和间接影响两部分人数之和，所以投入和达到的效果相比，卖家就可以知道什么渠道说什么内容会更好。

最后，再从三个方面来阐述一下以上三个角度的关系：

第一，三个角度的评估可以有优先级，但没有先后顺序。例如，卖家可以主要看营销效果，弱化财务角度的考核；但不能先做营销效果分析，最后做财务角度的考核，三个角度要同时做。

第二，三个角度的评估是互相结合、紧密联系的。评估营销效果时，一定要有财务的结论作为参考；衡量财务产出率时，也要有传播效果评估的结论作为参考。

第三，在以上三个角度的考核结果都有时，用这样一个公式就可以完成对一个活动的综合考核评价——“花了多少钱，卖了多少货，影响了多少人”。

3. 少不了的总结

总结，是在促销活动结束之后，卖家对活动本身的回顾，以及分析得失的过程。这是一个飞速发展的行业，每个月每一天都有可能发生很大的变化，正因为如此，才需要不断做总结，总结在这段时间里，做了什么事，怎么做的，碰到了什么问题，怎么解决的，效果如何。

总结沉淀之后就是经验，它对以后的工作有着关键的指导和帮助作用。这样的道理大家都懂，但是真正能去做的人太少。

总结可以从以下几个方面入手：

（1）这是一个什么活动，什么时候举办的，为什么举办，主要、次要目标分别是什么；

（2）活动方案是怎样的，最初预期和最后执行有什么不同；

（3）活动效果如何（即前面部分阐述的各种评估标准）；

（4）中奖环节碰到了什么问题，是怎样调整的，然后效果发生了什么变化；

（5）在你看来活动的亮点和暗点是什么，如果重新做，什么地方会重新考虑；

（6）如果今后还要做，或者今后有人想做，你有什么需要交代的。

很多人在写完总结之后，匆匆发给老板就完事了，但是这样的经验是否就真的能够被别人吸取？建议把所写的总结拿出来和周围的人分享，让大家清楚一场活动是怎样办的，得失分别是什么。如果可以，店家可以把所有的总结放在一个地方，以后的人都可以看看，看到别人的经历、别人遇到的事情，这样才能真的成长。

第四节　营销活动做出彩的七大建议

在前面一个小节中，已经详细讲述了一个营销活动从准备、落地到后期总结的全过程，这一节将继续从七大方向，讲述如何做，才能策划出出彩的营销活动。

一、能细化的地方就不留白

一个完整的营销活动，绝非是一个人能独立完成的，无论规模大小，都需要管理和分工。而项目分工的标准，需要精细化，且落到实处。包括时间节点、任务内容、负责人、跟进人、物质需求等各个方面，最好以表格的形式明确化，能量化的东西尽量量化，不能量化的东西需要以文字的形式去呈现任务达到的程度及效果，能细化的地方就不留白。

在此之前，卖家需要知道这个活动项目的完整资料，如：这个活动的目的是什么？结果是什么？怎么做？有可能出现的问题？（这点在前一小节中已详细阐述过其重要性），当把一个活动完全分解出来之后，大家就可以明晰自己的工作内容和时间节点，每个人都带着目的去开工。这与“遇到一个问题解决一个问题，临时想到法子临时做调整”的情况相比，在效率上要提升很多，甚至可以实现事半功倍的效果。

二、“客户说了算”是唯一目的

想象这样一个场景，客户带着想法走进店铺，“四处逛逛”，通过详情页看商品是什么，怎么用，有什么好处，性价比高不高。

在这个场景里面，卖家需要思考的是客户会从什么途径，什么地方跟正在进行的活动产生第一次接触——怎么接触到店铺、品牌、广告宣传。如果仔细去思考，思路会逐渐清晰。

客户首先会在广告或者其他一些宣传的入口上看到相关信息，然后点击链接，第一眼看到的是活动页面，如果看明白了，有了兴趣，就下单，或者再根据店铺的满减活动、赠送活动或者其他一些活动，去计算一下相关的商品，考虑拼单或者套装的购买方式。在这个过程中，客户可能会咨询客服，了解相关产品的信息或者活动的相关优惠，然后下单付款，最终收货。

这一连串的环节卖家都十分熟悉，但还是难免在这一连串的环节中出现各类“掉链子”的状况，以至于发生跑单的情况。举个例子：在看到页面活动第一眼的时候，客户可能是有兴趣购买的，但是因为活动明细不够明确，有些内容一眼看过去不能直接了解它想要传达的活动信息，在这种情况下就容易发生跑单。所以，“页面看不懂是第一大忌”，活动的规则太复杂也不行，因为客户计算的时候需要耗费太多的时间，有些甚至需要咨询客服去计算，这样也容易造成客户流失的情况。

最后，客户在咨询客服的时候，如果客服不能直截了当地回答出客户想要的信息，那么促进下单的概率也将极大降低。还有一种情况是，耗费了很长的时间和大把的精力，终于促成客户下单，付款。但是却因为快递发货太慢，客户最终选择申请退款，所有服务前功尽弃。

由此可以看出，一个促销活动的“客户体验”，绝不仅仅单指活动的某个方面，而是与活动的全过程息息相关。只要某个环节稍有差错，就会让所有努力失去意义。因此，所有促销活动和过程，只有一个目的和原则——客户说了算。

为此卖家需要借助大数据和客服的力量，多倾听客户的声音，了解他们的真实想法。

三、唯一不变的是“一直都在变”

电商，就是建立在互联网上的买卖交易活动。而互联网的最大特性就是灵活，互联网的灵活度之高，是目前所有线下渠道中达不到的高度。在线上做活动最大的特点在于“易改动”，这跟线下的活动是不一样的，线下的活动需要长时间的规划和执行，需要大量的人力和物力，而且一旦执行一般不容易做大规模的更改和调整。但是线上的活动不一样，基于互联网灵活性的特点，线上活动相对于线下而言，可以随意更改。但是需要注意的是，做促销活动就是为了刺激销量，而促销的利益点是站在客户的角度思考的，线上活动虽相对而言可以随意更改，但“随时优化”这个说法要更加恰当。

随时优化和调整有一定的要求和难度，从工作素养上看，它需要卖家既能想出灵活的点子，又能思维缜密，对每一步的执行、落地都经过深思。

“灵活”可以体现在活动本身，例如：某个店铺现在是 99—10、199—30、259—50 的活动，在严格计算相关成本费用下，可随时增加满减的阶层，类似于 399—100、499—200 等；其次，灵活也可以表现在广告、页面、软文等方面，可以不断地做出更加合适的调整，以转化率为目标进行不断的改动，实时对活动的详细数据进行监测和研究。找到与众不同的点，以此为依据去对其他活动和产品进行调整，不断优化那些不够完美的点，让每一次调整都使活动更成功。

四、临门一脚帮客户“使劲咬咬牙”

客户来了，他看到了喜欢的东西，但是由于某些原因，他还没有下定决心要购买。这就要帮助他“使劲咬咬牙”。所谓“临门一脚”指的是，卖家把所有的促销员都培训到位，让他们“懂事会说话”。例如：商场在促销时，促销员很重要，他只要说一句：“今天有活动，可以多送 ×××，我今天可以帮你申请 ××× 折扣。”虽然只是简单的一句话，但往往是促成客户下单的关键。

五、对症下药：挑个好方法

促销是一门创新的学问，绝对不可以教条，但是或许正是因为太过灵活，导致很多卖家依旧不知道怎么做促销。这里，提供一张表格可供参考，里面详细阐述了不同促销方式的适用范围、优缺点、注意点等内容。

促销方式	消费者理解	主要作用	适用时机	适用范围	优缺点	注意点
满就送/满就减/满就返	只要满XX额度，就能送/返/减	增加客单价	旺季	已经有购买意向的客户为主；客单数可以提升的店铺；单件耐用商品不合适	好理解，及时效果好；操作复杂，容易被认为是忽悠，礼品和折扣对效果影响明显	诱饵安排；满的金额计算；送、减、返的时机和算法
抽奖	只要购买，就能参加抽奖，获得某个奖品	增加购买人数	旺季来临	所有客户；重复购买率高的店铺	好理解，拉人的效果明显；适用泛滥导致效果打折	参与感；奖池的设计
秒杀	只要在XX时间抢购，就可以得到特价的东西	增加人气；运营好的话可以增加交易额	淡季旺季	需要短期聚集大量人气的店铺；秒杀商品是店铺主营范围；客单数可以提高的店铺	操作简单；容易亏本，吃力不讨好；泛滥	关联交易路径设计；诱饵的选择和设计
加购价	只要加很少的钱就能获得价值高的东西	增加客单价；获得新细分市场	旺季	新品上市；利润率降低，避免价格战	可以找到新的细分市场；谋求高利润；卖点不好找	找差异找卖点；创造卖点

续表

积分换购	只要凑够积分，就能换购某些东西	增加客单价；增加客户黏度	常态	重复购买率高的店铺；希望建立客户管理系统的店铺	好理解，操作简单；长期效果好；见效慢，风险大	创造积分价值；老客户关系维护
折扣券 / 储值卡 / 代金券	只要先付 XX 钱，就能享受 XXX 的待遇	促成提前消费；增加客单价	淡季	重复购买率高的店铺；短期内增加客单价和销售额；做新品测试	好理解；有助于维持客户关系；周期长，有风险	卡券设计；限制条件和规则设计
团购	只要在某个时间等着，就能跟别人一起买到特价的东西	增加购买数。	淡季旺季	重复购买率高的店铺；需要快速提高客户量的店铺	简单；客户忠诚度高	避免“一锤子买卖”；关联营销提高销售；创造新玩法

表格中提及的 7 种促销方式，都比较常见，要想真的做出彩还必须得回归促销的本质：

销售额 = 客单价 × 销售量

每位卖家的终极目标都是“利润最大化”，那么在这个目标的驱动下，选择促销方案时，就要先想清楚，首要目标是增加销售量，还是增加客单价。

若首要目标是增加客单价，那就要去找增加客单价的办法，例如：满就送。有时候，卖家会有“第二目标”，再找到对应的方式，就可以了。例如：卖家可以举办一个“满就送”，还能“抽奖”的促销，满就送为主，抽奖为辅，就能实现两个目标了。换句话说，这个活动就是“只要买满 × ×，就能送 × ×，还能抽奖”。

但也有卖家做的活动是这样的：团购，特价商品，只要买了就能参加抽奖。看似很简单，但却犯了错误，因为团购和抽奖，都是为了增加销售量的，放在一个地方，不会产生 1+1>2 的效果。这时，有两个办法，一个是做加法，团购之后同一天在本店满 ×× 元就可以抽 ××× 奖；一个是做减法，砍掉一个重复的方法。把团购价格压低，花更多精力在传播上，也会取得不错的效果。

所以可以简单地总结“组合拳”玩法的几个原则：

（1）组合玩法应该有一个为主，一个为辅；

（2）同一个目标的玩法，不应该重复出现；

（3）组合玩法的最大问题是传播复杂性，要特别注意。

前面的内容都在讲一个问题：怎么做促销活动。现在，换一个角度来阐述整个问题，那就是从消费者的角度来理解各种促销。每个人都是普通的消费者，那想想看每天自己看到多少商户做的多少种促销呢？而这其中，又有几个被自己记住了，更有几个参与进去了呢？答案是“很少”。所以，从那些自己想要参与的活动中，去理解消费者的视角很有必要。

从下面这种表里可以看出客户参与度极高的几个促销活动，商家想要达到的目的是什么？

活动	商家目的
商城双十一	销售额，人气
超级女声	收视率
“我是凡客”	人气
聚划算英国馆	人气

所谓好的活动，都是可以很清晰地知道商家要什么的。也就是说，都是目的很清晰的。而且，所有的促销活动都只有两个目的，要么要“钱”，要么要“人”；如果按照这个格式写很多活动出来，不难发现：所有好的活动，都不会直接跟消费者说出自己想要的东西。再看下面这张表格，在列出消费者觉得这个活动的意义之后，就会有更直接的了解。

活动	商家目的	消费者目的
商城双十一	销售额，人气	等着买便宜货
超级女声	收视率	可能出名
“我是凡客”	人气	觉得有趣
聚划算英国馆	人气	有趣，可能得到超值

从上面的表格对比之后可以看出，只要商家要的东西和消费者参加活动的真实目的能够贴合，活动就很容易成功。消费者参加活动的目的也都非常清晰，只有三种需求：要（省）钱，要名，要趣味。

需要指出的是，在消费者的目的中，要钱、要名和要趣味存在很强的层次关系。参考很经典的需求金字塔，可以得到这样的一个公式：

“只要_____，就能_____（还能_________）”，这是一个最基本的“消费者视角”。把以上表格中的内容套入这个公式，就可以得到这样的结果：商城双十一——只要等着 11 日买东西，就可以半价；超级女声——只要报名唱歌，就可能出名……十分遗憾的是，很少有活动让客户进入“自我实现”的最高层次；更遗憾的是，现在绝大多数促销活动，都停留在物质层面的底层需求上。

如果站在客户的角度，在看到一个活动时，可以问自己以下三个问题：

1. 要我干什么？

就是客户需要做的事情，相当于“只要”。现阶段绝大多数卖家的活动，要客户做的事情就是“买”，极少有“多买”的。

2. 有什么好处？

它指客户因此获得的利益，相当于“就能”。例如：可以获得赠品。

3. 怎么做？

这是客户具体做的步骤。详细而言就是：如果多买，那就告诉他，怎么多买；如果是抽奖，那就把抽奖按钮递给他。当客户对参与步骤提出疑问时，就表示他对活动本身有着极大的兴趣。当然，步骤如果太复杂，也会导致客户退缩，所以，步骤要越简单越好，至少是“看上去简单”。

六、跟着淘宝的大趋势走

数年来，淘宝的促销经历了拉注册、引导销售，到拉人气三个阶段。现在就是“拉人气”的阶段，目标是UV，所以能聚集更多人访问的活动，就是好活动。同时，只要客流引导和关联销售做得好，带来的客流量必然会产生更大的交易额。

未来促销的趋势：

（1）保持打折的做法，并通过积聚购买力的方式，集中爆发。

（2）打折本质不会变，但在引流、预热等环节会出现更多创新点。

（3）不会考虑卖家的利润率。

没错，淘宝不可能考虑卖家的利润率。因为淘宝促销的目的是“搞大”，而不是“赚钱”。所以，能压价的时候肯定要压价，甚至是硬性规定。门槛的线一划，卖家就要“自己想办法”，要保证利润，就必须提前抬价，这会导致前期销量低迷和被诟病虚假价格；要争取名额，就不得不走账，不得不想办法刷交易，这一切都是必然。

在以上趋势下，将会出现以下几大特征：

第一，数字变得极度好看。但注意，这些数字都是峰值，或者是集中爆发出来的数字。

第二，大量提升网站整体销售额的效果很难实现。

第三，玩法会更加单一，这里的玩法是指本质的玩法，它首先体现在方法上，现在几乎所有的淘宝促销方式都是“限制性促销”，也就是对“限时”“限量”“限价”“限人”这些条件做一些组合，而其实促销有很多其他的玩法。

第四，促销的努力方向趋向单一。最简单的公式是“销售额 = 购买人数 × 客单价”，如果要提高销售额，往往有三个努力方向：增加购买人数、提高客单价或同时提高二者。而很长时间以来，淘宝促销都在围绕“增加购买人数”这个方向上努力，并且把“购买人数 = 访问UV × 购买转化率”

这个分解做得非常到位，可是，客单价却被忽视，长期的折扣导致客单价降低，后期，尽管做了大量的工作提升“单客购买笔数”，但整体没有变化。

第五，培养品牌的能力减弱。品牌不是打折打出来的，一个长期打折的土壤，不可能长出一个高贵的品牌。所以淘宝，尤其是淘宝商城，如果要真正培养淘品牌，必须改变做法。

七、真实案例教你兼顾全年节日和执行表格

全年的营销策划内容包含活动制定、节奏把控和活动前、活动中、活动后的执行。所以在一开始的全年营销方案制订中，做好每月活动排期是很重要的。举个例子，比如现在是 2016 年，正常的时间点是在 2015 年的 12 月份就把 2016 年的每个月的活动制定好了。

营销活动可以分成两类：一类就是官方活动，有聚划算、淘抢购、618、双十一、双十二、年货节，等等。那么第二类就是节日，从 1 到 12 月有不同的节日，商家要有敏感性地把这些节日都提前列出来。

这里的第一类。首先我们要发现活动的本身大部分是促销。所谓促销就是折扣、降价、满减、满赠这一类。店铺去承接这一类活动，就需要把促销玩得淋漓尽致。第二类就是节日，节日是需要有主题的。比较明显的有三八妇女节、情人节、圣诞节等。

比如在接手一个童装品牌的时候，4 月开始准备，7 月开始运营。我从 7 月把节日到促销基本上列举了一下。

国内节日
7.7　小暑（抗日战争纪念日） 7.18 初伏 **7.20 火把节** 7.23 大暑 7.28 二伏

活动
大活动：世界人口日 小活动：火把节发布会

接下来会进入到主题。

我以前做的方案，我会一个个地解释。

在这里我要提醒一点，节日远非大家想得那么简单。国内是传统节日，同时有很多国外的节日都可以用来作为主题。

7 月很多人认为没有节日，但是实际上可以找出来很多。

然后把其中节日的时间点进行归类。

以七月为例，我们选中了 7 月 11 日和 7 月 20 日进行策划。在对节日主题进行确认的过程中，我们的想法是玩爱，跟着后面的是老友记，这是团队经过激烈讨论想出的主题和概念。同时需要对产品有认知，对品牌的认知要很彻底。

玩法：

主题和玩法是一致的，具体的玩法我下一段会阐明，按照步骤接下来是销售目标，然后才是选定产品。

日期	主题
大：7月11日 小：7月20日	玩爱-老友记

玩法

人口日 玩法：新老顾客加X元，送给有联系没联系的亲密朋友，促销方式：加多少元换购。

火把节 玩法：为期四天，在店铺页面隐蔽放置火把图案，买家找到多少把可领取相应优惠券或奖品：美工设计一个全新背景图，在背景图中隐蔽放置小火把图案。告知客户可在店铺页面内寻找小火把图案，找到后截图保留，根据找到的火把数量可兑换相应的优惠券或奖品。

如"七"而至 玩法：模仿苹果、小米等科技产品的新品发布会形式，
http://my.tv.sohu-
.com/us/63349399/61794289.shtm1(小米发布会视频)采用话事人对快乐城堡的产品做详细介绍的形势，录制视频短片（8分钟左右）。在首页放置视频播放模块，设置问题（问题方向：面料材质，有缺点，绘本介绍，任务logo故事情节等）。回答问题，抢免单码并绑定商品（类似这次天猫618数码馆的T码，绑定，需要类似的脚本。）

销售目标

我们当时洽谈了《爸爸去哪儿》的广告植入。在策划的时候 9 月份就有了这样的一个特殊玩法。

9 月份整个的计划我列举在下面的表格里。

9 月份节日	活动分级	重要活动时间节点	9 月活动标语	具体玩法
9.8 中秋节 / 白露 9.10 教师节 9.16 国际臭氧层保护日 9.23 秋分 9.28 孔子诞辰、国际聋人日	大活动： 中秋节 《爸爸去哪儿》 小活动： 国际聋人日	大活动： 9 月 8 日 小活动： 9 月 16 日、 9 月 28 日	绘爱 – 给我说个衣（gu）服（shi）吧	两个大活动相结合： 消费者的孩子可以画绘本，我们录用好的创意，并进行修正，然后放到产品上，每卖出去一件都可以给那个小孩子提成。 小活动： 提前 5 天开始做活动，旧衣换新衣，只要 2 元提供快递单号，立即发 20 元红包，过期作废，旧衣全部寄给公益机构。

这是 9 月的玩法。

读者可以对照着看一下，看看你们在策划活动的时候有哪些没有注意到。再次强调节奏在电商里面的重要性，接下来就是活动执行细节。很多人不知道我们该怎么完成活动，怎么进行执行， 那么我们把每块活动落实到相对应的人身上。举个例子， 七夕的时候，我们给的执行表格。

七夕活动执行表	
部门负责人	描述
品牌负责人	梳理商品结构，制作商品结构表。确定预爆款，主推、常规款；按功能性区分，包含定价、库存量
	库存盘点，精准库存。确定活动主推商品及价格，主推款及常规款关联销售方案
	跟踪库存商品销售数据和预售情况，及时补单
	设置安全库存、新款销售跟踪，制作补货单（宝贝销量、收藏、转化率、浏览量等）
	确定活动目标，预算流量分配推广目标，全体动员大会，士气激励
系统相关	商品导入
	财务人员跟进各种收费产品情况（图片空间、直通车、促销工具）
	图片移至淘宝图片空间
	物流系统对接调试
美工部	产品详情页设计、制作、分批次优化
	主推款的详情页制作、优化上线
	预热期 3 微图片制作、活动当天促销新品信息和图片
	活动报名素材制作与优化首页（预热、活动当天{准备几套方案}）页面制作
	单品详情页、直通车推广款详情页制作
	预热前、活动当天、活动承接、单品详情页、直通车推广款页面定稿
	钻展，直通车素材制作

美工部	店铺自定义页面及商品列表页优化
	制定大促进行中页面banner轮换准备工作（发货相关标识、售罄标识、库存紧张标识、实时销售更新、页面倒计时）
	无线端手机专修
运营端	完成七夕活动专题页画板、策划好页面导入接口，活动专题页制定日收藏数据指标
	跟进活动专题的访客量及收藏量，根据需求做出适时流量或页面调整（持续）
	页面陈列布局、页面产品需求、模板确定（2套备选）
	宝贝详情页优化（2套备选）商品标题优化
	店铺自定义页面及商品列表页优化（2个方案）
	要求商品选主推款；对推广提出数据指标
	直通车及明星店铺，充值并确定推广关键词和商品
	淘客调整佣金比例，确定淘客推广计划
推广部	制订活动期间广告资源方案
	根据运营要求制订直通车推广计划，并做出费用需求
	专题页启用店铺推广，快捷推广，明星店铺（持续推广），增加首页、类目页、详情页流量入口
	主推款关键词推广，定向推广
	重点推广款，关键字卡位，多计划（持续推广）
	制订淘宝钻展推广告投放方案（预热及当天），并做出费用需求
	制订淘宝客推广告投放方案（预热及当天），并做出费用需求
客服部	直通车、钻展素材画板制作及文案撰写初稿
	活动钻展素材测试
	站外sns推广测试及推广计划制订
	无线端推广测试及推广计划制订

续表

客服部	通过CRM区分出会员情况，针对每一个会员区域做出相对应的动作方案
	旺旺群消息关注情况
	倒计时安排——告知设定自动回复、页面告知
	客服分组：分成多个客服小组及选出小组长、排班计划，确定临时客服小组负责人
	组织客服培训计划（材质，风格品牌表达理念和尺码推荐培训：产品知识、软件基础知识、促销活动内容、活动话术等）
	设置添加淘宝客服子旺旺、赤兔后台、E店宝、客道等客服信息、确保各项设置准确无误
	制定相关的活动内容文档、快捷短语文档、活动注意事项文档，并设置添加快捷短语自动回复等并且进行核查
	成立活动内容咨询、售后处理小组
	制订活动后的客户退换货方案及退换货话术方案
	制定维权投诉处理预案
	售罄标识
物流部	标准作业流程，测算发货效率
	根据发货效率计算所需人员数量，并根据订单情况排班
	仓位确定
	流程优化
	机动发货人员名单确定
	实战培训演练一次
	硬件准备（打印机、纸张、扫描枪、快递盒）
	物流公司沟通
	商品布局，人员路线，发货流水线优化
	提供热卖商品预估方便提前打包

这几个板块是活动前需要准备的事情，每个部门负责的工作内容都会细致到个人，后面会有姓名。

活动中	运营端	数据监控
		美工视觉营销
		货品端监控
		信息监控
		临时商品信息申报，库存补充
	客服安排	人员分配
		住宿吃饭
		审单打单分类
	物流端	合理安排发货人员班次
		盯库存
		仓库整理
	数据部	监控整理记录活动过程中的每一天的数据，并对数据结果进行分析，共享

这是在活动进行的过程中需要执行的内容。

活动后	运营端	更换活动后页面模板
		活动总结
		根据活动后高位流量维持一周的经验做好销售
	客服端	售后服务
		库存核对

最后是活动结束后。上图写得很详细，但有 2 个地方是大家需要着重注意的。 活动前准备的工作最多，需要做的事情也是最多的。其中工作重心比较大的是美工部和推广部。美工和推广一定要特别留意，多放精力，这两块里面涵盖了至少 10 个方案。

而推广是利用了组合拳进行推广，美工的设计要有预备方案。这也是把控好每个环节的问题。

然后我们在这里再回顾一下 7 月的具体流程是怎么跟进的，因为准备工夫做得非常多。包含了客户的人物画像，有单独部门去对接，最终组合来完成。我全程在监控和解决问题，提供解决方案。 大概的情况就是这样， 下面表格的内容包含了整个活动的运营体系，左边是对应的需要的数据指标和维度， 右边是具体做的哪些事情和时间。

A	B	C	D	E	F	G	H	I	J	K	L	M	N	O	P
															七月
项目	执行事项	开始时间	结束时间	对接负责人	二	三	四	五	六	日	一	二	三	三	四
					1	2	3	4	5	6	7	8	9	10	11
方案预定期	主题，活动目的				主题，活动目的										
	促销方式				促销方式										
	活动时间和玩法				活动时间和玩法										
	销售目标				销售目标										
	目标PV、UV				目标PV、UV										
	目标转化率				目标转化率										
	目标客单价				目标客单价										
货品筹备期	主推款确定				主推款确定										
	关联搭配销售确定				关联搭配销售确定										
	备货				备货										
礼品筹备期	确定活动礼品				确定活动礼品										
	礼品采购				礼品采购										
页面设计期	直通车钻展活动和手机店铺素材准备					素材准备									
	店铺页面修改						页面修改								
	活动页面设计						活动页面设计								
	文案活动内容编排							文案编排							
渠道投放计划期	流量计划				流量设置										
	钻展投放计划				钻展投放计划			钻展计划投放							
	直通车宣传主题				直通车卡位计划			直通车投放							
	站外（微信、微淘、微博）				站外推广计划			站外投放			站外投放				
客服培训期	客服活动前培训														客服培训
	客服接单过程中回馈活动信息								客服回馈活动信息						
	CRM会员通知（促销短信、QQ旺旺群）				老客户唤醒										
	活动快捷语				客服快捷语设置										
活动当天	活动数据统计								数据统计						
	活动维护及突发事件														
	活动跟进传播							活动跟进传播							
	项目进展把控、活动资源协调、营销紧急事件处理等							项目把控、协调							
	即时报道活动当天战况（店铺）														
	处理活动当天销售答疑														
售后期	客户管理归档														
	产品售后处理														
总结	数据分析统计活动前后每天数据并分析结果							数据统计分析							

第五节　搭上官方大促的流量

营销活动分类		
节日（中国传统节日、国际节日、国外流行节日）	品牌自定义（周年庆、老客户回馈）	大促（618、双十一、双12）

促销节日迫在眉睫，店家自身的店铺不管有没有官方活动的支持，当日的销售额都会比日常有爆发式的增长。然而，怎样去利用这股客流，我觉得应该是所有商家应该关心的。

迎合官方大促商家可以做以下四类活动

促销活动的4个方案：

①折上折；②购满减；③购满就赠送；④领取优惠券。

折上折不难理解，大促给到的就是优惠，折扣，永远都离不开给力的价格。这个大家应该已经习以为常了，但是关键在于如何去贯穿到整个店铺的运营节奏之中。

首先我们得有可执行的计划：

第一，大促的活动我们首先要梳理商品的结构，主要有主推爆款，次推爆款和长尾款，大家都根据自身店铺的商品给以分类，自己要了解自身店铺的商品结构。

第二，结合商品来做一个商品结构表格，你必须按照商品属性的区分来确认定价和库存量。一定要细化到这个程度，否则接下来店铺布局会非常凌乱，把以上的步骤做好，才能制订店铺首页排版的方案，然后做好主推款跟次推款的关联销售。

第三，通过生意经工具可以看到宝贝的属性，里面有个“联”字可以看到关联销售，看一下以往的数据来验证你方案中关联销售的关联率是否靠谱。

最后，补货方案的制订，就是你预计的当天销售数据，假如你当天销售火爆的商品款式突然跟不上，这样就会得不偿失。

以上是属于在活动前从产品阶段到视觉阶段的部分方案制订，接下来就是流量的获取。

梳理商品结构	主推方案
	次推爆款
	长尾款
商品结构表格	按照商品属性区分
	定价
	库存量
店铺内页方案	店铺首页排版方案
	主推款关联销售制定
	次推款关联销售制定
补货方案制定	设置安全库存 新款销售跟踪 制作补货表 宝贝销量、收藏、转化率、浏览量

确定活动目标（流量、转化率、销售额、客单价）
预算流量分配推广目标（免费、付费流量分配商品比例）

			预计活动当日流量	投入费用推算
大促流量获取入口	免费流量获取入口	天猫搜索		
		淘宝搜索		
		宝贝收藏		
		加入购物车		
		官方活动		
		淘宝站内其他		
	付费流量获取入口	直通车		
		钻展		
		淘宝客		
		活动		
		CRM		
		付费及其他		

过往数据

	124137.931
主推款平均备货数量	1253.918495
单款需要的UV	41797.28318
单款需要的PV	83594.56635
75天总计UV	1128526.646
75天总计PV	2257053.292
日均UV	15047.02194
日均PV	30094.04389

	75天总计UV
品牌团	180000
手机端	200000
新品团	50000
99上新	20000
搜索	250000
付费流量	250000
总计	950000
差	178526.646
少备货（件）	5355.79937
每款少备货（件）	198.36294

平均每款备货1000件，总计27 000件
主推款占80%
主推款平均每款备货1300件
主推中的主推款每款备货2200件，测试后返单
次主推款每款备货800件
非主推款每款平均备货500件

预计情况

这三张图里第二张图是自己店铺当中经过统计的过往数据，要根据过去的数据验证来进行判断， 大促（预热、当日）需要投入的费用，需要选定好哪些入口。

第三张图，是一个品牌当时的预计情况。 此品牌当时有一定的基础和资源，表格的内容属于推广部分，流量比较可观。把这些条目全部预估好之后，才可以开始下一步。

我对电商和B2C这些行业的认知就是节奏。做好电商，你需要有逻辑，有条理地去做，一步步产生共鸣。我的逻辑是：产品——视觉体系——营销推广——服务——客户体验，无论做哪个品牌都要用这样的逻辑去操作。制定好以上的内容后，才到了执行阶段。

	付费及其他
设计团队工作安排	产品详情页设计、制作、分批次优化
	主推款的详情页制作、制作、优化上线
	预热期 3 微图片制作及活动当天促销新品信息和图片
	活动报名素材制作与优化首页［预热、活动当天（有可能几套方案）］页面制作
	单品页详情页、直通车推广款详情页制作
	预热前、活动当天、活动承接、单品详情页、直通车推广款页面定稿
	钻展，直通车素材制作
	店铺自定义页面及商品列表页优化
	制订大促进行中页面 banner 轮换准备工作（发货相关、售罄标识、库存紧张标示）
	无线端手机专修

以上是根据运营提出的方案，需要整改的设计内容。

设计部是一个三个人的小团队，首先制定产品的构架，然后再制定工作安排。大家可以参考以上表格来找到适合自己店铺有用的方案，前提是制定流量获取入口，弄明白哪些入口是适合自己店铺的入口，才会有明确的工作

重心，然后可以掌握好时间线避免忙而无功。

接下来是推广的工作执行。

推广制订执行方案	根据运营要求制订直通车推广计划，并做出费用需求
	专题页启用店铺推广，快捷推广，明星店铺（持续推广）
	增加首页、类目页、详情页流量入口
	制订淘宝钻展广告投放方案（预热及当天），并做出费用需求
	制订淘宝客推广计划方案（预热及当天），并做出费用需求
	直通车、钻展素材画板制作及方案撰写初稿
	活动钻展素材测试
	站外 SNS 推广测试及推广计划制订
	无线端推广测试及推广计划制订

推广也是根据运营制定的所有流量获取入口，根据入口来制订推广的方案。

做出费用需求是重中之重，比如说你过去直通车每天的花费，以及当天活动你需要增加投入费用的多少。做电商的大多数人都是自己创业，比较关注投入产出比，要找到适合自己的方式方法，你才能把大促活动衔接得比较好。

最后是服务，服务包含客服以及物流。

我把 CRM 给到客服，以下是：

客服部	催付方案以及催款话术制订、发货短信、签收短信预热前优化方案 短信催付：短信模板增加个性化用户信息，如订单号、商品标题、顾客姓名、提高专业程度公信力。例：亲爱的 ××，您在本店铺购买的 ×××× 商品尚未付款，由于活动款数量有限，请尽快付款，避免订单失效造成不便。如有其他疑问请咨询我们的旺旺客服。【*** 旗舰店】 电话催付：对于大额订单，高价值客户，可用电话催付。电话催付开门见山表明身份，消除客户戒心，针对客户的反应和语气做专业反应。例：尊敬的客户，您好，我是 *** 旗舰店的客服，我的名字是 ××，您今天在我们店里购买的商品由于销售火爆，已经快卖完了。我们会为您再保留您选购的商品 30 分钟，所以想请您及时付款，我们会为您及时发货。 倒计时安排——告知设定自动回复、页面告知
	客服分组：分成多个客服小组以及选出小组组长、排班计划，确定临时客服小组负责人
	组织客服培训计划（材质、风格品牌表达理念和尺码推荐培训：产品知识、软件基本使用、促销活动内容、活动话术等）
	设置添加淘宝客服子旺旺、赤兔后台、E 店宝、客道等客服信息，确保各项设置准确无误，制定相关的活动内容文档、快捷短语文档、活动注意事项文档，并设置添加快捷短语自动回复等，并进行核查
	成立活动内容咨询、售后处理小组 制订活动后的客户退货方案以及退换货话术方案 制订维权投诉处理预案 售罄标识

最下面一行，CRM这块细分会比较细致，这个根据自己的需求可以制定，也可以不制定。

现在带大家从上到下梳理一遍，首先我们要选择促销的方式。大家可能觉得促销很简单，无非就是打折减价，跟接下来的环节没有任何联系。

但是我举个例子，比如现在卖内裤，这款内裤销量不是很好，我要通过数据来验证它的所有的属性（价格、颜色、尺码）在市场的竞争度还是不错的，在大促的当天可以设置抽奖的方式，你可以在抽奖中设定力度比较大的优惠券，然后再设定一个现金红包，那么抽奖的概率会不断往你的优惠券里面去。

抽奖转盘会一直让客户去领优惠券，然后优惠券得到的指定商品就是你要推广的商品，那么我的促销方式跟我的产品就通过抽奖的形式串联了起来，这是很多大品牌都尝试过的转化方式。

梳理商品的结构，是主推的，次推的，还是长尾的。为什么要梳理它呢，为什么要区别商品属性（区分定价、库存量），这里的涵盖面太广了就不一一说了，这里分两个类别讲，一个是标品，另外一个是非标品。标品，即没有尺码、没有颜色、SKU单独的；非标品：女装、男装、女鞋。商品库存压力都会比较大，所以商家会计算运转的周天数来控制风险。这里有一个公式是可以计算的，下一节再说。

梳理和制定商品的结构表格，是为了观测店铺流量由哪个入口进来，从而更好地布局，长尾款应该放在哪个位置（长尾款就是你们去推没有推爆，同时库存需要变现），怎么去推主推款才能推得更好。梳理完毕之后，你才能根据你店铺的这些数据，让长尾款在尽量多的展示的页面展现，让它成为你变现的一个形式。你的思路将决定店铺的整体布局，比如店铺的“装修”风格，宝贝的品类，呈现方式等。所有这些细节决定了促销的效率和下单转化率。

刚刚讲到了美工需要做哪些工作来加强你的流量获取，这里就分了免费和付费流量。免费流量是我们要争取的，但是做电商一定要保持平衡的关系，免费跟付费一定是有比例的，如果比例没有平衡好，是不长久的。它会慢慢削减削弱，它有一定的生命周期，但都非常短暂。

这种类型的数据统计可以看生意参谋的流量概况，里面可以看到每天获取的流量。根据我们的过往流量来判断当天流量可以翻多少倍，要投入多少费用来翻。

通过预计的流量，怎么细化到每个入口里面去，这个就是我们要做推广之前的动作，通过数据去细化和验证它的可行性。

以上就是活动前的准备工作，我接下来讲的是执行节点。

任务模式	任务名称	工期	开始时间	完成时间
	[redacted]项目（最新）	**57.38 个工作日**	**2014年7月23日**	**2014年10月6日**
	8月8日活动筹备	**23.75 个工作日**	**2014年7月23日**	**2014年8月21日**
	一、方案预定期	**1 个工作日**	**2014年7月23日**	**2014年7月23日**
	主题，活动目的	1 个工作日	2014年7月23日	2014年7月23日
	促销方式	1 个工作日	2014年7月23日	2014年7月23日
	活动时间和玩法	1 个工作日	2014年7月23日	2014年7月23日
	销售目标	1 个工作日	2014年7月23日	2014年7月23日
	目标PV，UV	1 个工作日	2014年7月23日	2014年7月23日
	目标转化率	1 个工作日	2014年7月23日	2014年7月23日
	目标客单价	1 个工作日	2014年7月23日	2014年7月23日
	二、货品筹备期	**1 个工作日**	**2014年7月23日**	**2014年7月23日**
	主推款确定	1 个工作日	2014年7月23日	2014年7月23日
	关联搭配销售确定	1 个工作日	2014年7月23日	2014年7月23日
	备货	1 个工作日	2014年7月23日	2014年7月23日
	三、礼品筹备期	**1 个工作日**	**2014年7月23日**	**2014年7月23日**
	礼品确定	1 个工作日	2014年7月23日	2014年7月23日
	礼品采购	1 个工作日	2014年7月23日	2014年7月23日
	四、页面设计期	**3 个工作日**	**2014年7月24日**	**2014年7月28日**
	直通车钻展活动和手	1 个工作日	2014年7月24日	2014年7月24日
	文案活动内容编排	1 个工作日	2014年7月24日	2014年7月24日
	店铺页面修改	1 个工作日	2014年7月25日	2014年7月25日
	活动页面设计	1 个工作日	2014年7月26日	2014年7月28日
	五、渠道投放期	**9.88 个工作日**	**2014年7月25日**	**2014年8月6日**
	钻展图片审核	1 个工作日	2014年7月26日	2014年7月28日
	流量计划	1 个工作日	2014年7月25日	2014年7月25日
	钻展投放计划	1 个工作日	2014年7月25日	2014年7月25日
	钻展测试期	5.44 个工作日	2014年7月28日	2014年8月2日
	钻展投放期和结束维	5.44 个工作日	2014年7月28日	2014年8月2日
	直通车投放期	9.88 个工作日	2014年7月25日	2014年8月6日
	站外（微信，微淘，	7.88 个工作日	2014年7月27日	2014年8月5日
	六、客服培训期	**23.75 个工作日**	**2014年7月23日**	**2014年8月21日**
	培训计划启动	1 个工作日	2014年7月23日	2014年7月23日
	产品卖点培训	1 个工作日	2014年7月24日	2014年7月24日
	售前话语话术运用	1 个工作日	2014年7月24日	2014年7月24日
	售后问题处理流程培	1 个工作日	2014年7月25日	2014年7月25日
	客服活动前培训	1.44 个工作日	2014年8月4日	2014年8月5日
	客服接单过程中回馈	10.88 个工作日	2014年8月8日	2014年8月21日
	CRM会员通知（促销短	2.44 个工作日	2014年8月[illegible]日	2014年8月5日

以上是过往执行节点的日程安排，每个时间节点以及每天所有小组都会去互相沟通，同时每个人的工作进度都会写在上面。

送礼品环节需要好好设置礼品的筹备期

注意事项：

1. 你送的东西一定要跟你的品牌有关系，要有你的品牌标识，而且它一定是很实用的。

2. 它在被用的时候能够让别人看得到，然后再吸引其他可能的受众对品牌标识产生兴趣从而吸引成为买家。

现在市场竞争激烈，如果一家店铺只靠自己默默坚持其实很难出头，好在淘宝平台提供了非常多数量的日常活动，足以支撑中小卖家各种流量需求。

对于正在做C店的商家，首先就说下淘宝小店最想上的官方活动——天天特价吧。

在价格方面，首先要注意的是，除了手机专享价和店铺优惠券，其他因素都会影响最低价；因此价格最好为最近历史最低价的5~8折，现在是3折以下不计，所以可以选择4折以上，有的商家可能就要问这是为什么呢？

因为淘宝采集最低价是30天内同款，付款的最低+最高价格一半的均价；没有同款就看相似款，特有款活动一般不是很好报；再就是动销率，这个会影响综合排名——其实这些做到了，活动基本就能通过了。但有一点，中小卖家还是需要自己注意一下，活动结束后3~10天内需要控制一下中差评。

第六节　你有哪些渠道来做销量

一、你的商品是否适合上活动

其实大多数人只是为了上活动而上活动，没有目的性。因为没有目的性所以往往不好选择最正确的活动方式、价格以及定位。目的单一才好执行，新品破零、做利润、做排名、为了刷单稀释转化，都有不一样的渠道可供选择。

很多人上活动没有目的，不知道上活动是为了什么。想赚钱？想冲销量？又想赚钱，又想冲销量？如果你是爆款，你可以上活动去赚钱。但你不是爆款，上活动想赚钱？抱歉，很多时候，你会失望的。从来没有适合所有人，适合所有类目的活动。自己的产品，自己最了解。

而大多数活动的客单价都很低，你的商品是否有足够的利润去稀释亏损，或者战略亏损多久能够赚回来，如果等赚回来了旺季都过去了，岂不是白忙活了？又或者你的库存不具有自控型（代销），没有后续的加工能力。都是不适合上活动的。

二、我们都能上哪些活动

活动可以分类为盈利活动、做跑量活动、引流活动、刷单活动。

1. 盈利活动

天天特价、聚划算（视情况而定）、品牌团、淘抢购，这些活动都是跑利润，堆流水为主的活动。有人会问为什么一定要盈利呢？因为没有利润，哪里来的营销和服务呢？很多人盲目上很多活动，不计算成本，全部都赔本上，最后虽然也有业绩，但是利润为负。如果你是打工者，你有无数理由忽悠老板；但是如果你是自己做的店，这样亏损下去你又能玩几个月呢？

2. 做跑量活动

跑量类型的活动价格一般都严重低于成本，商家参加这类活动都是为了在最短时间内去卡一个排名。这种活动一定要设置好预算，不能想跑多少跑多少，不然谁都顶不住。活动可以参考一些 Q 群淘客或大型第三方平台（例如梦幻淘、折 800、淘粉吧等）。

不同的排名，对应不同的销量。商家在定完排名目标之后，要对所需销量做出预估，再在不考虑亏损的前提下，和平台方商量出产品定价。在活动中，为减少亏损，优惠券当然不能无限量地赠送，需定量。如果活动过后还有货，不要任其积压，要及时清库存。这里跟大家分享一个实用的小技巧。

这款是笔者想做的爆款，准备用这款去上跑量类型的活动，大家关注下价格现在为 27.9 元。

拍套餐也是 27.9 元，单个拍也是 27.9 元，这是我做活动设置的一个营销陷阱，只要是正常人都会选择拍套餐吧？我为什么要这么亏损做呢？因为我要为我的套餐关联款做基础销量，为后面上的盈利类活动做准备。

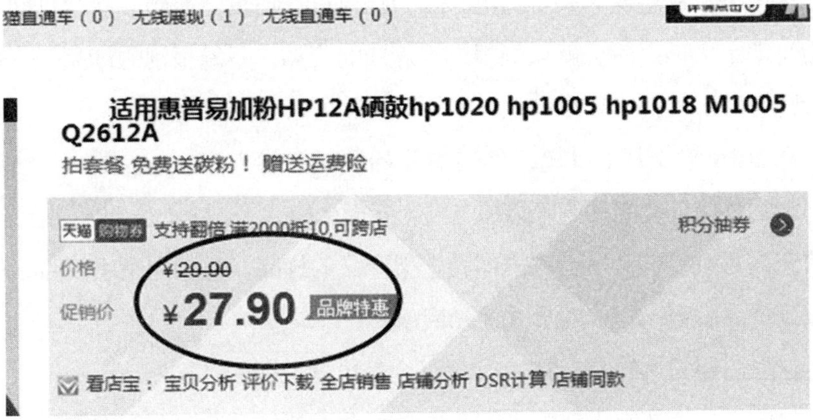

3. 引流活动

无论是活动，还是直通车推广，都需要一定的投入，商家最终的目的都是让 ROI 最大化。为了减少直通车推广方面的费用，商家可以通过活动帮它引流，而停掉它在直通车上的推广，但是前提条件是这款产品要够成熟——它已经是类目第一（销量、人气、自然搜索都是第一）。

4. 刷单活动

这类活动分两类，一种是免费送的一些平台，有刷流量的效果。另一种是单纯为了给刷单稀释转化，否则刷了一天单得到的 80% 转化率会有些吓人。这类活动建议先在淘宝试用，因为流量够大，入口好找，是我们的一个常用方法。第三方的活动也可以这么用，因为第三方的转化一般都没有自然搜索的转化高，那么我们可以借用第三方的流量和入口为商品补单。

第二个我想要说一下站外的特价猫活动。特价猫现在不如以前质量好，但为什么我还要说呢？这是因为它有以下优点：

（1）不用交保证金，没有技术服务费；

（2）不需要寄样品；

（3）注册一个账号可以报名其他店铺的产品，相对折 800、卷皮我觉得比较适合新店，当然流量上肯定没有那些大网站好；

（4）支持价格区间。

接下来，我想说的是梦幻淘，因为加权重计销量会遇到一些常见问题。梦幻淘绑定店铺之后，就只能报绑定店铺的产品，不能报别的产品——这跟特价猫有区别，特价猫没有报过的，第一次可以更换店铺。

从 2016 年 5 月 1 日起，梦幻淘开始按照 CPS（Cost Per Sales）结算技术向缴纳过保证金的用户收取服务费（高佣金模式）。除了缴纳保证金之外，商家还需要给梦幻淘平台寄送即将上架产品的样品，并预留下手机号，平台在收到样品后会以短信的形式通知商家。

这里需要强调的是，3500 元保证金是可以退回的。

除此之外，还有手机爱逛街，这个每个人都可以发布，淘宝首页——我的淘宝——爱逛街；点击进去之后我们会发现有一个“我要发”，然后就可以建立自己的专辑，发布宝贝了。在自己的“爱逛街”首页，有一个“分享”

键，还可以绑定豆瓣、新浪微博、人人等账号。

三、上了活动之后

1. 上了活动之后该怎么衔接

（1）流量方面。活动结束后，产品就卖不出去了，这是很多卖家的痛。这个时候，你需要冷静分析原因，如果产品在活动期间卖得不错，那说明这款宝贝有着不错的销售潜力，只是因为活动结束，没有了流量而已。所以，商家需要去为这款产品“找流量”，淘宝或者其他各类第三方平台上的流量质量较高，基本上流量等于变现。因此，商家不妨和这些平台去谈深度合作，开直通车、办钻展，先用钱买流量。当引流工作完成后，随着产品慢慢成熟，一些自然流量就会进来，商家无须担心。但是如果上了活动也卖不出多少，那就要看下自己的店铺内功是否合格呢？活动给予我们的大销量只能维持一个月，在这一个月内你可以选择直通车、可以选择用你的 CRM 等方法去维持转化，让淘宝的搜索引擎去认可你，但不建议去刷单，因为哪怕抓到你一次，违反规则，你就将前功尽弃。

（2）图片方面。其实在活动前你就应该去测试好主图、详情页和直通车图片，这里给大家分享下测试的方法。首先，确定一个宝贝的直通车，点击效果比较稳定的直通车标题，然后双创意在线，标题设置一样，用不同的主图，看超过三天的点击率数据，然后将点击率数据较差的主图换一张，如此重复，直到将点击率提升到想要的程度。

点击率和转化率是可以无止境地提升的。

没活动前测试的数据可能不准，活动后排名拉升，大流量进来后就可以测试出更准确的数据包括转化率、点击率。

（3）品控方面。一个差评可能死一个爆款，说得有点夸张，但是影响还是有的。整个供应链出货如果批次不一样，产品质量也会相差很多，所以一定要盯紧供应商。不然评分一旦出现下降趋势，会一直循环下降。

2. 循环活动

注意挑选一些第三方平台，有些平台有会员制可以免寄样，同时保证参加活动的频率，让流量能够循环得更快。店内商品要设置互补品类，这样品类之间能循环补充流量，让爆款带动热销款、利润款，甚至爆款群。

3. 常用的平台活动效果展示

玩法：流量主要来自于淘客和站内“流量为主”，流量讲究自然成交，千万不能免费送，必须销售。而商品在网站报名活动，有日常活动（免费）、会员活动（收费）、专场活动（收费较高）等，活动效果各有不同，接下来我为大家介绍一下。

很神奇的静默下单，顾客拍完就走（大家可以想象下订单一直叮咚，但旺旺没人的感觉），再多订单客服都不忙，转化率优秀。最重要的是淘内流量，对于综合排名有不言而喻的好处，同时敢做到销量达不到继续免费推的承诺。活动平台的效果应该是大家最关心的问题，笔者之前曾经用梦幻淘这个平台做了三个款，刚开始做的宝贝销量冲到了类目第一。这些款客单价都不高，在 7.9—9.9 元的范围内，但是这些款要么是卡到很大的流量入口，要么利润率很高。

（1）类目第一。这些款客单价都不高，但是这些款要么是卡到很大的流量入口，要么利润率很高。

能做起来呢，主要是通过梦幻淘这个平台（不用免费送的方法是因为免费送卡位的话代价太大）。

用这个平台原因有二：第一是站内流量权重很高，第二就是性价比高！

站内推广部分做得比较辛苦，ROI 勉强做到 3.55。在梦幻淘的 ROI 我自己测算的是 6~7 的样子，所以我就砍掉一部分的站内推广费用来去和梦幻淘谈了下深度合作。大家可以理解成简单的花钱买流量，只是比站内和其他第三方划算很多而已。

（2）互相加强的流量。首先，冲销量是大部分人的目标。冲到多少呢？我们拿天天特价来举例，因为像折 800 跟卷皮，这些数据都是能看到的，只不过天天特价门槛最低，像梦幻淘的话，我们只能用案例来说。

自己的产品是什么款式，最低能承受什么样的价格？比如我想上天天特价，我会连续观察一个星期的数据。自己类似的产品，别人卖什么价，能出多少单。这个可以提前观察到的数据可以让你也用这款产品，这个价格，上天天特价，最终的销量基本也会持平。

记住，天天特价跟折800、卷皮的人群是一样的，特点为爱买便宜货。他们不会买价格高的商品，那么消费人群特性就限制了你上活动的价格，必须是超低价。

折800、卷皮最近的流量真不行了，保证金1万，保底消费1000。而天天特价呢？如果你价格低，有些类目一天出几千单问题不大。

有几千单的销量之后呢？一个爆款的前提是哪些？销量和关键词排名，销量有了，关键词排名呢？

新品的话， 按照我上文说的活动积累销量方法，14天大词绝对会长期霸占首屏。

当然，无线端你的直通车出价低也是上不去的。

那老品怎么办呢？

做直通车推广，有付款人数之后，就要开始等确认收货的顾客人数了，大家都知道前后相差几天。那几天直通车开猛一点，关键词排名可以很快出来。

因为确认收货的人数有了之后，会有人搜索一个关键词，然后按销量排，能看到你的产品，就会购买你的东西，这个关键词的权重也就有了。再加上直通车的推广，效果是立竿见影的。

观察过同行上天天特价能出多少量了之后，我们也用这个价格，或者更低的价格去做的时候，是不是效果会更好？

我上一天活动，能出多少销量，通过前期可以知悉。但大部分人都不明白达到这个目标，有什么效果呢？那么还需要观察一下同行。每个关键词的销量排名都是不太一样，活动出了那么多销量，确认收货人数会在7天后也追平竞争对手的量，因此活动结束 7 天（确认收货人数追平）后，你也能达到竞争对手的销量。

一开始可以选一些长尾词，例如先去拿下连衣裙夏、中长裙、A 字裙等关键词的销量第一，这个销量第一稳住之后，以后只要有人搜索：连衣裙夏、中长裙、A 字裙，只要他按销量一排，就有很大的概率来购买我的，对不对？

每天的订单会慢慢增加，掌握节奏再去冲一波销量，上一次活动，销量涨上来之后，连衣裙夏、中长裙销量第一了，那你的关键词的入口是不是又多了？

连衣裙夏、中长裙、A 字裙销量第一，那我后面要冲的销量呢？连衣裙夏，当然，我只是用女装打个比方，现实操作中，女装因为季节性的关系不好这样处理，因为时间不等人。

有些人会说，天天特价不好报，折 800 效果又不好。其实天天特价跟淘抢购（初审）都是机审的，有些人是可以做到一个月内多次参加活动的。有些类目，可以用库存货去上活动。亏得不多，有时还能小赚。

比如销售雪花片，10.80 元，200 片，塑料袋装的。卖了 3000+ 单。我问了卖这个的朋友，他说成本加运费大概是 9.5 元一单，然后我跟他说有人上了天天特价，一天走了 3000 多单。他就知道怎么做了。手上几个店铺，一起报，一个月两次。月销量就 7000 了。小爆款是不是就有了？流量也是不是有了？

像卷皮、折 800，你上活动的时候，如果量大，一不小心就会被抓。淘宝最近也在打击卷皮、折 800。具体情况我也没有得到过证实，但就算不打击，我也不会上，因为效果实在是太差了。很多人上了，一天只能走十几单。

第七节　电商渠道推广

一、电商全渠道是什么

电商全渠道是 2015 年常被马云、逍遥子提及的一个概念，“全”意味着“多”，它是指电商企业可以去实践的所有电商平台。以线下营销为例，在创立一个品牌之后，各大商场都可以成为商家的售卖渠道，无论是知名度较高的银泰，还是杂乱的商贸城，商家都可以视品牌的定位做出不同的选择。同理，电商也是一样，仅仅是把线下换成了线上。在电商刚刚兴起的时候，淘宝一家独大，很多商家都会把所有的力量集中投放在这个“大渠道”上。随着商家的不断涌入，淘宝也开始“水涨船高”，不少商家无奈被拒于准入门槛之外，与此同时，那些条件优惠，流量尚可的平台开始逐渐成为了商家们的“新宠”，全渠道的时代由此到来。

二、主流电商渠道有哪些

依据主流电商品牌可以对电商渠道做以下分类：

第一类是淘宝、京东等这些大流量的主流电商平台（追加问题：这类平台的特点是什么）。

第二类是深耕于某个领域的垂直类电商平台，例如：聚美优品、楚楚街等（追加问题：这类平台的特点是什么）。

更多分类见下表：

序号	平台分类	部分平台罗列
1	综合平台	淘宝、天猫、京东、唯品会、聚美、一号店、当当、苏宁易购、国美商城等
2	垂直平台	蘑菇街、美丽说、楚楚街、卷皮、贝贝、蜜芽宝贝、妈妈网、惠品折
3	微店平台	口袋微店、有赞微店、萌店、微盟、B2B平台：1688、慧聪
4	跨境平台	速卖通、洋码头、天猫国际、嗨淘全球

三、电商渠道分化是什么时候开始的

和社交类软件“一家独大”不同的是，购物网站很难做到“独霸”，而是慢慢走向了分化。

仔细回溯购物网站的分化过程，会发现它十分短促。2012年时，基本上还是淘宝、京东几个相对较为集中的渠道，而到了2014年时，就有很多类似于蘑菇街一类的垂直平台争相火了起来。虽火得有些突然，但也是必然。因为随着消费升级，越来越多的人会发现在商品多而杂的淘宝上“逛”实在太浪费时间，大家更需要的是可以实现“一键导购”帮你快速选好所需产品的垂直电商平台。这样的平台极大地提高了“逛”的效率，让消费者享受到更多便利。另一方面，不同的垂直电商平台，加速了消费者分化，两者之间相互促进，最终让不同的垂直电商平台上活跃着和它“调性”相符的消费者。例如：很多女生一开始也喜欢在淘宝上买衣服，但是慢慢地大家会发现这种无目的的“闲逛”实在太耗费时间。而相对较为垂直的蘑菇街上网罗着很多漂亮的美女，她们美美的照片就是买家秀，女生们可以通过她们找到自己的穿衣定位，买衣服也不会再盲目，于是时间一久，蘑菇街上聚集的消费者大多是年轻的女性。

电商平台垂直化导致了消费群体分化，而消费群体分化则加剧了垂直平台的深化和细化，两者相互作用，终于让电商渠道在短时间内实现了分化。

四、为什么中小卖家也需要全渠道经营

电商全渠道，就是鼓励大家去做淘宝平台以外的一些布局，去年很多卖家开始尝试做淘外的销售。据很多卖家透露，现在他们的淘外人群和交易额已经超过了淘内，尤其是稍微有些知名度的品牌。例如，一些在唯品会上的品牌，其推广力度和销量已经超过了淘宝，从而衍生出了很多新的机会。

那为什么越来越多的中小卖家会逐渐青睐于全渠道经营？成本。

这样推算一下：你在淘宝上开了一家需要 5~10 个员工打理的店铺，这店铺每天的销售额是 2000 元，但成本就占去大半。这个时候你如果在蘑菇街上再开一家店，可能每天能增加 500 元的销售额，但是你只需要雇佣一个员工打理就可以，净利润较为丰厚。

淘外平台经营成本低，卖家只需要简单地把商品移接过去，简单操作一下就可以瞬间同步到其他平台上去。而这，就是越来越多的中小卖家开始走向全渠道的原因。

第八节　大促当天玩转“无线端”的技巧

淘宝网最新数据显示，手机端销量和去年相比又有了较大增幅，这意味着当今无线端已成主流。

随着双十一的临近，无线淘宝对双十一也公开了更多的无线玩法，无线端的发展加速暴走！在规划店铺双十一的时候，如何去承接好PC端和无线端呢？不妨看看笔者为大家整理的双十一新玩法，让大家在双十一也可以玩转“无线端”。

双十一可以说是淘宝最大的促销节日了，为了贴合无线端的用户体验，无线搜索方面做出了最新的调整：

1. 支持用户直接搜索11.11购物狂欢节商品；
2. 支持用户直接筛选11.11购物狂欢节商品；
3. 支持搜品牌词，展现品牌明星店铺直达框（明星店铺无线内测特惠）；
4. 支持天猫搜索或筛选天猫宝贝后11.11购物狂欢节商品排序加权。

以上是无线端针对双十一期间在搜索方面的政策，表明无线已开始同步跟PC端造势，无线店铺方面也需要充分去重视无线的玩法，来打造无线的双十一氛围。同时可以看到，入选无线双十一宝贝的店铺，在搜索、筛选、权重方面会提高，而没有入选的店铺，自然流量会下降。同时也可以发现，无线端的明星店铺这个项目开始内测了，这方面我们也需要去重视。无线是未来的趋势，及时打造无线的品牌，机不可失，失不再来。

双十一至双十二的整个策略和节奏分为：

卖家发动店铺基础期→卖家发动流量撬动期→衔接双十二期这三个时期来规划无线双十一。

其中，在卖家发动环节里面涉及了微淘、无限量子、活动、方案等都是我们提前需要去策划、准备好的。而在预备期之后，所做的运营和推广，都要思考如何做好对双十二的衔接。这样才可以把握好整个双十一至双十二的节奏。

那结合上面的策略和节奏，我们要具体怎么做呢？下面通过流量、转化、客户维护、数据分析这四个方面来告诉大家分别可以怎么玩。

一、流量

无线流量的组成可以分类为搜索、付费、活动、SNS 等四个渠道来解说。对于没有参与到主分会场的卖家来说，玩好无线，流量至关重要。

1. 自然流量

无线搜索：算法承袭了 PC 淘宝搜索的引擎技术和相关性算法，在搜索商品结果集和搜索排序基础权重上保持一致的同时，也会根据手机淘宝买家的差异化行为习惯（ID 定向：年龄、星座、兴趣爱好、浏览过的信息等），对搜索结果在展现和排序上加以调整和优化，提供给移动终端用户以更好的搜索体验。这说明了无线自然搜索规则基本上已经与 PC 相似，而且也开始着重“个性化”搜索结果。在这样的情况下，我们该如何提高自然搜索排名呢？

（1）宝贝本身的关键词及类目相关性是最基本的考量：不相关的宝贝描述和所在类目，会最直接影响搜索排名；

（2）宝贝本身符合无线端买家的浏览体验和消费习惯：手机端展现得一塌糊涂、毫无吸引力的宝贝详情及店铺，买家是不会买账的，搜索自然也不会将这样的宝贝排名靠前；

（3）宝贝人气：不仅要看在 PC 上，还要看这个宝贝在手机设备上是否卖得更好；

（4）店铺服务质量：店铺在大淘宝平台上的服务质量会作为基础，多做有益于提升服务质量的事情。

2. 付费流量

无线推广方式由于终端展示形式的限制，在无线终端上面的展示位置目前开放的较少，但最主要的无线钻展、无线直通车、无线淘客，还是最先开辟了无线端的推广。对于“开车”的卖家来说，现在新版直通车上线之后会默认开通无线投放，可以看到无线的 PPC 成本目前还是非常低的，转化方面的表现也不错。而无线钻展方面今年 3 月开始已有投放，可以看到 CPC 从当时的几分上涨到现在的三四毛，转化较为一般，适合投放无线用户群，特别是符合 80 后需求的类目。无线淘客只需要正常设置即可，无线开发者会读取整个淘宝联盟的推广宝贝。

3. 活动

很多卖家会发现，当店铺上了下列活动时，这些活动在手机淘宝客户端及 Html5 页面都有入口展示，给店铺带来了更多的流量，从而带来转化。而且手机淘宝带来的流量和转化都有不错的效果。

官方活动拥有大流量入口，对于无法进入双十一主分会场的伙伴们，上面的官方入口也是需要紧急预案的，包括睡前瞄一眼后面新增的双十一活动，活动报名要抓紧，争抢到流量入口。

4. SNS

SNS 流量构成方面，基本以分客户端来说，比如站内的微淘，站外的微信、蘑菇街、美丽说，这些客户端都具备大量的优质流量，不仅在活动时可以利用，在产品预热、上新、客户维护等也可以同样利用好这些资源。无线领域，由于终端的限制及发展，流量会变得愈来愈珍贵，不仅需要靠卖家主动出击站外，还需要通过更多的互助协作来扩大自己的流量来源。这里说明一下微淘，微淘作为手机淘宝的母体，自然而然会得到官方的大力扶持。包括即将到来的双十一。

二、转化

1. 店铺装修：一阳指

针对转化方面，一阳指后台可以针对无线店铺首页进行装修、创建店铺活动，同步打造双十一的氛围，来增加转化概率。

一阳指提供了宝贝组件、海报轮播、左图右文、小型banner、标签、文本、分割线等7个组件。卖家没有对无线店铺进行任何设置的情况下，系统默认显示新版一阳指店铺首页，展示店铺上新和6个最新宝贝分类，默认店招随机更换，直到卖家进行设置为止。

2. 店铺活动

完善好无线首页时，同时也需要针对店铺内活动做好策划，PC端规划外的由无线端来承接，形成活动的互补与结合。针对店铺内活动，可以结合以下几个维度去做：

（1）淘宝会员等级——淘宝会员优惠

（2）店铺会员等级——店铺会员优惠

（3）无线端折扣优惠券——区别PC、无线优惠券专属

（4）手机下单专享价——无线下单优惠

（5）微淘粉丝专享价——微淘粉丝优惠

（6）微淘摇一摇抽奖——优惠券

以上的几种方式都可以根据活动提供非常广的选择，对于店铺内活动，更多是策划方面需要考虑如何吸引买家。

三、客户维护

客户维护这一块，因为无论是PC还是无线，忠实于店铺的老客户总能为店铺带来好的效益，因为销售成本低、推广费用也低，同时还能获取更多的客户份额，并有利于发展新客户。

不管是面对双十一这种一年一度的大促，还是在无线端的发展，首先要做好客户维护，做得好的，可能是你无线流量的第一桶金，引导得不好，可能会失去一大批原有基础的客户群。想必大家都非常明白老客户带来的利益。

而在双十一规划前，新老客户要同时维护。

四、数据分析

江湖策，通过帮助卖家发现、透视优化店铺流量，达到对流量的集中管理，从而提升流量转化率。

1. 江湖策开通流程

大家平时分析无线端流量和转化，只能从量子里面的些微数据去分析，实质提供的数据维度偏少，不利于深入分析，而江湖策的推出，解决了无线运营数据少这个难题。

主账号进入卖家服务→搜索江湖测→按需购买(免费)→子账号授权查看。

目前，江湖策开放了无线端平台效果的数据，开放活动效果的数据(包括来源、坑位、宝贝)，店铺组件的效果数据 & 基于效果数据的一阳指组件推荐。

活动效果模块分来源、坑位、宝贝三个模块。针对每个活动情况都能从流量来源、宝贝展示、宝贝情况等维度去分析活动的效果。由此看出，虽然功能还未完善，但无线方面的数据分析维度相较以往大幅增加，我们需要及时去更新这方面的内容，来改变我们对无线还是雏形的印象。

五、总结

双十一大家应该都已经提前备战了，今年无线方面也是重头戏。也是阿里强势发展无线的一年，可以看到今年无线方面增加了非常多的内容。关于加强无线端双十一方面，我们可以怎么玩，玩的时候需要注意以下几个点：

这里给出的无线端玩法，可能很多卖家都已经尝试过，但并非人人都可以做出效果来，一方面是趋势原因，另一方面也有当前无线的弊端，如店铺装修、数据分析等。如今无线已经开始发力了，抢占新领地，有小白鼠的经验在前，在无线发展快节奏的速度下，会更具优势。同时，无线新玩法不仅以无线店铺为主，借取更多的淘系应用及淘外应用来拓展流量、提高转化。尝试搭建一个新的无线端用户群，给店铺注入新鲜的活力，也是我们可以拓展的一个大方向。

第九节　歪门邪道？但就是能 4 小时卖 5000 件商品

市面上有很多“秒光 1 万件商品”“1 天卖爆 5 万件库存”之类的文章，“4 小时卖出 5000 件”这样的噱头似乎很难再吊起中小卖家们的胃口，但在这个小节里仍然需要把这个“旁门左道”分享给大家——毕竟，没有这 5000 件销量的基础，如何能去建设未来 1 万件甚至 5 万件的宏伟梦想呢？

先来看一个发生在朋友圈里的真实案例：

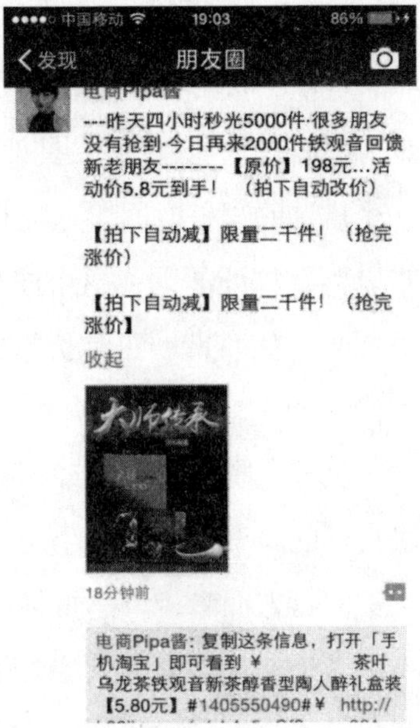

可能有的读者就要发出质疑了：“这都是什么玩意儿？”“不就是在自己朋友圈打广告嘛！”乍一看似乎真的只是把自己店铺的手淘链接搬运到了朋友圈，再配以一段似乎能证明自己产品销量火爆的“文案”；但不知道你们注意到没有，文案中的价格只有“5.8 元”；5.8 元是什么概念？说是一顿早饭钱也不为过——这样的价格对于茶叶来说无疑是亏本的。

于是有的读者又要质疑了：“我开淘宝店铺又不是为了做慈善，压到这么低的价格我还怎么继续开店啊？”但其实本节要讲的“旁门”猫腻都在这看似必使得店铺亏损运营的超级低价之中。

这是为什么呢？因为很多淘宝 C 店铺在起步的时候并不想着每天要赚多少大钱，对于一个刚起步的店铺来说，如何通过一系列的手段以及投入使得自己的店铺能够在淘宝平台这片茫茫红海之中得到足够的展现才是头等大事——万事难，难在开头，只有前期把自己的店铺打出去，让更多的消费者知晓，才是一个店铺能够长久立足平台的基础，当然商品质量、客服、物流这些老生常谈的话题在这里就不再赘述。

接下来，解析价格“猫腻”的作用以及操作步骤。

首先，卖家需要准备好一款预备将其打造成爆款的商品，这款商品的性质应该具备易于消费者接受，本身价格不会太高以及使用方便/属性基础（能满足消费者最基本需要）等特性。

其次，设置好店铺的SKU（ Stock Keeping Unit 库存量单位），并将爆款SKU设置为最低价，其他SKU价格正常。这是因为超低价的爆款产品，一个店铺的同一时间段只能存在一两件，如果多了店铺将不堪负荷从而走进难以为继的死胡同，这个爆款SKU的唯一作用就是吸引足够的流量到店铺里面来，从而带动正常价格的SKU销量增长——其实真正在赚钱的还是正常价格SKU。

另外，既然卖家已经拥有了超级低价的爆款产品，接下来的工作就是通过自己的免费渠道把这个产品推广出去，以获得最初的一批商品粉丝，或者往更深远方面考虑，这批粉丝最终将会成为卖家店铺的首批粉丝。而这些免费的渠道包括卖家个人的微信、微博以及朋友们的微信、微博，通过他们的宣传让人们进来购买这个SKU——其实这并不是一件难事，因为商品是好的，而且价格是实实在在的超级低价。

最后，卖家就会发现几小时之后，这款爆款商品销量轻易就能获得上千销量——而且也不会有店铺被降权的风险，因为买家、流量以及销量都是实实在在的，都是能够得到淘宝平台认可的——而当爆款火了之后，联动就会带动店铺的名气，最原始的一批粉丝就可以借此积累起来。

尽管这个方法看似直白，就是在初期一直依靠低价吸引流量——但这是每个店铺成长必须经过的阵痛，没有这样的投入，那也只能转而去选择其他的砸钱方式打造店铺知名度。

第十节　解析自然搜索八大模型

很多人把简单问题复杂化，也有人把复杂问题简单化，如果把淘宝的问题仅仅只分为流量问题和转化问题，我们做的很多事情都归结到这两类，似乎思路就畅通了很多，既然是在平台做流量，最大的流量入口应该是平台的搜索流量，所以现在的电商模式也叫搜索式购物，想要让宝贝排名靠前，就要了解平台搜索引擎的工作原理及影响因素，今天的八大模型就是搜索引擎的影响因素。

想了解搜索引擎的工作原理就先要了解权重模型的影响因素。搜索引擎是一个漏斗形的工作原理，比如说我们想要找到一个超市中性价比最高即将过期的威化饼干，那么引擎先把所有产品按照类目分为服装、日杂、食品等，先把食品专区中所有的宝贝找出来，然后找到名称或者属性中含有威化饼干的所有产品，然后按照生产时间去排序，找到生产时间最早的产品，至于产品的性价比，会分不同的维度给出一个综合得分。这个多维度的综合得分就相当于人气模型、卖家模型和服务模型，当然真实的搜索引擎算法要比这个复杂很多，而且是时刻变化的，甚至不同类目都有更细致的类目规则。

误区导读：首先更正大家的一个认识，非搜索转化对自然搜索是不增加权重的，所以很多人都在问，为什么我做了活动后依然没有多少流量，其实是排名没有上涨，排名的上涨与下降是靠权重影响的，也就是说非搜索转化是不增加权重的。

很多人自欺欺人地做了很多站外流量、付费流量和活动流量，其实这些对店铺的发展没有任何意义，不但不会增加店铺权重，有些流量比例不协调的店铺反而会造成降权。那么有人会问，什么样的流量比例才是健康的？什么样的流量占比才是协调的？

拨乱反正：因为现在淘宝非爆款时代，碎片化流量居多，所以“四三三”的流量配比是比较合理的，也就是 40% 的自然搜索流量，30% 以下的付费流量，30% 的其他流量。（不要急着反驳，各个类目各有不同，我只是举个例子，你全都是自然流量最好，全都是付费流量或者全是活动流量也没有犯法。）

PC 端和手机端的占比一般是 4∶6 左右，无线端比较好的店铺可以达到 2∶8 左右。

流量入口认识：目前淘宝搜索转化的订单占比为 40%，也就是说大部分流量还是来源于免费的自然搜索。

我们可以把不同渠道的流量比作一根根管子，把管子一根根地插到水里，把宝贝权重和店铺权重比作管子中的水，当某个渠道中点击率高，转化率好，就像往管子中倒水，这时候管子中的水就提高了，所以店铺权重和宝贝权重是基础，渠道中的点击率和转化率是关键，但是各个管子中的水相互影响很小。

一、类目模型（产品发布时的类目和属性）

（1）淘宝数据的一个重要特质是每个商品都挂靠在类目属性体系下面，每个商品都做了一个很好的分类。在搜索过程中，同一搜索词的大量用户行为数据很容易聚焦到相应的热点类目，比如“手机”的搜索行为会集中到手机类目，而不是配件类目。

（2）首先我们搜索的关键词淘宝系统会根据之前买家的浏览反馈判断该关键词的第一展现类目，我们可以通过流量解析去看到每一个关键词的第一展现类目。

比如搜索“苹果”，我们看到该关键词的第一展现是手机，而不是吃的苹果，吃的苹果反而是最后展现的，但是当我们搜索“新鲜苹果”时，第一展现是水果。

当大家搜索苹果4S的时候，产品显示的就是苹果手机，而不是吃的苹果，为什么呢？系统会根据搜索的关键词去切词，根据各个词的相关性去判断主搜索关键词，也就是中心词，根据中心词和相关属性词去判断类目，比如“苹果”“苹果4S”“新鲜苹果”。虽然系统判断的中心词都是苹果，但是因为各个属性词的问题去判断了不同的第一展现类目。比如我们搜索“老单麻辣烫”，这个时候因为系统对这个词没有太多的数据分析，系统就开始发蒙了，所以搜索出来的结果就显得千奇百怪，因为系统并不知道应该判断哪个词为主搜索关键词。

（3）很多产品的第一展现类目定位很模糊，比如说情侣装短袖T恤，很多人上架的时候就很迷惑，不知道应该上到哪个类目下，是男装T恤还是女装T恤，还有孕妇羽绒服，是放到母婴类目下还是女装类目下，这个时候可以看看流量解析，产品的第一展现类目是哪个就放到哪个类目下。

（4）如何找到系统分词呢？

①搜索宝贝标题；

②右键点击查看源码；

③按住Ctrl+F，输入span class=H，复制黄色部分；

④放到json解码器中解码。

二、文本模型（匹配商品标题中对应的关键词）

（1）当我们搜索一个关键词的时候，比如说“莫代尔包臀连衣裙”，搜索结果页出现的宝贝都是标题中含有这几个关键词的宝贝，而且当标题中出现两次或两次以上该关键词的时候，权重只当作一次计算。

（2）标题中相同的关键词不用出现第二次，多次出现的关键词只算作一次处理，所以不用浪费有限的字节。

（3）关键词和商品的匹配、匹配的程度、是否是重要词的匹配、匹配词之间的距离等，都可能影响相关性。比如搜索“小鸭子洗衣机”的时候，一个商品的中心词是洗衣机的要比卖洗衣机配件商品的相关性高，小鸭子连在一起的相关性要比“小”和“鸭子”分开时候的相关性高等。

（4）标题中不能添加任何符号，只能添加空格，空格算一个字节，汉字算两个字节。

（5）当搜索的属性关键词在标题中没有体现，但是在宝贝属性中有体现，宝贝也会有被展现的概率。

三、时间模型（根据时间原则匹配展现机会）

（1）本着公平公正的原则，为了维护中小卖家的利益，淘宝网对每一位中小卖家的宝贝商品每七天都有一次曝光机会。

（2）有些朋友将宝贝设置到低谷时段，认为这段时间的竞争度小，店铺容易脱颖而出，但是，还是建议大家在黄金时间段发布，因为转化率比较高。

（3）大店铺应该遵循均匀分配的原则，小店铺应该选择重点等待的原则。比如说我们有 500 个 SKU，然后上衣 300 个，裤子 200 个。可以直接用 500/6，因为周六日的流量比较少，直接按照一天计算，每天需要商家的宝贝为 83 件（上衣 50 件，裤子 33 件），最后热销时间段为 10—12 时、15—17 时、20—22 时六个小时，然后根据上衣在三个时间段上架数分别为 14 件 、22 件、14 件。由于同一类目下的宝贝下架时间间隔最少为 15 分钟，所以一个小时同一店铺的同一类目产品最多上架 4 件，可将其他的产品均匀地分配到其他的时间段。

（4）小店铺选择重点等待，寻找按销量排序后下架时间段分布的时间缺口。比如在“连衣裙韩版短袖”这个关键词下，我们选择宝贝所属的价格区间段，然后找出首页所有宝贝的下架时段中宝贝比较少的时间段去上架，这个用逐鹿工具箱中的逐鹿爆款词分析就可以做到。

（5）因为 C 店中的宝贝下架时间权重很高，但是如果没有橱窗推荐，即使宝贝在下架时间段也很难被展示出来，所以卡重点下架时间段的宝贝要配合橱窗推荐来做。或者把快下架的宝贝在下架前 20 分钟设置成橱窗推荐。

四、反作弊模型（系统屏蔽作弊商品和作弊店铺）

大致包括：虚假交易，偷换宝贝，重复铺货，重复开店广告商品，sku作弊，标题乱用关键词，关键词堆砌，邮费不符，价格不符标题，价格、描述、属性不一致。我们来看下违规的具体判定标准和处理方法。

1. 搜索违规行为一：虚假交易，包括炒作信用和炒作销量

（1）定义：是指通过不正当方式提高账户信用积分或宝贝销量，妨害买家高效购物权益的行为，详见《淘宝规则》“虚假交易”规定。

（2）处理：系统识别后对涉嫌虚假销量、信用的宝贝给予30天的单个宝贝搜索降权，同时根据卖家店铺涉嫌虚假交易情节严重程度给予卖家7至90天的全店宝贝搜索降权。

（3）修改建议：请不要过于频繁或大幅度地修改宝贝价格，以免影响系统对您宝贝的判断。

2. 搜索违规行为二：换宝贝

（1）定义：通过不正当方式提高账户信用积分或宝贝销量，妨害买家高效购物权益的行为。详见《淘宝规则》“虚假交易”规定指卖家为了累积销量或人气，修改原有的宝贝的标题、价格、图片、详情、材质等，将其变成另外一种宝贝继续出售。这是种严重炒作销量的行为，有这种行为的宝贝会被淘宝搜索判定为换宝贝。

（2）搜索降权时间：系统识别后立即降权，降权时间根据作弊的严重程度不同而不同，一般为30天左右，严重的可永久降权或屏蔽。

（3）建议：删除该商品。

3. 搜索违规行为三：重复铺货式开店

（1）定义：指卖家通过同时经营多家具有相同商品的店铺，达到重复铺货的目的。这种行为严重干扰卖家的正常经营秩序，并破坏买家的购物体验，属于搜索作弊行为。

（2）建议：保留一个主营店铺，其余店铺关闭。

4. 搜索违规行为四：广告商品

（1）定义：商品描述不详、无实际商品、仅提供发布者联系方式以及非商品信息的商品(住宅类除外)，淘宝搜索判定为广告商品。

（2）搜索降权时间：系统识别后立即降权或屏蔽，降权时间根据作弊的严重程度不同而不同，广告商品修改正确后最早可在5天内结束降权。

（3）建议：删除该广告商品，或将其修改成正确的商品。

5. 搜索违规行为五：错放类目和属性

（1）定义：商品属性与发布商品所选择的属性或类目不一致，或将商品错误放置在淘宝网推荐各类目下，淘宝搜索判定为放错类目商品。

（2）搜索降权时间：系统识别后立即降权，降权时间根据作弊的严重程度不同而不同，错放类目和属性的商品调整正确后最早可在5天内结束降权。

（3）建议：将商品放到正确的类目和属性中。

6. 搜索违规行为六：标题滥用关键词

（1）定义：卖家为使发布的商品引人注目，或使买家能更多地搜索到所发布的商品，而在商品名称中滥用品牌名称或和本商品无关的字眼，使消费者无法准确地找到需要的商品。有这种行为的商品会被淘宝搜索判定为滥用关键词商品立即降权。

（2）搜索降权时间：系统识别后立即降权，降权时间根据作弊的严重程度不同而不同，标题滥用的商品修改正确后最早可在5天内结束降权。

（3）建议：将商品标题修改正确。

7. 搜索违规行为七：SKU作弊

（1）定义：指刻意规避淘宝商品SKU设置规则，滥用商品属性(如套餐)设置过低或者不真实的一口价，从而使商品排序靠前(如价格排序)，淘宝搜索将这种商品判定为SKU作弊商品。

（2）搜索降权时间：系统识别后立即降权，降权时间根据作弊的严重程度不同而不同，SKU作弊的商品修改正确后最早可在5天内结束降权。

（3）建议：将 SKU 商品修改正确。

8. 搜索违规行为八：价格不符

（1）定义：发布商品的定价不符合市场规律或所属行业标准，滥用网络搜索方式实现其发布的商品排名靠前，影响淘宝网正常运营秩序的。

（2）搜索降权时间：系统识别后立即降权，降权时间根据作弊的严重程度不同而不同，价格严重不符的商品调整正确后最早可在 5 天内结束降权。

（3）建议：按照市场规律和所属行业标准，将价格调整正确。

9. 搜索违规行为九：邮费不符

（1）定义：发布商品的一口价很低，邮费不符合市场规律或所属行业标准。（比如“雪纺吊带衫”，一口价 1 元，平邮 100 元）淘宝搜索判定其相关商品为邮费不符商品。

（2）搜索降权时间：系统识别后立即降权，降权时间根据作弊的严重程度不同而不同，邮费、价格严重不符的商品调整正确后最早可在 5 天内结束降权。

（3）建议：按照市场规律和所属行业标准，将商品邮费、价格调整正确。

10. 搜索违规行为十：标题、图片、价格、描述等不一致

（1）定义：所发布的商品标题、图片、价格、描述等信息缺乏或者多种信息相互不一致的情况，包括商品标题、图片、描述等重要信息缺失，淘宝搜索判断为标题、图片、价格、描述等不一致商品。

（2）搜索降权时间：系统识别后立即降权，降权时间根据作弊的严重程度不同而不同，标题、图片、价格、描述等不一致的商品修改正确后最早可在 5 天内结束降权。

（3）建议：将商品修改正确，使其标题、图片、价格、描述等一致。

五、人气模型（评估消费者对产品的认可度）

1. 人气模型

简单地说就是产品的人气值，看宝贝的人越多，宝贝的销量越好，说明

人气值越高，主要体现在新上架宝贝，人气迅速攀升。你会发现，人气排名可以迅速排到首页，人气模型的影响因素包括：产品的转化率、单品销售额、单品销量、产品的收藏率、产品的动态评分、 DSR 评分、老客户的重复购买率和单品的 PV 和 UV。

2. 对比的维度

分为同比和环比，时间为七天一个周期。同比：同类目同层级同类店铺做对比环比：产品自身数据做对比，主要看增长率，维度为 7 天。

3. 同比数据

搜索试错原则（前三位产品展现购买率）当搜索的产品系统定位不明确的时候，系统会根据搜索展现的前三位的展现购买率调整下次展现顺序，比如搜索“苹果”的时候，前三位展现了两个吃的苹果，和一个苹果手机，当苹果手机的展现购买率明显高于吃的苹果的时候，系统会根据这些数据去调整展现结构，下次消费者再搜索“苹果”的时候出现的宝贝就都是苹果手机了。

控价率是指宝贝的真实成交价格和产品折后标价产生的差值，控价率越低权重越低。分享率你一定会发现自然搜索朋友分享的宝贝在你搜索展现中的概率很大，分享率越高，说明宝贝的人气值越高，人气的排名当然越大，那么问题来了，如何才能提高分享率呢？其实双十一中很多大卖家已经帮我们上了一课，例子：这是毛菇小象家在双十一期间的活动玩法，主要是通过下单后分享微信朋友圈赠送礼品，并且评选每日之星，如果你想成为每日之星，爱美又时间充足的美眉们，尽情地分享转发吧。商家坐等收钱，互动、转化、传播、提权，真的是一石四鸟之计。收藏率越高，说明宝贝的人气值越大，当然有些人会说收藏是不增加权重的，先说说缘由，因为早期的淘宝收藏率在人气模型下的权重是很高的，所以就出现了很多刷收藏提高人气排名的玩法，但是淘宝对刷收藏又是无法把控的，因为刷收藏又不需要下单付款，所以淘宝只能降低收藏率的权重，收藏率真的没有权重吗？不见得，比如新品没有转化只有收藏，很有可能这个收藏是刷的，所以，当你销量较小的时候收藏的权重较低，但是当宝贝的销量达到 2000 的时候，收藏的权重可能就出现了。明白这种心理，有助于理解算法。

转化率这个指标应该是体现宝贝价值最核心的因素点，买的人越多，说明宝贝越畅销，值得注意的是这里的转化率指的是搜索转化率，跟店铺转化率、直通车转化率无关。因为提高宝贝排名，主要是提高宝贝在关键词下的排名，因为宝贝的流量全是从各个关键词来的，所以非搜索转化是不为搜索排名增加任何权重的，我们一般会把转化率做到 2 倍以上（具体产品具体分析，最讨厌抬杠的了），小类目会更高一些，注意是关键词的转化率！不是店铺，也不是宝贝。

4. 跳失率

很显然，跳失率是指买家通过关键词搜索进入页面后，没有通过关联销售进入到其他宝贝而直接跳出店铺。淘宝也是需要流量的，所以当你没有好好把握流量的时候,跳失率越高,你的流量浪费越多,那么你的权重就会越低。因为互联网本身就是卖流量的，每一个流量都是有价值的，如何有效地降低跳失率，比如说在推荐的关联销售的地方加入清仓专区、新品专区、套餐专区，满足不同需求的人的要求；又比如说家居类目为了提高客单商品率，设置满 100 包邮，客户为了解决运费问题，肯定会批量购买，这样也有效地提高流量的利用率。所以很多时候，我们设置的活动也好，玩法也好，先明确目的是什么。比如我想降低跳失率，可以有几种玩法，若这些玩法不仅降低了跳失率，也提高了客单商品率，那这个活动就是一个一举两得的活动。（明确目的→寻找方法→总结技巧）跳失率我们的标准是低于 80% 以下算合格，所以大家去看看自己宝贝的跳失率，看看哪些宝贝的详情页是不合格的，也有可能是流量不够精准。

5. 停留时间

正常的停留时间是在四分半左右，时间过长和过短都不适合成交，时间过长可能是性价比不好，客户过于纠结；时间过短转化高说明是低价感性消费品，转化低说明详情页有严重的问题。

6. 老客户购买率

细心的朋友应该知道这个数据是在量子的健康日报的最下方，作为店铺权重的重要考核点之一，复购率越高，老客户的忠诚度越高，人气权重就越高，而且以后的电商就是在做老客户，所以 CRM 和 FRM 才越来越火（因为新客户的流量成本高，转化率低）。

7. 点击率

为什么点击率是一个很重要的指标呢？建议大家用直通车的思想来理解这个问题，当我们做了一个新的计划的时候，每个词的展现都不会很高，这个时候想让展现量提高（排名上涨展现量才会提高）唯一的办法就是提高点击率，大家可以观察下你加入的新词，点击率高的词展现量上涨很快，点击率低的词展现量上涨很慢。所以在宝贝的中前期，点击率作为人气中最重要的考核指标，很多宝贝点击率高就可以排名很好了，但是考核完点击率会考核转化率，当你的转化率不合格的时候，排名又会下降。

为什么点击率和转化率不做环比呢？很多人问你怎么知道哪个数据是同比哪个数据是环比呢？其实想想也简单，当点击率和转化率做环比的时候，等不了多久，点击率和转化率就是 100 了，只要你的数据出现下降，排名马上下降，但是相对于同类宝贝你的转化还是很高的，所以说，点击率和转化率是环比数据，并非同比数据。

8. 环比数据

包括销售额增长率、收藏量、销量、PV、UV。其实理解了同比，环比的数据相对来说就比较好理解了，无非就是宝贝自身的数据做对比，只要你的流量、销量是正增长，收藏量和销售额自然而然是正增长状态。所以人气的核心就是点击率和转化率。知道淘宝什么时候考核你，考核你什么数据，当然你的考试就容易“晋级”了。

9. 各模型权重

因为在综合搜索中各个模型权重占比为：人气模型 50%、服务模型 20%、卖家模型 20%、价格模型 10%，所以人气模型是八大模型中最重要的一部分，当宝贝人气排名下降的时候，综合搜索排名也会跟着下降。

10. 增长率和点击率

新上架宝贝前七天主要考核的是展现量的增长率和点击率，关键词下的主图点击率越高，展现量涨得越快，也就是在关键词下排名上涨得越快。但是当宝贝权重和店铺权重没有变化的情况下，这只是单品宝贝的关键词人气权重在上涨，也就是说只有人气排名在上涨，当宝贝的评价开始出来的时候综合排名才会慢慢上涨。

11. 宝贝螺旋

主要指的是关键词的人气螺旋增长，宝贝的权重分为：关键词人气权重 + 店铺权重 + 宝贝权重。店铺权重是卖家模型和服务模型中对店铺的考核标准。宝贝权重是宝贝人气权重和宝贝单品动态评分。

12. 模拟下人气引擎

其工作原理，比如说我们新品上架，引擎如何判断哪个宝贝更优质，该给哪个宝贝分配更多的流量呢？它会根据前七天的点击率和行业的点击率和流量均值做对比，当前七天你的均值超出行业的越多，说明喜欢这个宝贝的人更多，这个宝贝更加优质，那给这个宝贝的展现机会就会更多。同样每七天为一个时间节点，这七天的权重会呈现出衰减的状态，离当前时间越久，权重就会越低，类似于核辐射的衰减，时间久了权重自然而然就小了（其实直通车的账户负权重也是同样的道理）。引擎会帮你算出你是正增长还是负增长，当你的宝贝出现正增长的时候，权重越来越高，排名就会越来越好。反之则出现衰减状态。

13. 人气模型

人气模型还是无线端搜索模型的基础模型，所以，当 PC 端人气排名靠前的时候，无线端的排名也比较靠前。注意，新品的人气模型虽然很容易排到首页（当然无线端的位置也不错），但是单品的 CTR 和转化率是这个阶段极为重要的点，控制不好这两个因素，排名会掉得很快，而且再涨上来就非常地难。除了人气模型还有无线端的占比和加权项。（好吧，我又说多了）

六、卖家模型

卖家模型是用来统计分析卖家活跃度和店铺综合得分权重的模型，其中卖家活跃度包括：动态上新率。

什么是动态上新率呢？就是店铺的上新周期，既然是活动下的考核，你的店铺越活跃，当然权重就会越高，比如我的店铺一周上一次新品，你的店铺一年才更新一次，很明显我的权重高于你。

卖家模型和服务模型都属于店铺权重，比如说动态上新率、滞销商品、客单商品率等，这些权重不是短时间内可以提高的，但是如果大家明白自然搜索模型的考核点有哪些，就能找到自己店铺或宝贝问题出现在哪儿。比如同样的宝贝同样的销量，别人为什么比你的排名靠前，可能是你的店铺权重过低，就是店铺的动态上新率过低导致的。旺旺在线时长，不包含手机在线时长。

下面介绍几个关键数据：

1. 售罄率

售罄率越高，说明卖家的实力和判断越准确，避免库存积压。也就是现在女装比较提倡的柔性供应链，快速补单，来保证自己店铺的售罄率。

2.SKU（滞销商品数和滞销商品率）

滞销商品是指 90 天前首次发布的，且最近 3 个月内没有卖出过任何一件的商品。这一类商品不会进入搜索库，滞销商品越多，滞销商品率越高，卖家模型的权重越低。

如果店铺 的 SKU 过高，但是销量又不太好，想提高卖家模型的权重 ，降低滞销商品率，可以将上架 3 个月内销量小于 2 的宝贝删除，更改标题和主图后重新上架，运气好的话还能被贴到新品标签。（新品的判定主要在主图的点像素）

3. 询盘转化率

询盘转化率对应的是静默转化率，询盘转化率越高，说明卖家的客服服务质量越好。当店铺的静默转化率超过询盘转化率的时候，你可以考虑换下客服主管了。

4. 客单商品率

客单商品率指买家成交一笔订单的产品数量，客单商品率越高，说明服务质量越好，可以通过满减、满送等方式提高客单商品率。

5. 支付宝使用率

这个就不用说了，我们店铺是 100%。

七、服务模型（对卖家的服务质量进行评估）

1. 店铺 DSR 评分

店铺的动态评分过低直接影响宝贝排名和推荐展示。举个很明显的例子，我们有一个店铺是天猫国际，产品都是海外直邮回来的，前段时间被推荐到了天猫国际的首页，但是后来由于发货速度过慢，导致动态集体跳水。当发货速度过慢，等待时间过长，即使再优质的产品也会影响到买家的体验感，所以当他给我们做评价的时候，客户会不留情把服务质量和描述相符度也只打 1 分。然后我们的产品就从首页推荐掉出来了，宝贝排名也开始下滑。（真实案例，拒绝模仿哦！）

2. 单品动态评分

和店铺动态评分是一个概念，单品也是有动态评分的，比如说一次购买了同一店铺的两种不同商品，评价的时候，单品的评分是分开计算的，虽然看上去这些权重点微乎其微，但都是权重的重要组成部分，不容忽视！

3. 退货率

这里的退货率主要考核的是退货纠纷率、无货退款次数、退款自主完结率和平均退款时长。退货纠纷率不要高于 0.6%，客户退款的时候填写的原因最好写成协商一致。

退款纠纷率 = 近 28 天内，小二介入的退款笔数（售中 + 售后）/ 支付宝成交总笔数

退款自主完结率 = 近 28 天内，商家自主完成退款（售中 + 售后）/ 店铺完成退款的总笔数

退款完结时长 = 近 28 天，退款（售中 + 售后）

完结总时长 / 退款完结总笔数

4. 投诉率

这里主要指的是投诉的完结率。

投诉完结率 = 近 28 天内，客户投诉完结的总笔数 / 投诉总笔数

完结率越低，降权越明显。

旺旺响应率和旺旺响应速度。有些店铺不挂旺旺，或者挂起旺旺但是从来不做客服，这对客户体验是非常差的，奉劝大家不要听信神话，月销百万不上旺旺，这种玩法只会把你带到死路上。旺旺的响应速度并非快捷回复，也并非首次响应速度，指的是平均响应速度，所以赶快把你该死的快捷回复撤掉吧，它真的很影响买家的购物心情。

八、价格模型（统计分析最优价格区间和品牌限价规则）

价格模型的作用是为了统计分析出全网的最优价格区间和完善品牌限价原则。最优价格区间淘宝网会为每一个品类的产品规定出最合理的价格区间，比如我们搜索男士小西服，豆腐块中的产品出现都是 220~280 元之间的产品，这个价格区间就是全网认定的男士小西服这个关键词的最优价格区间。处在这个价格区间的宝贝更容易进入豆腐块。

1. 品牌限价原则

很多标品是有品牌限价的，当你出售的价格低于品牌的最低限价，这个时候很容易被查下架或者认定假货，这就是为什么那么多假货和高仿被查的原因。

坑位算法：单坑产出 uv 价值

想要进入豆腐块不光要符合最优价格区间，单坑产出低于平均值有可能会被淘汰，还有 uv 价值最低也有可能会被淘汰。天猫的豆腐块不仅仅考核销售额，同时也是一个类目的标杆形象，所以 DSR 评分、首页装修、首图点击率和首图视觉效果等都是重要的考核点，所以想要进入豆腐块，视觉和价格都是值得注意的。

2. 市场规则（附加权重）

简单地说就是附加权重，比如我们玩游戏的时候，每个人物的属性都分为力量、敏捷、智力，就像我们店铺权重、宝贝权重和关键词权重一样，当我们的人物带上了一个“力量 +2”的指环，那力量就增加了 2，但是同样攻击力、防御力、重击率也会相应提高。我们可以把市场规则比作附加权重。比如新品标签，宝贝权重增加。

3. 店铺规则

当淘宝网推出一些关于店铺的规则，如消保 / 金牌卖家 /7 天退货 /24 小时发货，这些都可以为店铺增加权重，以及橱窗推荐的使用率，新店也是有两个月的流量扶持期。

橱窗推荐是淘宝排序规则里面一个重要的参数，在同时满足搜索规则的宝贝里，优先展示橱窗推荐的产品。在淘宝搜索只展示 4000 个宝贝的前提下，没有设置橱窗推荐的商品是很难真正被展示到的，这也是很多新手掌柜老是抱怨怎么没有流量的主要原因。

尽可能给即将在 5~15 分钟下架的宝贝推荐橱窗，这样能最大限度地争取更多的流量。

4. 宝贝规则

橱窗推荐优先展示，新品标签对于新品也有很大的权重，记得上一次改版，主题市场里面只要能拿到新品标签的宝贝流量都很大。

新品的判断是主图点像素的 DNA，所以可以通过特殊手段处理主图后，获取新品标签（无销量的宝贝删除后，重新上架的时候把主图位移、拼接、裁剪、换背景）。

5. 市场环境

举个很明显的例子，双 11 之前淘宝的玩法是加入购物车和加入收藏，这个时候购物车和收藏的权重就很高，很多人发现加入购物车和加入收藏的人数多了，自己的排名就提高了，又比如说双 11 当天的会场是赛马原理，这就是为什么大家把活力集中在 0 点开团后，无论你后面多猛，只要前期抢到了排名，后面抢的是全网的流量入口，这个概念是不一样的，所以双 11 当天 1919 网这个名不见经传的小网站可以力压酒仙网。

6. 个性化原则（千人千面原理）

根据个性化原理，不同地点的人搜索相同的关键词，当地的店铺会优先展示，比如我在杭州搜索小叶紫檀，相同的权重下，杭州的卖家的产品会优先展现在我面前。

搜索引擎会根据你最近浏览的产品和购买的产品分析你的性格，比如我经常浏览女性用品，当我在搜索“牛仔裤”这类中性词的时候，展示的宝贝基本都是女性牛仔裤，而非男性牛仔裤。

7. 购物主张（历史购物价格区间）

搜索引擎会根据买家的消费主张，给买家贴标签，比如我喜欢高客单价的产品，当我搜索牛仔裤的时候，出现的牛仔裤都是高客单价的牛仔裤，反之亦然。

8. 浏览轨迹（购物轨迹）

搜索引擎会根据买家的浏览轨迹判断买家最近的需求是什么，然后根据这个定向买家的需求点，或者兴趣点。比如我最近一直在看沙发，那我在钻展、直通车定向和站外定向展位看到的就都是沙发。

9. 好友分享

当我们在搜索好友分享的宝贝的相关关键词时，好友分享的宝贝会优先出现在搜索结果页，同样我们分享的宝贝也会出现在我们的旺旺好友的搜索页。如何提高分享率？不妨了解下 SNS 玩法，让大家乐于分享乐于晒图，在社交软件中完成互动。

10. 历史购物风格元素

历史购物风格元素就是我们在类目选宝贝时勾选的风格元素，还有买家购物时产品的元素共性去定位人群。比如说一个经常购买 OL 风的女性和一个经常购买街头风的女性，她们在搜索相同的关键词时，系统推荐的宝贝是根据她们历史购物的风格去判定的。

（备注：本章内容以最新规则为准）

第六章

如何打好助攻

CRM是以“客户为中心”，产品为基石，品牌运营为主线，结合客户管理、营销、服务为一体的客户关系管理系统，它在营销中具有极大的价值。本章将以CRM为重点，详细阐述电商大战，如何打好助攻。

第一节　致我们终将逝去的美工

很多人提到转化率不好的第一反应，就说店铺视觉做得不好，做得不好是因为美工不行，或者自己没有专职的好美工。这话只说对了一个点：那就是美工对一个电商转化率的重要性，不言而喻！

现在有很多美工外包公司，甚至出现了在线美工的服务平台。现在市面上稍微懂一点 PS 和排版的就算是美工了，但如果只懂这个，只能说是具备了做美工的基本条件：

（1）排版上没有逻辑错误，图片具备视觉冲击力，能够很好地体现卖点；

（2）颜色搭配和元素搭配合理，同时产品没有肉眼可见的色差；

（3）文字排版上没有错别字，图文搭配合理；

（4）懂平台的展现规则，不触犯平台禁忌。

但这远不是一个合格的美工，绝大部分电商都想要随时推陈出新，随时随地地做好视觉，做好销售转化，就必须拥有合格的优秀美工，好美工似乎有一些标准。

一、好美工，应该是有思想，有一定人文素养，爱知求真

一个美工对软件的熟悉，其实只要魔鬼式的一周反复训练 PS 上面的工具，再搭配一定的排版技巧，就能很容易做出一张图。但是一旦没有自己的想法，就很难做得好，就更难以做出有一定思想和灵魂的作品。视觉呈现往往给人传递的是一种思想，就像一个摄影师懂很多拍照技术，但是没有在图片上搭配几行文字，或者给这张照片取一个不一样的名字，拍出来的照片难

以震撼人心。

美工在软件知识过关后，要更多关注软件以外的天地。会 PS 的很多，真正能做设计的很少。因为这才是美工与美工之间最大的差别。技术是招式，而知识涵养却是内功。如果一个美工从来没有认认真真看过几场电影，研究过几款电影海报，或者看过几本时尚杂志，读过几本人文社科图书，听过几场演讲，去过几个高端的商场驻足研究，去异地旅行看过人文自然美景。这个美工一定是会被淘汰的美工，因为美工最基本的就是爱生活，只有爱生活的人才能传递出对生活和爱的情绪，做出来的东西才有灵魂！

每个电商都主要是靠视觉跟消费者沟通。好的设计师会思考：如何通过视觉让客户觉得物超所值？如何让我们的点击率和浏览深度都高于同行？如何通过店铺数据去改善自己的视觉？如何让更多的人静默下单，而且转化率还很高？

其实在行走江湖的武林人士中，往往不是那些武功最高强或者拥有很多暗器秘籍的人会成为受人敬仰的高手，而是德才兼备的人。美工也是一样，很多美工觉得自己只需要软件知识丰富，再懂得一定的设计技巧，就能成为一个好的美工，好的设计师。

二、好美工，应该是有极强的模仿能力和学习能力的人

我们小时候都练过字，也买过字帖。其实中国几千年来的书法、绘画、雕刻，都是从模仿开始的。好的美工一定模仿过大量的优秀作品，模仿过电影海报，模仿过知名设计师的作品。

其实，美工最需要学的是：模仿。在模仿中起步，在起步后发展，在发展中微创新。美国广告之父奥格威曾说过：“去找全世界最好的创意，把它偷过来。”

一个人的成长过程，也是不断地模仿的过程，只不过一开始是全盘模仿，然后是把几个相关的东西各模仿一部分，最后的原创其实也是有一定的参照物，还是模仿。好美工做的是排列组合，一个不加强学习，不持续模仿好作

品的美工，是会被淘汰的美工！

三、好美工，应该是不断研究消费者，懂一定运营知识的企划

当市场上饱和的美工人才越来越多，就会出现人手过剩的情况，只有那些有思想，有知识的美工，才有出路。这样的美工可以叫作“企划型设计师”或“营销型设计师”，他们就是公司的特种兵，是走在最前沿的视觉战士！

好美工做出来的视觉，不是为了取悦老板，也不是为了炫耀自己的技术，而是做出能“说清、说服、说动”消费者的作品！让消费者看懂，再让消费者产生共鸣，进而为此埋单。所以每一个好美工心里，其实应该住着一个运营！如果一个美工连后台基本的数据都不会查看，连顾客的心理需求都不会去分析，这样的美工一定会被淘汰。

我理想中的“企划型设计师”需要了解行业规则，熟悉商业运作规则，了解大众消费心理学，深谙所在公司企业文化。对广告传播活动的运筹规划，是在充分获取市场信息的前提下，预测市场的发展规律，在符合广告主营销策略的基础上，根据消费者需求制定海报，为追求最优化的广告效果而认真琢磨。

四、好美工，技术上一专多能，是会使用较多武器的特种兵

特种兵和普通兵的区别，就是特种兵各方面技能都相对全面，并且有自己非常独到的一项本领。而一个普通的美工只会 PS 和美图秀秀，一个好一点的美工会 PS 和 AI，再好一点的美工还会 Autocad 和 Flash、DW……当然，好美工一定是在某一个软件上有一定的突破之后，再去涉猎另外一个软件，更容易取得成功，比如 2015 大爆发的“H5 营销”，这便是一个风口，如果美工能跟上潮流，及时学习，并结合自己企业的宣传推广，也就能够助力企业发展。

软件的原理和审美的，区别只是使用方法上的差异性！就像会开轿车的人，也一定能启动大巴，只不过是开得快慢好坏的问题！特别要提示的是：

美工一定要有一定的美术技术和设计基础。尤其是服装类目的美工，如果已经入门但是遇到瓶颈的美工，不妨去学一学画画。如果书法能够出彩，就更好了！

在中小企业，本身就要求一个岗位的员工，能做多个岗位的工作，无法工业化流程到一个人只修图，或者只负责上新。所以更需要每个岗位的人，都尽量成为特种兵。成为特种兵的美工，不仅仅是为公司节省成本提升效率，也是为自己镀金。

第二节　如何做一张点击率飙升的推广图

“一张好的推广图对于一个车手来说简直就比媳妇还重要。”这并不是一句玩笑话，因为一张好的推广图是点击率的保障，在前期的直通车推广过程中，几乎所有的工作都是围绕点击率来进行的，如果点击率不高，那么质量分、PPC（按效果付费）都无从谈起。

接下来，笔者就从 4 个方面来详细阐述如何做一张点击率飙升的推广图。

（1）推广图是什么；

（2）一张推广图应该包含什么样的卖点；

（3）怎么单独设计无线端推广图；

（4）当大家都在同质化时，如何创新。

一、推广图是什么

如果说详情页是一个销售人员，那么推广图就应该是销售人员拿在手里的宣传标识，它需要将销售的精华全都浓缩在一张图片上，并且精心雕琢。消费者一看这张图就能清晰地知道，这个商品是什么，有什么功能，对自己有什么帮助，和同类商品相比它的优势在哪里。

二、一张推广图应该包含什么样的卖点

为了让内容更具可操作性，下面笔者将结合具体实例进行讲解：

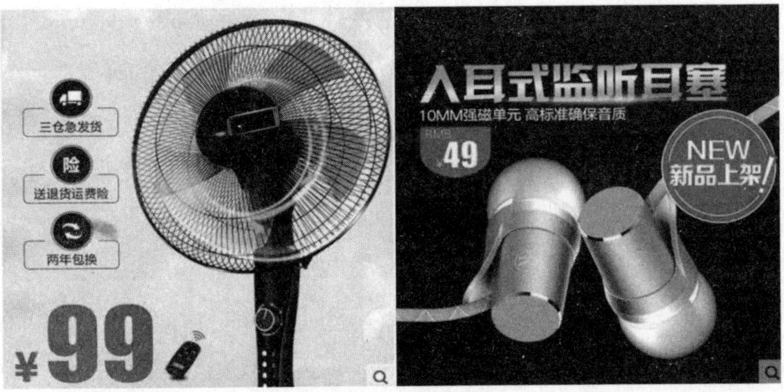

仔细看上面这两张图，如果只靠直觉很难判断出到底哪张图要好一些。但实际情况是右边这张推广图的点击率要高于行业标准的3倍。

两张图都很有卖点，那为什么会出现这样的情况？的确，两张图片都很有卖点，但是差异就在于卖点的多与少。左边这张图片的卖点实在太多，反而过于混乱，无法让买家能够一目了然地知道这件商品最大的特点是什么，而右边这张图片虽然卖点单一，但很清晰，买家一看就知道这件商品最大的特点。

三、怎么单独设计无线端推广图

无线端直通车是2016年淘宝重点扶持的方向，并且因为无线端直通车PPC远远低于PC端，因此很受卖家们的欢迎，但是无线端的直通车推广图并不是直接把PC端的推广图缩小就可以的，无线端因为手机屏幕小，分辨率低，因此很多在PC端看起来很好的图片放在无线端反而效果很差，那么应该如何设计无线端推广图呢？

将推广图做成详情页是很好的一种创新形式，因为手机端屏幕小的原因，所以很多买家通常都懒得去看产品详情页，大多数是在手机上搜索商品，看到哪张图片做得漂亮，就点击进去，要是感觉差不多就直接付款了。在这种情况下，如果能够将详情页搬到推广图上，那么无论是点击率还是转化率都能翻几番。

所以，卖家一定要注意的是：第一，图片上产品很清晰；第二，卖点突出。

当同行的商品在手机端因为不清晰而白白丧失点击率的时候，如果你能换上这么一张推广图，那么无线端点击率肯定飙升，下面用数据说话：

第三节　如何规划构建 CRM 体系

在文章开篇之前，我想先请问大家几个问题。

（1）店铺现在每年销售额能做到多少？

（2）要完成销售额，就要引入新流量，但新流量的引入成本是否越来越高？

（3）最近一年，客户流失率是不是越来越大？我们忠实的老顾客比例还能占到多少？

（4）最近一年，我们店铺回购率能做到多少？

（5）面对激烈的市场竞争，店铺是在艰难维持，还是在稳定增长？

大家在看到这几个问题的时候，心里的答案各是什么呢？是否会勾起心中的一丝共鸣呢？纵观各种行业，民以食为天，我在食品行业 TOP 商家操盘多年，每年打造上亿的销售额，店铺目前回购率大概 42%~50%，但是，我们还在努力，因为市场竞争越来越激烈，所以规划构建我们自己的 CRM 体系，迫在眉睫。

一、CRM 是什么

CRM 是以“客户为中心”，产品为基石，品牌运营为主线，结合客户管理、营销、服务为一体的客户关系管理系统。通过不断了解消费者需求，并对自身产品和服务进行改进，从而不断匹配和满足顾客需求。它是涉及公司多个部门资源协作，做好客户分层，做到精细化营销，触动自动回流的运营体系。

二、为什么我们需要做 CRM

随着电商环境竞争加剧，新流量获取成本不断提高，市场已经逐渐从卖货模式转变成品牌趋势，迫切需要对店铺的客户进行综合管理，不管是粗放式的扩张路线，还是精细化的运营模式，你都离不开客户。留住顾客，把客户集中起来综合管理，转变成粉丝，所谓粉丝经济。粉丝积累多了，也就成了品牌，这就需要做 CRM。

三、CRM 的一些误区

CRM 就是发短信，发邮件营销？ CRM 就是老顾客营销，以短期 ROI 来评判营销成败？ CRM 只是运营或者 CRM 专员的工作？ CRM 只有活动的时候才做做，缺乏长期规划？

四、如何做好 CRM

完善店铺服务体系→合理设计营销活动→构建店铺会员体系。构建一个完善的 CRM 服务体系，让所有在你店铺消费的客户对你产生“好感”，留下印象，并产生下一次购买的欲望。所以，首先我们自己要意识到服务的重要性，然后再在各个与客户的触点以及细节上，努力做到更好。你的用心，顾客其实是能正面感受到的，把顾客当作朋友，才能以真心换“真金”。在服务好的基础上，定向细分你的顾客群体，针对性地合理设计营销活动，构建稳定的店铺会员体系，这样你才能真正地做好。

CRM 体系，扩大你的品牌影响力。构建一个好的服务体验，才能打动客户的心，我们才能进一步把客户转变成我们的粉丝。我从事食品行业多年，所以下面我将以快消品——食品行业为例，详细说明如何打造一个好的 CRM 服务体验。

下面的具体流程主要针对食品行业，但是中间很多思路和过程其他行业也可以作为参考，并根据自身特点灵活运用。

以下是具体流程思维导图：

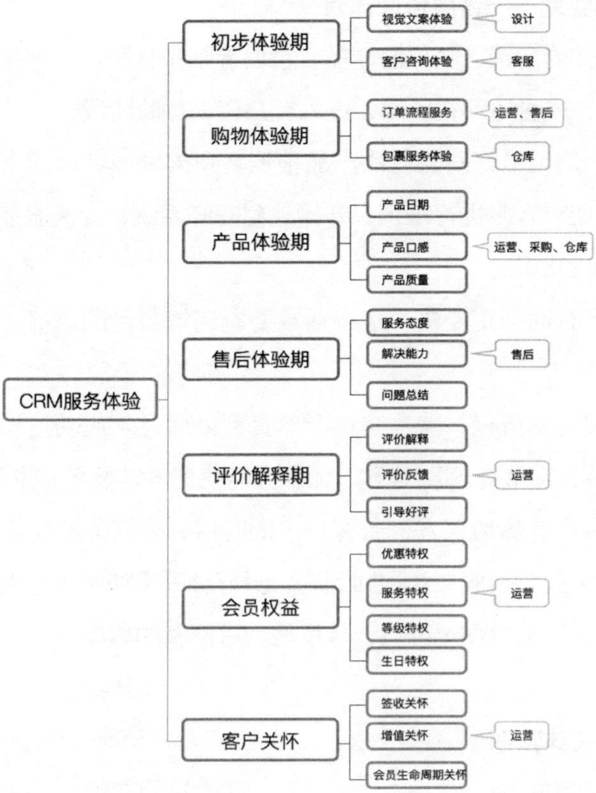

五、具体流程梳理

（一）初步体验期

1. 初步体验期——视觉文案体验

客户从平台进入你的店铺，计入初步体验期，这是店铺跟顾客的第一个触点，做好下面几点，会给顾客留下一个较好的初步印象。

（1）页面设计风格，页面本身质量（图片质量，错别字等）。

（2）文案图片与产品的契合度，描述是否相符。对于食品来说，特别是产品尺寸，如果实物与图片差异较大，最好添加参照物，或者在前面文字添加说明尺寸等。物流、保质期，以及一些特殊信息提示规范度，比如临期产品或者短保产品日期提示等。

2. 初步体验期——客服咨询体验

客户进入你的店铺，从你的产品、页面等初步体验后，产生购买欲望，从而静默下单，或者还存在疑问，进入客户咨询体验阶段。

（1）每个店铺最好对自己的产品根据客户需求或者疑问点总结整理一套知识库，定期对客服进行培训，并接入到旺旺系统，让客服能够更快、更方便地获取产品知识。

（2）响应时间一定要快，接待话术要有店铺自己的风格，让客户感觉与众不同。

（3）所谓交易流程，就是客户下单直到最后付款成功过程中所遇到的一切问题，比如设置的包邮、换购、优惠券的使用等以及各种意外情况处理。

（4）新客户要热情大方，老客户来的时候，要区分对待，比如接待语可以从“欢迎来到”换成“欢迎回到”，最好称呼上能加上老客户对应的会员等级，让老客户觉得你记得他、尊重他，有回家的感觉。

（二）购物体验期

1. 购物体验前

订单流程服务中，客户对你的产品有比较好的初步购物体验，产生了购买欲望，接下来就进入购物体验期。

（1）订单短信催付，订单催付分日常催付和大促催付。短信催付最好一个月左右更换一次文案，更能吸引顾客眼球。催付时间先分析店铺流程能力，付款周期分析，排除自然付款率，新顾客的催付时间一般短一些，老顾客时间上可适当延长一点。

（2）发货提醒。发货提醒以告知顾客发货为主，结合店铺文化，可适当添加客户较为关心的问题，比如物流时间，注意要点等，提升客户体验。

（3）物流服务。主要集中在发货时长，快递运输时长，以及异常物流主动跟踪，这里要提高仓库的发货能力，优化发货流程，并挑选好的快递公司合作。对于长时间未签收的异常物流件，我们要主动跟踪，因为异常物流导致的不好的购物体验，会让买家直接送你一个大大的差评。

2. 购物体验后

包裹服务体验在经过订单流程体验之后，从客户收到货开始，就进入包裹服务体验。这时候呈现给顾客的感觉，首先就是你的包裹箱外观，然后迫不及待地打开包裹，开箱体验。这里除了思维导图里要注意的几点之外，包裹体验还可以添加品牌触点因素以及品牌印记，加深客户对品牌的印象。

（三）产品体验期

1. 产品体验期——产品日期

对于食品行业来说，产品日期一直是客户最关心的话题，同时也是对于卖家来说，最难控制的问题，特别是 SKU 众多的店铺。那么我们如何来控制产品日期问题呢？

（1）保证仓库按照产品保质日期，先进先出。优化仓库货品入库→出货流程，不同日期批次的货物在整仓设置标记，不同位置存放，零仓商品缺货时，整仓按照先进来的货先出，保证日期久的产品先发货。

（2）滞销商品处理流程。滞销商品一般是由于商品销量下滑，或者活动库存积压导致，往往这些商品是导致店铺批量日期问题的重要原因，所以我们每月应该及时跟踪滞销商品，跟踪库存与保质期情况，提前及时处理，不要等到商品快到保质期才赶紧销货。

对于食品行业一直有句话叫作，决定价格的往往不是成本，而是日期和库存。

所以我们要及时制定在架商品日期、销量、库存数据表格，有效期按照从近到远排序，根据时间最紧急库存最多的顺序进行处理。

滞销商品日期——库存跟踪表格：

商品编码	品名	库位	链接	生产日期	保质期	有效日期	过半日期	月销量	库存	6月

（3）临期产品紧急处理。如果滞销商品未能及时处理，或者仓库未能

先进先出，就会导致临期产品的出现。这个时候，我们就要想尽一切办法，比如价格的诱惑，流量的曝光，在最短的时间内把货出完，当然我们也要在页面做好相关日期和降价的提醒，不然就容易导致中差评哦！总之，我们在保证了仓库商品先进先出的基础上，做好滞销商品处理流程，这样就能有效地解决产品日期问题。你的食品日期新鲜，就是挽留客户的最大理由。

2. 产品口感

产品口感容易因人而异，可在详情页添加美食真实点评，针对出现频率较高的口感问题，添加说明，如果产品口感问题分歧过大，那后期可对产品做优胜劣汰。

3. 产品质量

产品质量把控一定要严格，产品入库及时检查，发现问题商品及时处理，切忌把有质量问题的商品发到客户手上，否则损失的不只是产品，更重要的是店铺的信誉。

（四）售后体验期

其实对于售后体验来说，一般找到售后的，都说明客户在前面流程体验中，有疑问或者不好的体验，这个时候，我们需要做到的是，先倾听顾客的问题，并及时查询分析原因，找到对应的解决方案。

我们要的不是跟顾客争辩输赢，有时赢了道理，可能输掉的就是客户，何必呢？

所以，这里应对问题的处理时间和方法就尤为重要，结果要让双方都能满意。 问题解决后，我们售后这边还要定期总结各项问题并及时反馈，内部改进，以防下次发生。

（五）评价管理期

进入评价期，一般是客户已经对店铺基本服务流程体验过一遍了，这个时候反馈的评价内容，就是体验后的结果，所以我们要尤为重视。

1. 评价管理期——评价解释

评价解释，根据各自店铺具体规模而定，如果规模较大的店铺，建议针对爆款，以及主推产品，做好评价解释。解释内容不要一味地替自己辩护，现在很多东西，客户心里都明白，要针对具体问题，做出澄清或者敢于承认，并及时纠正。

2. 评价管理期——评价反馈

跟售后问题总结一样，把评价中的问题和售后问题综合起来，具体核实，定期制定店铺中差评明细表格，并做好分类，发现店铺目前所存在的问题，并持续跟踪以及优化进展。及时解决内部问题。注意，重要的话说 3 遍，从源头，从源头，从源头上减少中差评。

3. 评价管理期——引导好评

现在很多店铺都是针对所有客户直接 5 分好评返现或者在包裹里面批量定制宣传页，引导好评。其实，我不建议大家广泛撒网，我更推崇的是针对一些主推商品，定向筛选一些活跃顾客，对店铺有好感的顾客，加大奖品力度，同时配合微淘、微信等 SNS 手段，有主题、有内容地策划引导好评晒图活动，这样产生的效果会更好。

当然，引导好评只起辅助作用，从根本上了解顾客需求，做到超预期的购物体验，这才是引发顾客自主好评的最根本的方法。

（六）会员权益

会员特权是会员制的灵魂，它是直接吸引会员晋升的决定性因素。对于会员来说，有 2~3 个特权独具吸引力即可，所以合理设置不同等级之间的会员特权，才能吸引会员成为店铺忠实客户。

1. 会员权益——优惠特权

（1）会员日。给会员至少每个月都来店铺逛逛的理由，每月会员日，有规划，有节奏，每月固定 1~3 天，享有会员专属红包，产品优惠，促销和趣味相得益彰。

（2）价格差异化。不同会员等级，设置专属价格优惠，这个视店铺具体情况而定，比较适合高利润行业，如果薄利多销型快消品行业，可把价格差异更改为会员积分，通过积分形式给予会员优惠。

2. 会员权益——服务特权

服务特权就是要给顾客感受作为会员服务的差异化，可以从直达绿色通道、专属服务保障，以及活动提前通知等入手，要的就是让会员感受到与众不同的尊享和待遇。

3. 会员权益——等级特权

首先，我们要有属于自己店铺的专属会员昵称，产生品牌识别，给一个特定的封号，让会员听到这个名字就能对号入座。

其次，我们可以在会员积分上面拉开差异化，等级越高，享有的积分特权就越高。拥有的积分可以兑换现金券以及品牌专属定制礼品。

对于食品行业来说，针对高等级优质会员，还可以定期开展新品试吃活动以及专属惊喜送达。不过，这些都需要统一，规范化的策划、加深高等级会员好感度。

4. 会员权益——生日特权

对于客户来说，谁会记得他的生日？亲人抑或朋友？所以，我们要长久地跟顾客保持联系，也要像他的亲人和朋友一样，记住他的生日，并送上专属的祝福和礼物。同时赠送生日红包，给客户一个福利，同时也增加一次客户来店购物的机会。

（七）客户关怀

随着客户的购物需求越来越高，店铺要做的不单单是满足产品和价格之间的差异，更要做好客户关怀，有时情感营销反而是一个“亮点”，所以在合适的时间，给予合适的关怀往往会加深客户对你的“好感度”。

1. 客户关怀——签收关怀

（1）提示性关怀。重要产品或者信息提示性关怀，比如产品日期、产品特点、使用说明等，避免顾客盲目差评。

（2）互动性关怀。偏重于提升客户和店铺之间的互动性，引导关注触点，引导5分好评，或者关注微淘、微信、会员群等。

2. 客户关怀——增值关怀

增值关怀，主要是针对一些社会时事变化，比如天灾人祸、高温降雨天气等。同时也可根据传统节日，编辑一些趣味性文案，触发问候性关怀。

3. 客户关怀——场景化关怀

场景化关怀，就是场景触达时产生的关怀，比如会员升级时，发送会员账单，触发的提醒关怀，可以是趣味性文案，恭喜会员升级，并告知会员等级优惠等信息。

针对活动大促导致的打包问题，或者物流时效问题，也可以主动致歉进行收货关怀，降低客户愤怒值，减少售后处理。

4. 客户关怀——会员生命周期关怀

针对会员生命周期，是最好的关怀 + 营销的切入点，结合产品生命周期，对客户触发关怀，并根据需求进行营销活动设计。

（1）新顾客——近期购买过1次的客户。对于新顾客而言，最重要的是做好第一次购物服务体验，包括客户服务、发货流程、包裹体验、售后服务等，以上流程全部优化到位，就能让新顾客对你产生好感，这直接关系到新顾客的口碑宣传和回购，对于快消品行业，尤为重要。

新客户，主要策划客户关怀 + 营销活动流程，促进1转2，减少流失。

0~5天 关怀为主。

5~30天 关怀 + 关联推荐 + 日常活动推荐。

30~45天 满月礼，活动优惠刺激。

（2）老顾客——购买大于或等于2次以上的顾客。对于老顾客而言，已经进行了回购，相比新顾客，他们对店铺有更深一步的好感，流失的概率也会相对小一些，这个时候，我们要让老顾客感受到与新顾客的不同，不管是服务还是会员特权上，都要体现出差异化，才能让他们感觉到与众不同，增强对店铺的忠诚度。在营销活动策划上，要做好互动，专属惊喜。促进 2 转 3，4，5……

（3）高挽留预流失顾客——45 天 < 最后一次付款时间 <90 天。对于快消品行业，最后一次付款时间在 45 到 90 天之间，其他不同行业根据各自店铺的客户生命周期作参考。

对于这部分预流失顾客，挽留的概率还是比较高的，这部分顾客在第一次购物体验中没有明显的好感，那我们要想的办法就是增强他们的好感，或者优惠活动刺激。对于客户基数较大的店铺，至少要定向筛选高质量顾客，进行挽留，活动力度要增强。

（4）低挽留预流失顾客—— 90 天 < 来店时间 <180 天。针对这部分顾客。他们可能已经渐渐失去了对你店铺的印象，对于他们而言，最好的挽留方式，就是进行大促型活动刺激，力度一定要最大，才可能被唤醒，不过在刺激之前，一定要先对他们进行主题性关怀，唤起你的店铺在他们心中的印象，再配合活动刺激，效果会更好，你想想？一个你都不曾记起的店铺，突然发来一条活动刺激短信，你会在意吗？

六、CRM 体系的完善

1 .CRM 服务体系

上述文章主要是针对 CRM 服务体系，打造的 CRM 服务流程，因为你要让顾客喜欢你，首先要让他们对你产生“好感”，那就是这一整套的服务流程体验，只有这一个流程做好了，以后对顾客的营销活动设计，以及持续的会员体系完善，才能起到事半功倍的效果。

做好购物体验，这样才能真正地留住你的老顾客，并稳定增长。一个销售额再高的店铺，如果没有强大的老顾客支撑，它也会成为一个空壳，这就是为什么这么多年来，每年都会有很多高销售的店铺突然消失的道理。

2. CRM 营销体系

在做好服务体验的基础上，对客户精准细分，有针对性地设计营销活动，如批量营销 10000 个人，最后响应的只有 50 个人，还不如定向筛选，营销 1000 个人，最后响应 100 个人来得实在。除了投入产出比之外，最重要的是，不要把顾客不喜欢的东西硬推销给他们，这样反而带来不好的体验。

营销活动设计流程：

确定营销活动主题→根据主题定位目标客户→客户细化，筛选目标群体→根据主题设计营销活动→控制邮件和短信发送节奏，做好预热→活动效果查看并总结。CRM 营销体系是 CRM 服务体系的延续，同时涉及一整套的流程，在此就不再做详细描述，以后有机会再来跟大家分享。

3. CRM 会员体系

如果说好的服务可以抓住客户的“好感”，让他们记住你，好的营销就是让客户为你的服务再次埋单。那么一个好的会员体系就是巩固这两者，并稳定持续地积累粉丝，增强品牌力的主要方式。一个店铺做得好，值得夸赞，但是一个店铺能够稳定持续地做得好，并适合于任何竞争环境，也能屹立不倒，这才是真正地做得好，这才是我们所有企业应该持续研究的主题。写了这么多，也是我这几年的经验所总结出来的，希望看了这篇文章的朋友，可以先看看自己的店铺目前还处于哪个阶段？是已经拥有完善的服务体系以及营销体系，并建立了稳定的会员体系，还是只做了其中的一部分？现阶段的效果怎么样，还有没有可优化的环节？

第四节　双十一过后的售后服务应该怎么稳妥处理

双十一，买家的狂欢节，卖家的战斗日。平台流量、成交量都是平时的N倍，这个时候，才是真正考验客服功力的时候，即使熟练掌握了上一个小节中所涉及的内容，还得在“非常时期”，运用“非常手段”。这一节里，笔者挑选了大促过后，客服普遍会遇到的十大问题，并详细给出了应对建议。一起看看双十一过后的售后服务到底应该怎么稳妥处理？

1. 快递问题有何对策？

意见1：快递的问题，买家在双十一时已经有了一定的心理准备的，作为商家要做的就是第一时间回复，切记是第一时间回复，不管是什么样的回复，切记快递他可以等，但我们的回复不能等。回复的内容要请有经验的客服总结解释方法和回复顺序。

意见2：对于催发货的处理建议抓取以下三点：A. 买家为什么催；B. 为什么发不了货，或者发货后为什么没物流；C. 为什么发货了，这么久还未收到包裹。作为买家，一般非预售款，当天订单隔天发货基本是普通买家的底线了，而对于累死双十一这样的大促，3天不发货都是很正常的事情，这个时候就触动了此类买家的底线了，此处就引入第二和第三个问题的解答，常态下是不存在发不了货的主观原因的，一般是未扫描快递单，或扫描订单后未见物流更新，我们需要向买家阐明两个思想：其一，能正常发货，或包裹已发，请买家不要担心无货情况；其二，发货之后为什么物流不更新或者长时间未收到，请耐心地向买家解释此次大促对全国物流造成的空前的运输压力。一般以上两点跟买家解释后，大部分买家都能理解。

2. 对于各种问题订单，处理方式是怎么样的？

意见 1：首先，问题订单是指什么？问题在哪里？从源头解决。订单唯一的问题可能是会遇到不在区域销售范围之内，但是客服在买家拍下之前都会与买家确认订单地区、地源等问题。这些都是前期运营要考虑的范围。

意见 2：出公告通知，并罗列问题，做成快捷回复。具体可以参考“聚划算”的自助购物步骤。

3. 一件非包邮产品由于客人砍价砍了半天，谈成包邮。而后来买家拍错，没法包邮。退货后买家又说卖家是包邮的，自己不肯出来回运费。这问题怎么解决？

意见：砍价的客人有两种，一种是讲道理的，另一种是不讲道理的。对于第一种可以试着说服他承担来回运费，承诺下次购物将给以最大优惠或是应诺给出双十一的优惠。而对于后一种不讲道理的顾客，客服只能退一步让他在来回两次运费中选择承担其一。

4. 超卖之后，怎么处理？如何跟客户解释？

意见 1：超卖天猫当时有发通知，是系统崩溃造成的，可以申请退款，或是延长发货时间，给一定的赠品补偿。一般官方的错，买家都会接受。

意见 2：采用淘宝官方解释：当宝贝库存接近 0 时，如果多个买家付款购买此宝贝，将会出现“超卖缺货”现象。责任不在买卖双方，卖家不需要承担赔偿责任。解决方式就是：安抚客人情绪，有货发货，无货退款！

5. 大促过后，客服如何应对促销价取消后导致成交率降低的窘况？

意见：先要从运营出发，告知顾客大促后价格没有急剧上升。只是做了微微的调整，并给顾客推荐优势产品，这样店铺的销售不会猛地下滑，甚至能抓住一部分回头客。

6. 大促之后，销量暴涨，投诉也是平时的几倍，客服的应急方案怎么制订?

意见：在双十一来临之前就要准备好可行方案，当问题发生时才不至于慌乱。首先，客服要做的是与厂家做好沟通，保证发货、换货、退货都有合理的处理方案。其次，客服要做好信息及时地传达，并适时更新，适当地放宽一点权限。

7. 大促过后，若是卖家顾客基数非常庞大，客服在面临以下三大问题时，会相当疲劳：A. 价格提升问题；B. 催发货问题；C. 售后退货退款问题。那么，平时卖家该如何对客服做心理素质培训？万一客服压抑不住情绪，激怒买家，有何解决良策?

意见 1：这要从平时做起，首先要让他们知道这次活动的目标，然后根据这个目标自己给自己定制合理的方向，做适当的调整。千万不要外界来压制客服，最好是能让他们自己去突破。

意见 2：泄压，一定要在一段时间里找到合适的机会让客服泄压自己的情绪。另外，给客服一个扮演不同角色的认知——“上班是客服不是自己，甚至不是人”，为客服提供榜样。如果客服激怒了顾客，上司甚至 BOSS 要出面道歉，并给予一定的补偿，切记不要轻易责罚客服。

8. 平台客服人员较少，培训要如何安排?

意见 1：在人员较少的情况下，建立考核制度的意义并不是很大，如果是10个人以下的小团队，不建议引入KPI。这个时候要做出适当的关怀和培训。

意见 2：可以尝试客服轮岗制，在没有找到专职售后之前，轮岗制比较合适；同时，适当引入奖励机制，对于中差评处理得当的员工可以适当奖励，当然奖惩必须同时存在。另外，还要注意从潜移默化中培养他们的责任感。

9. 每次双十一都会暴露出很多问题，应该给客服提供哪些方面的培训才能让他们自如应对？

意见1：类似双十一这样的大促，需要着重培训的不是客服的接待功底，而是抗压能力和自我调节的能力。因为，高强度、高密集、长时间地接单，客服的心态如果不能得到及时的调节，那么对前端销售的影响将是非常巨大的。

意见2：大促之后是淘宝投诉维权事件的爆发期，建议在培训的时候侧重以下几种售后服务：虚假发货，延迟发货，违背承诺，未收到货，消费者保障服务，七天无理由退换货。

10. 双十一期间，对客服需要严格管理吗？如果过于严格会不会影响客服心态？

意见：“养兵千日，用兵一时”，这个观点对客服是不适用的，因为对客服的严格管理不仅仅体现在活动期间，而是要贯穿工作始终。至于“是否过于严格”这个问题非常难回答，对事不对人，人前表扬人后建议，做到人性化管理。

第五节　从社交趣味玩微信 CRM

记得有人跟我说过一个故事：

一个海域里全部是三文鱼，起初只有一个非洲的渔民发现，他发现了这个金库，他很高兴地告诉了其他渔民。于是 1 个月后全球的渔民都来这个海域捕捉三文鱼了。大家都知道非洲的渔民其实很穷的，他们只是靠着渔网这些原始工具来捕鱼，所以一个月之后其他地方的渔民带来各种各样先进的捕鱼设施，一下子就捕完了。渔夫没有那么先进的捕鱼设施，到最后只能看着一片三文鱼海被别人转移。

这个故事告诉了我们两个道理：

第一，如果当初渔夫把三文鱼放进自己家的鱼塘里养，鱼生鱼，那渔夫是不是后半生都有数不尽的三文鱼塘了。

第二，上面的故事提示了我们一个比较重要的信息，“他很高兴地告诉了其他渔民，然后一个月全球的渔民就来这片海域捕捉三文鱼了”这段话讲述了现代社会现在存在的一种传播——“口碑传播”。为什么口碑传播是很重要的呢？拿我们电商界的培训来说吧！电商界的培训有很多，文案更是写得天花乱坠，现在假设你有培训的需求，那你愿意去你朋友介绍的培训机构还是自己百度一下呢？我相信大多数人都会选择去朋友认可的那个吧（就像我选择淘宝 SEO 学习的时候，我选择了元芳前辈）。

再跟你们唠唠嗑，大家都知道买空调要买格力的！但是格力以前的广告我们都知道是成龙代言的！一个明星代言多个广告现在看来实际上是在减少明星自身的产品信任度，在这个时候董明珠（格力空调董事长）站了出来！自己代言自己的品牌，创造品牌人性度的标签，我们都知道“董明珠的十亿豪赌”。然而就是这个豪赌使自己成为格力品牌的代言人，创造了不错的曝光条件。所以当一些大品牌在做一些事情的时候，小品牌应该看清楚这件事背后的本质。个人品牌化并不是董明珠想出来的，还记得过去几年，苹果手机的 CEO 乔布斯早就在苹果这个品牌中植入了个人，直到今天如果问提起苹果你会想起谁，很多人的回答依旧是乔布斯，这个就叫品牌识别度！一种基于人的品牌认知。

大家可能不知道这个和我们接下来讲的内容有什么联系，那我们接下来继续看！

长期以来，对老顾客的维护，据我所知还是有很多商家没做，天天刷单就是不维护老顾客！大家也知道刷单这件事自从淘宝搜索机制的不断更新，刷单的效果正在逐渐减弱。那我们接下来应该怎么做呢？核心其实就在老顾客这一块！因为我们如果是利用老顾客来刷单，这是永久安全的!

OK，我们来解剖下老顾客的作用以及我们平时认识老顾客的误区。

老顾客有什么作用?

复购（这个是 99% 的商家最在意的点）

选款（依靠商品的本质进行快速选款以及螺旋）

转发（信任分享，我们一定要明白物以类聚，人以群分的概念）

交朋友（很多人不相信这一点，但是作为一个 95 后我做到了）

很多商家对老顾客的误区我总结后最多出现的有这两个。

我是卖无复购率的产品，我不需要老顾客?（很多商家是不是这样想的）

我们虽然现在可能卖的是无复购的商品，但是我们毕竟是商人，那这时候我们留着顾客有什么用呢？我们要明白一个道理就是我们卖的无复购产品并不是产品，而是一种买家对商家诚信的认知，如果你确定你卖的是好的东西给买家，那我们的买家能不能等到我哪天卖别的东西的时候，那时候他如果需要这个东西肯定会义无反顾地买了，因为那时候他对我们已经有了信任认知。再者，无复购或者弱复购的老顾客能不能做信任分享，引导他人进行认知呢？

顾客永远是顾客，成不了朋友？

对于我而言，顾客亦是朋友。主要看商家敢不敢想？有些商家说，我们又没见过面，顾客怎么能成为朋友呢？那我问你：新闻上现在几乎每天都在报道网恋 19 岁美少女，实为 50 岁大妈，男子被骗 3 万元。你觉得那个大妈是怎么骗那个男人的呢？难道他们真的见面了吗？如果没有见面那是怎么得手的呢？（当然我不是要你们去骗人，我只希望你们知道在这个世界上，别人已经给出你案例，你敢不敢做，这在于你。）大家可以好好思考下！

今天我们拿社交软件中的微信来举例，我们先来谈谈微信的定位！

一、关于名字

那名字我们怎么起呢？尽量你和你熟知的语言、类目、店铺故事相结合。比如：做燕窝的可以叫“卖燕窝的容嬷嬷”，之前我做的一个男装的项目也是我们接下来主要做的案例分析，微信名字叫“琳达陛下”。我建议名字尽量用一些二等称谓，增强记忆性！比如“卖燕窝的容嬷嬷”，很多人都知道容嬷嬷，但是不知道容嬷嬷竟然也卖燕窝。所以把这两个一联系很容易产生意识连接！这样就很容易让人记住了！

二、关于称谓

其实，关于这点很多商家一直很迷茫，我们常说“顾客是上帝”，现在我们习惯用“亲”来称呼顾客了。但是“亲”在顾客的眼中不是亲密，而是疏远。这个是非常有必要说明的。我们只是想和顾客做个朋友，那有必要用“亲”吗？我们可不可以转化下称谓，加强顾客对我们的记忆点呢？比如后期直接叫名字，或者用一些有唯一性的称谓代替，让顾客知道你记得他。

三、关于人物性格

比如你是卖“男装”的，你的性格就可以比较女强人，为什么？这叫作颠覆，很多人都觉得男人喜欢小女人的女人，那是结婚对象。但是你们也许不知道男人更欣赏“女强人”的女人。当然这些是题外话。关于人物性格你可以是野蛮的、感性的、温柔的、霸道的。这个其实就是通过语句再次刺激用户的记忆点。

接下来其实是个很多商家不明白的一个问题，那就是怎么把人圈到微信号里面呢？

我们以前为了这个事情测试了两周，短信是比较差的，即时旺旺消息和售后电话的微信添加率是比较高的！我们今天主要是说即时旺旺消息添加和顺带说下包裹推送的小技巧！

往下看：

对于微信这一块让客服来负责我是不建议的，我建议商家专门招个人和客服部那边脱离一个人专门负责这个岗位，要记住一句话：专人做专事。不要不舍得，因为现在维护一个老顾客的成本比增加一个新顾客的成本要低很多，你可以拿出一半的增加新顾客成本的钱来维系和老顾客的关系。也许你会问我旺旺的聊天是随机的，未必会分配到微信专员那边的，怎么办？其实在我们做这个事情之前还要给客服部做一个培训，让客服意识到我们为什么做这个，然后也要给公司刚刚开始做这个项目的时候一些人才鼓励资金。这个鼓励资金是干嘛用的呢？因为从人性的角度去分析，客服会认为自己以前做客服只是做这些事情，而且已经理顺了。但是现在老板突然给加了一个额外的工作，这在他的意识里客服的工作里面原来都是没有这一项的。因此，这个事情客服那边起初是不重视的！中国人做事情最在意的是什么？就是钱，所以我们前期可以用钱的机制去帮助客服把推送微信这个事情很快地执行到工作之中。

钱的机制是怎么样的呢？

前期我们可以采用个人机制。比如加一个人微信我们提成 1 元钱。（具体的提成情况根据店铺的利润而定）。

后期我们可以当成客服团队绩效考核，帮助团队建立较好的互助性和向心力。

OK，那我们在聊天中如何引导顾客加我们的微信呢！

【错误案例】

很多商家都是等到客户购买之后然后丢一句话，就不管顾客有没有加你了，谁知道这时候有些顾客已经下线了，更重要的是，很多时候顾客会把它当成一种自动回复类型的快捷语，就算看到也置之不理。

【正确案例】

你和顾客在聊天的时候聊在兴头上，这时候你们的信任达到了最高峰。所以你这时候加顾客微信的成功率是最大的！这边有一个注意事项就是：不要用快捷语、不要用快捷语、不要用快捷语，重要的事情说三遍。

但是你们的顾客群体是女性的话成功率就比较高了，因为你们要明白女性的心理：求多不求大。所以如果你的产品是低客单价的，目标人群又是女性，那适当给点小恩小惠就搞定了。

例如：

加微信返现 5 元

加微信送什么东西

那如果是男性的话，我们如何把成功率最大化呢？男人的心理是求大不求多，玩游戏的时候我们就知道男生什么装备都需要顶级的，他们不像女人在乎多，他们只需要保证他的是最好的就 OK 了。以下给几个诱惑思路。

例如：

加微信升级本店最高 VIP

加微信送直接变成升级版

男人有一个特点，就是喜欢交朋友。特别是年轻的群体，这时候用我们的撒手锏就好了！

接下来我顺便带过一下，我们包裹推送微信怎么玩！

这个世界上太多码了，我建议既然商家选择了微信就没有必要用淘宝的码上淘作为推广了。因为有时候给顾客太多选择就意味着让顾客没有选择！

很多商家都是这样做包裹营销的，发一封信说扫一扫微信返现5元红包。但是我们在这个基础上优化了一下，扫描率更高了！想知道方法吗？其实很简单：你拿几张百元钞票去银行全部换成崭新的1元钱，把1元钱和你在包裹中的信放在一起，然后再发出去，成功率肯定更高。因为你已经给了顾客1元钱，顾客的前瞻意识中已经知道了你不会骗他，这时候你再告诉他扫描微信二维码可再得5元红包，那你说顾客会不会扫呢？

OK，看了上面的内容想必你对引导客户加微信有了新的认识！那我们继续！

圈起来的人我们怎么维护呢？

微信有一个功能叫作标签，把加进来的人备注上旺旺号（方便你随时查阅订单数据），备注下面有个标签，我分了三个档次：首次购买、购买过二次、购买三次及以上！这边我先讲下为什么我分的是这三个标签，而不是别的呢？

我们首次购买的顾客对我们的品牌认知是最低的，所以也是我们重点维护的顾客。

购买过二次的顾客，是已经认可了我们的产品，并且对我们有信任的顾客。

购买三次及以上的，是对我们品牌有强大认知感的老顾客了，所以不要担心他会逃。

我们微信那边的负责团队是这样操作的：

一个新顾客进入我的微信我最少和他聊10分钟（这其实就是像相亲时候的自我介绍一样），然后解决备注和标签这件事。

平时没加人的时候我们应该这样：按照标签的优先级先选择一部分的首次购买用户进行聊天，在他们的心中建立品牌认知。聊什么：闲聊，可以问问我们产品有哪里需要改进或者聊聊家常的就好！

朋友圈我们可以做些什么？

平时发朋友圈我们可以发什么内容呢？前面说到的微信定位，根据我们的定位可以选择摘录相应的内容。很多微商都是告诉我们天天发些正能量的。这是很坑爹的事情，为什么？正能量是可以有，但是天天正能量似乎是一件很坑爹的事情。接下来给你们看看负能量的力量。

这个是当初我们微信只有 120 人的时候，我们发了这条朋友圈，10 个小时，总共有 65 个人参加了互动。这个还是一个比较好的数据。

比如一位大美女，她的朋友圈全部是男性顾客，如果她发一条朋友圈说在夜晚心情很差，那男人照顾爱护小女人的天性是不是一下子爆发出来了。如果图片上加几个泪痕呢？

所以我们要明白不同性别，他们大致的敏感点是不同的。

接下来我们说说女性的敏感点是什么。

像我们之前卖男装的时候，买男装的女人的敏感点就是这个。一般为男人买男装的女人多数为女朋友和老婆，女人的天性就是八卦和小联盟捍卫自己的领域。如果你遇到这个问题了，恰好你们平时有联系，马上很多比你大几岁的女性朋友的母爱情节马上体现出来，都在骂这个男人（其实这招男女通杀）。

OK，上面这两招其实都利用了人性心理的一些东西。那我们不能每天都是这些东西啊，那我们应该怎么办？平时发发自己的自拍 + 几句符合你定位的话！一天的朋友圈量保持在 5 条左右，用户一般会看朋友圈的时间是什么时候？早上刚刚起来、上班挤地铁的时候、中午下班吃完饭后、下班挤地铁回家、晚上睡觉前。其实就这么几个时间段！

朋友圈选款我们怎么做？

大家都知道我们电商人一直在使用的是直通车选款和钻展选款，很多人是知道老顾客选款的，但是苦于没有自己的“鱼塘”一直无法实现！那我们现在有了该怎么做?

大家都知道一条朋友圈正常可以放 9 张图片，我们假如有 9 个款，我们可以对应每个款一个图片，每个图片给他们一个序号（例如 1~9，图片上面的数据一定要清晰，方便用户看到）。然后他们选，后来统计之后我们可以节约直通车选款的时间和成本，当然顾客基数越大，数据越准确的。如果数据比较小还是建议用小额的直通车测款方法再测试下哦。双重保证数据的稳定性。

怎么螺旋?

老顾客这方面我给大家一个思路，我们把已经测过款的顾客拉到一个统一的微信群，例如：我今天需要一单。我就在群里发红包，抢到金额最大的那个人，今天半价买走，我给他后期微信返现！就是这样的思路，微信是一个以“玩”为实际社交点的工具，看你们怎么玩起来！

我想发产品我应该怎么发?

我相信每个人的朋友圈都有一些微商是你们舍不得删的，那他们是怎么发产品的呢？是不是搭配很好的视觉，在你不需要产品的时候你能感觉到视觉和文案带给你的愉悦的心情，这样的产品营销在朋友圈才算是合格的！视觉 + 文案 = 不删你的顾客。

接下来我们说说关于微信可能会遇到的问题和解决方案。

微信一天只能主动加 30 个人，超过这个人数别人是收不到你的好友信息的！但是被加是可以无限的！一个新号被加得太多也会被封的，最好一个新号绑定好所有信息然后在微信的收益宝里面存入 100 块钱并且绑定银行卡，增加安全性。

如果你是一个大店，对外的时候可以直接使用 QQ 号，因为你 QQ 号满了 5000 人是可以解绑的，再重新绑定一个微信就好。但是小店是没有必要这么做的，建议直接用微信号对外！朋友圈的直接评论是可以被全部好友看到的，那我们能不能用这个方法说明自己很受欢迎呢！我们在做微信营销的时候我们至少提前 10 天开始，这 10 天不是用来加人，而是用来沉淀朋友圈，让后面加你的顾客误以为这是你常用的号！

第六节　客服沟通的重要性

这是一个“互联网＋”的年代，互联网改变了一代人的思维乃至颠覆了人们的生活方式。提到互联网不得不提及淘宝，淘宝将网络购物发展壮大同时也引出了一个新兴的行业——客服。那么什么是客服呢？百度上客服的概念是：客户服务（Customer Service），又称客服，是指一种以客户为导向的价值观，它整合及管理在预先设定的最优成本——服务组合中的客户界面的所有要素。广义而言，任何能提高客户满意度的工作内容都属于客户服务的工作范围。通俗说客服就是与客户交流的流程。那么沟通是客服服务的一个体现，做好沟通才是客服的根本。

在淘宝上如何做好客服呢？我们先了解一下淘宝的购物流程。淘宝的购物流程为：搜索→咨询→拍下→付款→发货→确认收货→评价→追加评价。

我们通过顾客的购物流程了解到，除了顾客进入到店铺之前使用搜索与客服无关，剩余的环节都是与客服相关的，是顾客与客服发生链接的部分。我来具体地解释一下：

（1）咨询：通常在咨询环节顾客进入到店铺开始带着疑问进行询问，客服要给予及时的积极的正确的回答，解释清楚顾客的疑惑，为成交下单做准备。

（2）拍下：顾客拍下产品是对产品的认可也是对客户服务的肯定，通常顾客在拍下的这个环节，一个优秀的客服能起到至关重要的作用。

（3）付款：在淘宝购物往往会产生拍下不付款的现象，那么在这个环节里，客服要进行催付，引导顾客付款。完成售前的最后一项工作。当然在付款的环节还会面临顾客不懂操作无法付款的情况，那么作为一个专业的客服要有基本的知识，给予指导和帮助，所以沟通无处不在。

（4）发货的环节进入到了售后，那么与顾客良好地沟通可以体现出专业态度，也可以体现品牌和店铺形象，为顾客留下良好的印象。

（5）确认收货的及时与否能体现出客服的接待能力以及顾客对产品的满意度，往往确认收货的时候也是客服与顾客进一步沟通的开始。

（6）评价与追评，顾客的评价客服要给予回评，通常用这样的沟通方式可以让后续的顾客直观地看到产品的优势以及客服的态度，从而为老顾客维护打下基础。

我们从顾客的购物习惯简单地说明了客服与顾客沟通的重要性，想让顾客轻松下单，沟通是关键，想良好地建立沟通关系，那么信任是关键。我们再从客服工作中熟悉一下客服的接待流程，从而详细地阐述如何与顾客建立信任做好沟通。

我们通过了解顾客的购物路径来看客服工作的接待流程，客服的接待流程是这样的：问候→库存→材质特征→相关推荐→议价→核对→告别→催付→维护。根据这样的工作流程可以进一步说明沟通的重要性。

一、礼貌待客

礼貌代表一个人的文明程度，当你具备了礼貌的态度，做事情就会变得很顺利。

千牛（淘宝购物时候的聊天工具）叮咚一响，提示客服顾客进门，作为客服要开启接待模式，在进门问候的时候，客服如何接待才能给顾客留下好的印象呢？那么在回答这个问题之前请你思考一下，您家里来客人了通常您是如何迎接的呢？是不是充满了热情和微笑呢？同样在淘宝上顾客进店的时候我们也可以用这样的方式迎接，在接待顾客的时候客服要做到热情、礼貌、周到。淘宝上都是通过互相打字沟通，很难让顾客看到你的笑脸你的热情，我们就需要有专业的语言来体现，让文字帮我们传递这样的感觉。

“您好，欢迎光临，我是 ×× 店铺的客服 ××，很高兴为您服务，请问我有什么可以帮助到您的吗？”

“嗨！亲爱的，你总算是来了，你知道我等你很久了吗？今天有特殊优惠哦！满 200 送 50 哦！”

第一句问候显得很正式，比较适合天猫的旗舰店或者品牌店铺，而第二句显得很俏皮让原本很生硬的对话有了活力，这样的问候可以是出售女性产品或者顾客以女性居多的店。一句好的问候可以很容易吸引人的眼球，那么也可以给进一步沟通做好铺垫。所以问候时候良好的沟通是门面，是让顾客听你说下去的关键一环。

我们来看案例：

顾客：在么？

客服：在。

顾客：这款有货吗？

客服：有。

不知道你去购物的时候有没有遇到这样接待的客服，你不问就不答，即便是回答也就是一个字两个字，总是让人感觉哪里有点不舒服，怎么就感觉我是在求他卖东西，给我的感觉就是那么的不耐烦，心情很不舒服，如果不是很喜欢就果断地不买了，也有的时候买回来总感觉不是很满意。我们作为商家总是抱怨顾客很难伺候，顾客也在抱怨客服解答得不清楚，收到的产品有差异，这就说明我们客服的内功还需要修炼。

二、及时解答

顾客：在吗？

客服：欢迎光临。

顾客：这款有货吗？

客服：欢迎光临。

顾客：？

客服：欢迎光临。

这样半天没有认真答复的情况你遇到过吗？面对这样的答复你的反应是什么呢？

及时解答顾客的问题，可减少顾客的等待时间，提升顾客的体验同时也会避免因为长久的等待让顾客流失，所以客服在岗位上及时解答顾客的问题也是关键的一点。顾客进店时有的顾客习惯直入主题，例如：顾客通常会问“这款有货吗？”或者直接问“这款红色的有货吗？”或者“你家尺码偏大（偏小）吗？” 等问题。此时及时快速解答顾客的问题就显得至关重要，但是及时解答不等于简略回复。

案例：

A“这款红色的有货吗？”

“有。”

B“这款红色的有货吗？”

“亲，您的眼光真好，我们家这款红色的卖得很好，您放心选吧！这款有货哦！”

通过案例的对比我们可以看出，B的回答明显让人感觉更舒服，而A的简略回答会让人看起来有生硬和应付的意味，也会因为A的简略回答导致被动，也会进入到一种顾客不问我就不知道如何回答的地步。因此，保持持续的沟通是促进成交的关键点。

在顾客询问库存和产品材质特征的时候往往会出现这样的情况，就是顾客喜欢的颜色没有了，或者店铺出售的产品就剩下一个码数而不适合顾客了，那么这个时候客服就需要推荐相似款，在淘宝上称之为关联销售。

三、推广从沟通中进行

关于对沟通的理解，沟通是指人与人之间通过一定的符号传递信息，并获得理解的过程，也就是传递者将按照可以理解的方式传递给接受者，达到信息共享和相互理解的效果。人们的沟通是通过符号来传递的，符号可以分为语言符号和非语言符号。语言符号包括口头语和书面语。非语言符号包括体态言语、辅助性言语和类语言符号。那么，在生活中我们可以通过语言、手势、肢体、眼神的交流达到良好的沟通。在网络中我们需要通过文字、话术、表情来沟通，只有我们在第一次沟通、第二次沟通达到了良好的效果时，在推荐产品做关联销售的时候才更容易让顾客接受。所以关联销售一定是在信任沟通的基础上完成。

案例：

顾客：在吗？

客服：在。

顾客：这款有L码吗？

客服：没有。

顾客：……

客服：有一款类似的（附带产品链接）。

通过上面的案例，大家可以看出来，客服迎接的失败并没有和顾客建立最初的信任，也没有可以沟通互动的话题，让谈话良好地进行下去，因此即便客服做推荐顾客也是不接受的。反之，如果我们心耐心真心地接待顾客，处处为顾客想，那么在做关联销售的时候就会显得很容易，从而也会避免议价(议价沟通会在消费心理中说明)和催付的环节，让整个销售过程轻松、自如、愉快。

四、告别是维护的开始、沟通的延续

顾客购买也好不购买也好都会离开，那么我们的告别不等于一切画上句号。我们不能因为顾客询问半天不购买而在最后的环节产生矛盾，导致顾客对你甚至对你的店铺都产生怀疑，这样会影响到你整体的店铺形象。

我不知道大家有没有在实体店铺购物时候被服务员藐视的情景，询问了半天见你没有购买意图就满脸的不屑，如果挑选了半天但最后离开，服务员甚至可以“问候”你老娘。所以礼貌的告别会让人很舒服同样也会留下深刻的印象，我们可以让顾客收藏店铺，或者赠送优惠券让顾客下次再来消费。面对没有下单的顾客，我们在工作一天后对整天工作进行总结的时候可以进行复盘性的回顾，回味一下究竟是哪个环节出现了问题导致顾客的流失，如何避免如何优化，这样才会在接下来的工作中更加顺手顺心。

案例：

A. 顾客：那么我再看看吧！

客服：好的。

B. 顾客：我再看看吧！

客服：好的，您先慢慢看，有需要我帮忙的我会随时恭候。

（两分钟后）

客服：不知道您选得如何了，有需要我解答的疑问吗？

顾客：我还是觉得不太适合。

客服：没关系的亲，感谢您的支持。我们小店每周一上新款，您可以收藏店铺哦！随时关注信息，说不定有您喜欢的呢。

我们通过这个案例可以看出B的沟通看起来很舒服，比A的效果好。A的顾客属于默默流失掉，而B尊重顾客耐心等待，良好的沟通可以有机会挽留顾客，不遗失每一个机会。推广是花钱的职业，目的是引进顾客，那么客服是赚钱的职业，目的是留住每一个顾客，尽可能地在沟通中多出售物品达到高转化。

顾客的离开不是结束，而是维护的开始，这次没有计划合作，没有成交不等于下次没有机会，所以保持互动与沟通会使缘分继续延续。我们流失掉的顾客需要维护，那么拍下订单购买的顾客我们更需要跟进和维护。通常我们的维护是从顾客拍下开始，首先是核对地址确认地址正确，保证物品安全到达；其次要进行查单查件，让顾客知道物品是用什么快递运输，什么时间可以到达，让顾客安心放心。客户最厌烦的一种状况是：买的时候说破天，买完之后找不到人；用上一阵人走茶凉；维护是什么，根本没有机会体验到。（关于老顾客维护可以开篇详细说明）

因此，沟通要从心开始，沟通要从建立信任开始。沟通是桥梁是做事情的基础。我们每天跟各种不同的人打交道，处理各种各样的事情，我们无时无刻不在沟通着，素不相识的人可以通过沟通成为知己成为朋友，做好淘宝的客服不会沟通不懂沟通无法胜任，客服岗位可以说沟通是关键也是重点。我们应该重视沟通品味，提升沟通质量，为工作打好基础，做好服务。

第七节　客户关系管理的营销价值

客户关系管理（Customer Relationship Management，简称 CRM），通俗来说，就是通过管理、优化店铺和客户之间的关系，吸引新顾客、留住老顾客，最终将他们转化为忠实客户，以达到增加收益的目的。

一、何谓客户价值

若按照“时间维度”来划分，客户价值可以分为：当前价值和未来价值。当前价值是指客户已经发生的交易为店铺带来的经济收益；未来价值则是指客户未来与店铺发生交易的可能性。此外，若按照类别细分，客户价值可分为交易价值和情感价值，前者通过客户购买店铺商品来体现，后者则是通过与客户的互动、分享、推荐来体现。

在衡量客户价值时，大多数人都会犯这样一个通病：把客户的消费金额等同于客户价值。这种算法只有在时间范围相同时才适用，否则就不科学。例如，在衡量一个今年招募的新客户和一个 5 年前招募的客户的价值时，不能直接把他们的所有的消费金额累加起来做比较，因为他们成为店铺客户的时间相距甚远，必须把累计招募时长也考量进去，只有这样才能得出一个客观的结果。一般情况下，可以通过累计消费金额和累计购买次数来判断客户的价值。

二、回购，让客户价值进入良性循环

从长远角度来看，“一锤子买卖”并不利于店铺的发展。只有回购，才能让客户价值进入良性循环，以一种较轻的模式滚动发展从而为店铺带来源源不断的收益。在谈及回购时，需要引入二次营销中的几个关键概念：回头客、重复购买、客户回购周期、产品回购周期。这几个概念名称本身很好阐述，但是具体执行时则会涉及很多指标的计算。

所以，在研究回购之前，必须先搞清楚这些指标的本质是什么。

1. 回头客

回头客是指在店铺购买次数 > 1 次的客户，回头客本身不受时间的限制，比方我们要统计店铺今年回头客的数量，如果客户在去年产生第一次购买，在今年产生第二次购买的客户，那么均会计算为回头客。

判定回头客的时候需要考虑一种特殊情况：一个客户一天内购买了多个订单，那么这个客户究竟算不算回头客呢？从购买场景的角度考虑，第二个订单可能是补充购买第一个订单漏了买的产品，也可能是为了凑“满减”活动而拆分成两个订单下单，在这个场景下大部分交易都应该算作一次购买行为。

所以在判断回头客的时候，存在两种处理标准：按天合并订单和不合并订单。

a. 按天合并订单：一个客户一天内多笔订单算一次购买，客户仍然计算为新客户；

b. 不合并订单：一个客户一天内多笔订单算作多次购买，客户计算为回头客。

2. 重复购买率

重复购买率指客户对某店铺、品牌、产品或者服务的重复购买比例，重复购买率越高，反映出客户对店铺、品牌、产品、服务的忠诚度越高，客户黏性越强，反之则越差。在很多文章的分析里面经常会看到没有“统计说明”和“时间口径”的重复购买率，这种算法不能用来直接对比，下面是常用的重复购买率计算公式：

公式 1：以客户为对象的算法

在一定的时间范围内，重复购买率 = 重复购买的客户数 / 购买客户数。例如，某个店铺 2015 年有 10000 个客户实现交易，其中 3500 个客户的消费次数（2015 年内）大于 2 次（交易按天合并处理），那么该店铺重复购买率计算公式如下：

重复购买率 =3500/10000=35%

同样的公式，如果去掉了时间范围的限制就变成了历史重复购买率，分子就变成了回头客，即：重复购买率 = 回头客 / 所有客户

公式 2：以订单为对象的算法

在一定时间范围内，重复购买率 = 重复购买的订单数 / 购买订单数。例如：店铺 2015 年有 10000 个订单（不合并），其中 3500 个客户购买了第 2 笔订单，这 3500 人中有 500 人购买了第 3 笔订单，那么修改店铺 2015 年的重复购买率计算公式如下：

2015 重复购买率 =(购买 2 次的订单 + 购买 3 次的订单 +……购买 N 次的订单) / 所有订单 =(3500+500)/10000=40%

由此可以看出，以订单为对象的重复购买率相比以客户为对象的重复购买率要大，因为它包含了 2 次及以上的重复购买率。由于它是按订单来计算，对于一些重复购买率出现两极分化（新客户购买次数很少，老客户购买次数很多）的店铺来说，这个指标无法反映出真实的重复购买情况。

另外，刷单、分销商多次购买等行为会产生一些“异常数据”，进而使这种算法得出的重复购买率失真。

所以，在日常的计算中，建议尽可能使用以客户为对象的重复购买率指标。

3. 客户回购周期

客户回购周期，是指客户重复购买的平均时间间隔。即在采用“交易按天合并”的算法下，计算客户每次重复购买距离上一次购买的时间间隔。如

果每个客户有 N 次购买记录，那么就意味着客户会有 N—1 个回购周期，取这 N—1 个回购周期的平均值，就可以得到这个客户的回购周期。

店铺的平均回购周期 = 所有回头客的客户回购周期的平均值

4. 产品回购周期

产品回购周期指客户重复购买同一件产品的平均时间间隔。在计算产品回购周期的过程中需要注意以下两个细节：

（1）对于有不同容量 SKU（库存进出计量的基本单元）的产品而言，重复购买周期应该按照 SKU 分开计算，例如：一款柔肤水产品有 50ml 和 100ml 两种规格，由于产品容量决定产品使用周期，这会直接对客户重复购买周期产生影响，所以需要分开计算；

（2）产品回购周期和客户回购周期不同的是，前者需要根据购买件数来计算周期。例如：客户第一次买了 2 瓶 50ml（或者 1 瓶 100ml) 的柔肤水并且在 60 天后重复购买该柔肤水，意味着客户消耗 100ml 柔肤水的周期为 60 天，该 50ml 柔肤水的重复购买周期为 30 天。具体的计算公式如下：

产品回购周期 =(第 N+1 次购买时间—第 N 次购买时间)/ 第 N 次购买的件数

三、巧用生命周期营销，让回购水到渠成

在 CRM（客户关系管理）模型中，RFM 模型是较为常用的，它可作为衡量客户价值和客户创利能力的重要工具和手段。基于 RFM 模型计算出的值可以将客户周期简单分为四个阶段，如果按照这四个不同的阶段来做营销，实现回购，可以按以下四大战略走：

1. 潜客策略

所谓潜客，是指具备消费能力，在现阶段还没有消费，但是在未来有可能达成交易的客户。要想把这部分客户转化为实在交易客户，需要完成以下几步：

（1）优化客服服务及产品活动页面：除了无目的“闲逛”客户之外，

80% 的客户进店不购买的原因无非是价格高了、产品不符合预期、客服服务态度不好。对此，可以通过优化产品详情页及活动界面，升级客服服务水平来提升潜在客户的转化率；

（2）订单催付：做好 CRM 层面的催付。

（3）品牌口碑：做好品牌定位，树立口碑，提升潜在客户对品牌的认同感。

（4）把这批人聚集起来：可以通过 QQ 群、旺旺群、微信群或其他渠道，把这部分客户聚集起来，然后定期跟他们互动，后期如有活动，可以定期通知这批客户，以此提升转化率。

2. 新客策略

当潜客终于开始消费，那么就要随之转换思路，进入新客策略。

（1）做好首次服务体验：包含客服服务、发货流程、包裹体验、售后体验等，如何在这几个环节做优化，直接关系到新客的口碑传播及再次回购。

其中，为新客户留存品牌记忆十分重要。那么，如何让用户第一次购买的时候对品牌记忆度加深呢？其中核心的要素还是要上升到供应链上，原材料包装、产品外包装、包裹纸盒，以及到后期的广告宣传、客服、品牌页面等，都是提升品牌记忆很重要的因素，千万不能“为做而做”，要找到合适的切入点，从客户的角度出发去尽可能完善用户体验。越贴心有意思的细节，越能加深客户的品牌记忆。例如：有卖家在密封包裹的外面做了一个很特别的塑料卡，可以帮助买家把胶带划开。东西虽小，但是当其他卖家无，而你独有时，客户就会感觉到新鲜，服务体验也就随之加深。

（2）做好产品周期营销：就是在客户收到并开始使用产品后，如何根据产品使用周期（例如：一盒 12 片的面膜使用周期约为 30 天）做好客户维护。

（3）做好二次购买：二次购买的关键点之一就是做好营销，根据客户细分给予客户不同的服务策略。

（4）关联产品的推荐：再次回购的时候无非是购买同款或者关联产品，关联产品的挖掘和推荐可以缩短客户的回购周期。

3. 老客户策略

从购买次数上判断，老客户基本上可以称作是店铺的高质量客户。这个时候只需要升级、建立高质量客户群、营销升级即可。而要想实现这一步，先得精准定位客户。只要想做，方法自然有很多。这里罗列出两种比较常用的方式：

（1）持续不断地调研：从用户群中取出100个左右用户，每个月都做一次回访，把获得的信息进行及时整理更新，详细掌握客户的年龄、收入、地域等信息，只有清楚自己的目标客户是谁，服务才能有逻辑。

（2）由购物车做源头，去深挖：10个产品放在购物车里，但是只有5个付了款，要是类似于这样的客户比较多，那可以取出100个人来做调查，通过旺旺、电话等方式去询问客户，为什么只对那5个付款，下单时的心态是怎样的？通过不断询问，可以得出结论，然后再根据这个结果去优化用户体验，产品结构，不断升级服务。

4. 沉睡流失客户策略

（1）客户细分：细分出高质量沉睡客户，低质量沉睡客户，不同区域、价格、产品的沉睡客户，方便更好对症下药去激活沉睡客户。

（2）定向优惠：沉睡的会员更多的是通过优惠的策略来激活，学会利用优惠券、满就送、会员特权等方式刺激客户回购。

（3）活动刺激：通过活动尤其是大型活动，再借助相关的优惠策略对客户做营销刺激。

第八节　客户是上帝 客服是上帝的顾问

电商，让虚拟交易无处不在。一颗蓝色的“水滴”成为了衔接卖家和买家的桥梁，活跃在各大电商平台上的卖家和买家们只能通过网络来进行交流——表达方式单一，情绪传达不准确，时间存在间歇性，信息真假难定等都是网络交流的缺点，这就对客服的功力提出了严苛的要求。一个优秀的客服是信息的传递者、意见的反馈者、价值的创造者——客户是上帝，而客服是上帝的顾问。

一、掌握专业技能是基础

每位客服每天都要面对形形色色的顾客，各类问题庞杂繁复。这个时候如何“见招拆招”，做到第一时间给出准确回答？专业知识、平台规则、物流特性、支付流程这些都是客服需要熟练掌握的基础知识，也是每位客服的首堂必修课。

1. 沉淀这些知识，让“货比三家后，依旧选择你家”

每位客服都必须对自己所经营的产品有着详细的了解，包括：产品质量、外观、安全性、功效、价格等，这样才可以更好地为顾客解答，帮助顾客找到适合他们的产品。不能“一问三不知”，不专业的态度很容易让顾客失去信任感，下单率会大打折扣。

此外，除了产品本身，还要对产品品牌在行业中所处的地位、优劣势有着清晰的认识。因为，客户都存在“货比三家”的心理，在询问的时候，也喜欢抛出和其他品牌产品对比一类的问题，例如：“别人家的产品和你们差不多，价格怎么比你们还便宜啊？”

如果你是客服该怎么回答呢？这个时候就对知己知彼提出了较高的要求，你需要立刻从脑海中调配出“别人家”的产品和自己的产品存在哪些异同，自己的产品相较之下存在哪些优势，如果说自己的产品在价格上处于劣势，但在实用性上处于优势，那就不能一直和顾客在价格上纠结，那样肯定无法促成下单。相反，要通过对比，掌握话语的主动权，强化自己产品在实用性上的独特优势，让顾客感觉即使价格高一些，但是物有所值。如此一来，才能让客户“货比三家后，依旧选择你家”。

以上这些知识都需要内化成自己熟知的快捷语，反复练习，这样可以提升反应效率，在最短的时间内把精简专业的回答抛回给顾客。

这里附上知识库管理流程图，通过这张图客服可以清晰地比照，找到该如何应对的方法。

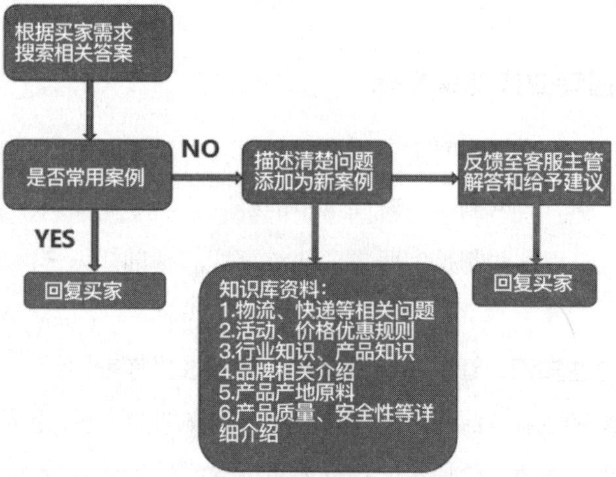

2. 熟知平台流程规则，让服务精准有温度

每位客服都应该把自己放在一个商家的角度去了解平台的官方交易规则，只有这样才能更好地把握自己的交易的各个环节。有的时候，客服可能会遇上第一次在平台上进行交易的顾客，不知道自己每一步该如何做，这时，客服除了要提醒顾客去查看淘宝交易规则，还可以在细节上指导顾客如何操作。在方便顾客的同时，提升交易效率，避免不必要的麻烦。此外，用支付宝完成支付是整个交易流程的关键一环，客服必须十分了解支付宝交易的原则和时间原则，一旦遇上操作不熟练的顾客，客服需要指导他如何完成交易，查看交易状况，或是更改现在的交易状况等。

另外，客服在日常的服务过程中，需要将经历过的各类琐碎难题都尽量流程化、规则化，这样才能熟练地“见招拆招”。这里，提供 13 种应急问题的处理规则及流程，客服可以对照图表加以理解。

（1）补偿流程

补偿流程是为了快速、准确、规范地处理客户投诉，解决客户问题，提升客户满意度，要做到第一时间去处理，不回避，找出原因，客服也须明白自己的补偿权限，合理地安抚客户，由上级授权后，方可答应顾客。

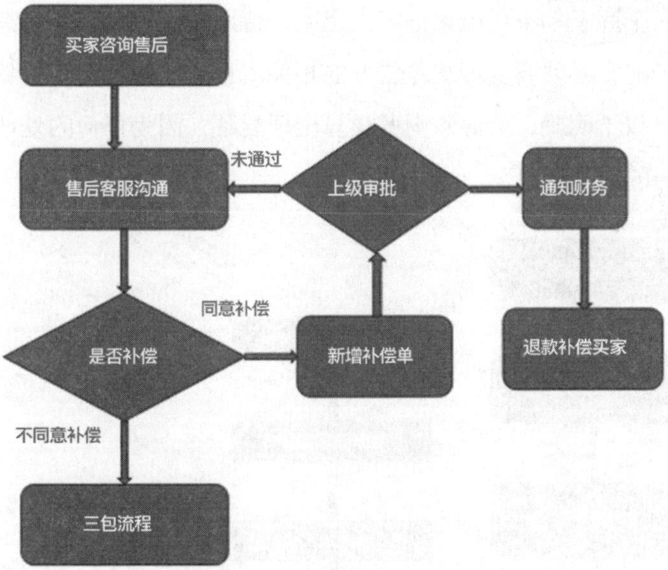

（2）催发货流程

当客户咨询客服来催发货的时候，一般分为 4 种情况：①客户真的很着急，或是送人有时间节点；②客户本身就是急性子的人；③随口说说；④商家超时发货。当出现这种情况时，也需要做到不慌不慢，首先要分析客户实际情况，根据情况来按照以上的流程去执行，安抚好客户，切不可出现不耐烦，消极处理等情况。

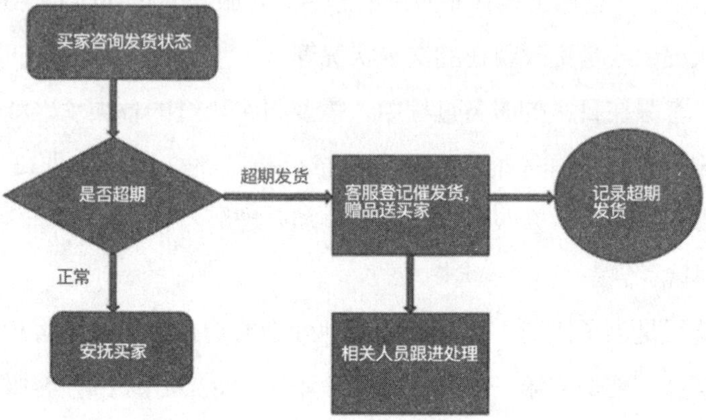

（3）错发货流程

任何一个商家都不可能保证零出错率，特别是订单量大的店铺，但如何更好地处理呢？必须要合理规范错发的相关流程，而不是由客服随意处理，如果客服责权不明确，会导致财务核算出现混乱，因为任何的处理方式，都会涉及财务的成本核算。

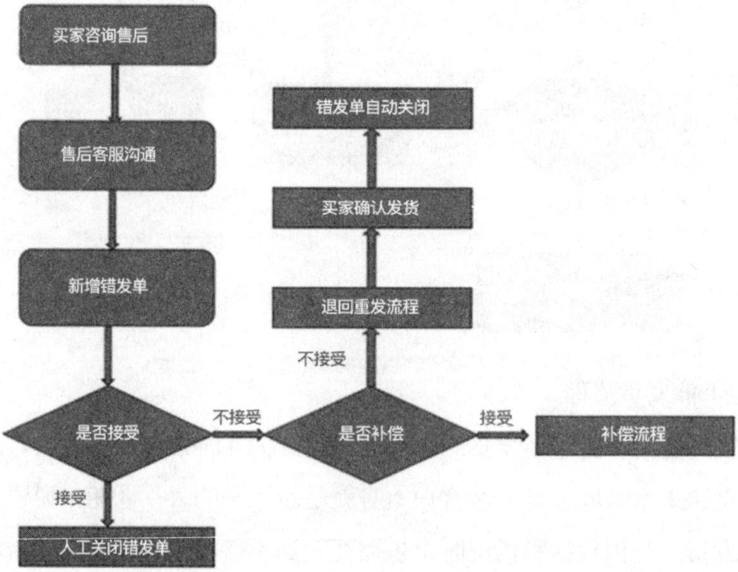

（4）大批量订单申请流程

作为零售类商家，接待大批量采购客户的情况并不常见，但也要做好准备，以防来临时慌乱。当遇到此情况时，客服作为第一接待人，有义务为公司创造更大的收益，但同时为了促成交易，也须给客户相应的优惠，而客服本身是没有权限的，所以客服必须熟知公司的相关流程，不同的公司相关制度和流程会有差异，此流程仅供参考。

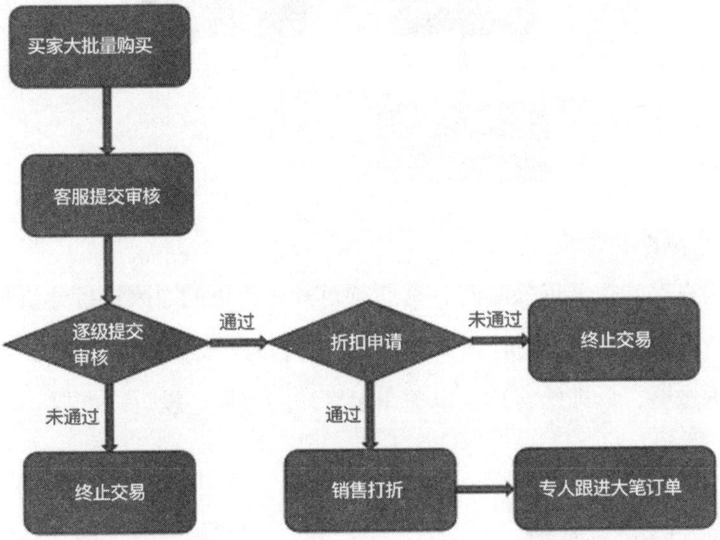

（5）订单修改流程

订单修改在日常的客服接待中经常发生，但是否所有的订单都可以及时满足客户的修改需求呢？或者说什么状态下由谁去做？为了提升客服的及时响应效率，需要合理规范人员的分配，专人转岗的对接，做好专业的服务，提升品牌整体的服务质量。

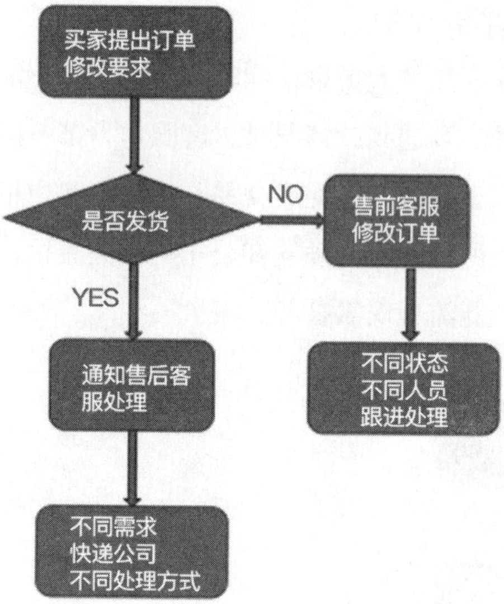

（6）退换货流程

遇到有客户需要退换货时，客服须对其退换货的原因进行分析和确认，熟悉退货换货的规则，同时须安抚好客户的心情，妥善处理相关的售后问题，实时跟进进度，反馈给客户，以免引起客户的差评、投诉或维权。

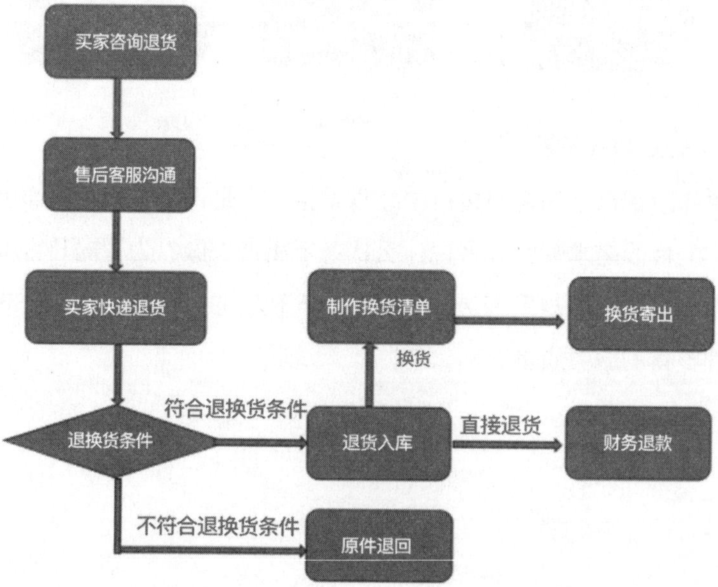

（7）提供发票流程

天猫规定，客户在商城购买商品，卖家应该无条件给客户开具纸质发票，不得以任何理由拒绝。因发票问题被客户投诉成立的，一次扣6分。无论购买金额大小必须开具发票，发票名称须按照具体的商品或类目开具，切勿要求买家额外支付钱款才提供发票。另外有的公司发票和产品未同时寄送，则需要商家承担寄送发票的运费，因为开具发票需要一定的时限和相关的流程，此流程图只做参考，实际须根据各公司具体情况制定。

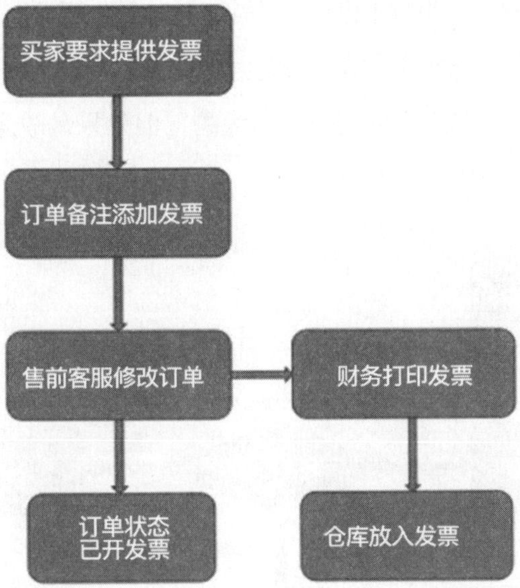

（8）推荐营销流程

对进店的所有客户，客服都应为其做好服务和引导，最终促成交易，但同时也须做好关联营销，按照客户的需求去推荐合适的产品，如遇到需求不明显的客户，则需要分析其实际情况，提出建议，为其推荐合适的产品，宣导店铺的优惠政策，以提升客户的下单转化率和提升店铺的销售额。

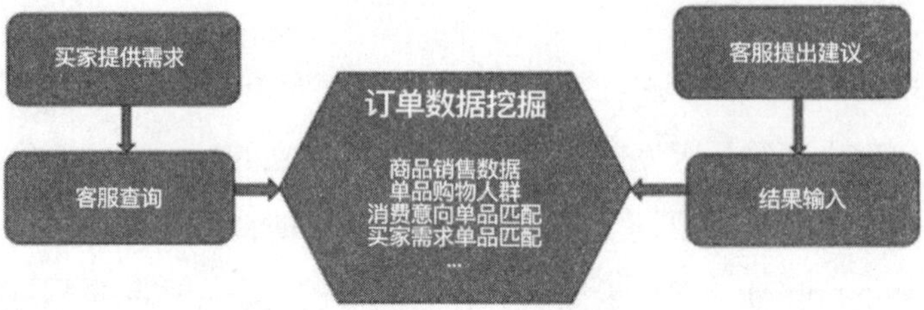

（9）维权流程

每个商家最不想看到的就是客户发起维权，不管是以何种方式和基于什么原因，在维权发生的第一时间，客服就要及时做出反应，热情友好地处理，在客服权限范围之外的处理方式，须向主管沟通协商，尽量让客户撤销维权，因为一旦维权成功，对店铺的伤害是很大的，但如果是故意找茬的，则以友好的方式告知其规则即可，不可纠缠。

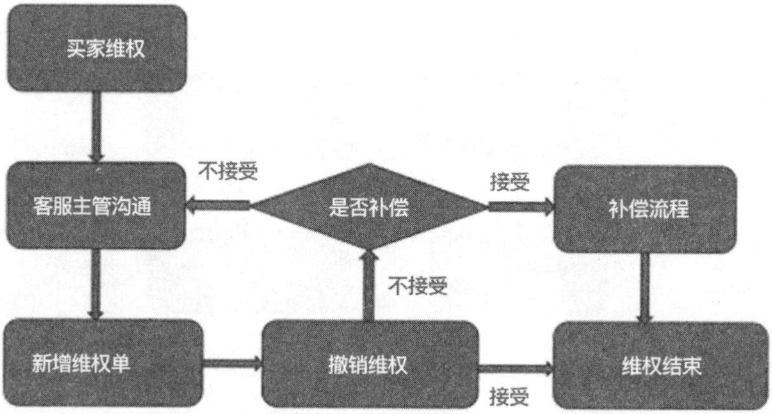

（10）赠品、包邮申请流程

在日常经营中，只要处处留心客户的内心需求，并把它当作卖家全心全意的追求，就能事半功倍地拴住顾客的脚步。当然每个公司都有自己的赠品政策和规则，而不是客服信口开河，但客服也需有相对的权限，遇到特殊的情况及时向上级提交审批，不可擅自做主，没有规范的流程，店铺则出现混乱的状态。

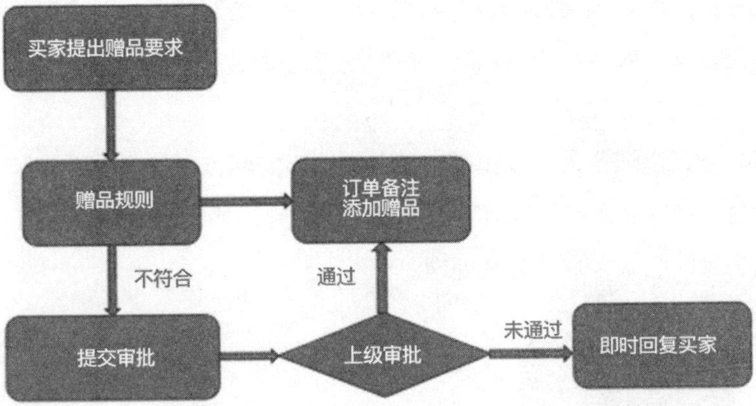

3. 牢记物流特性，让顾客安心坐等收货

为了确保商品能尽快顺利地送达顾客，客服需要熟知公司现有可选快递有哪些；快递业务如何开展；不同邮递方式的价格、速度、联系方式、查件方式分别是什么；不同物流方式的价格是多少。只有牢记各项物流特性，才能随时应对与之相关的各类问题。

相关的快递查询和快递超区处理流程如下：

（1）快递查询流程

快递查询在狭义上主要指快递查询跟踪服务，客服要熟知公司所对接的快递公司及联系方式，遇到客户有快递疑问时，及时为其解决困惑，如果遇

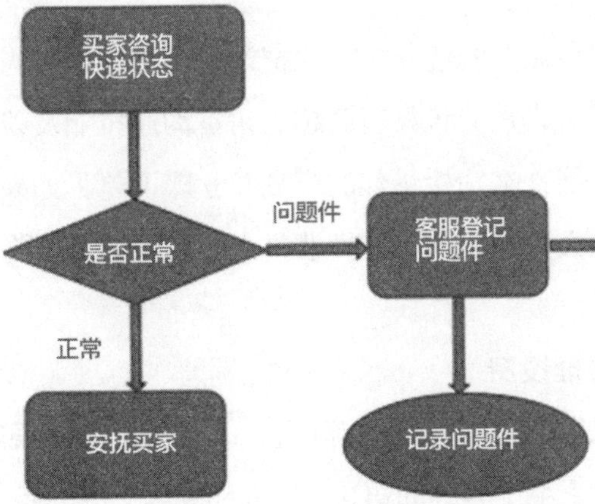

到“问题件”时，则需要积极主动地去联系快递公司核实相关情况，及时反馈给客户，安抚好客户的情绪之后按照流程去处理。

（2）快递超区流程

现如今，全国各大小乡镇都有着各大快递的网点，但这也不能保证所有偏远乡村也都有，如在发货前不能选择全国可到的邮政快递，出现超区件时，则须第一时间联系客户，为其处理。

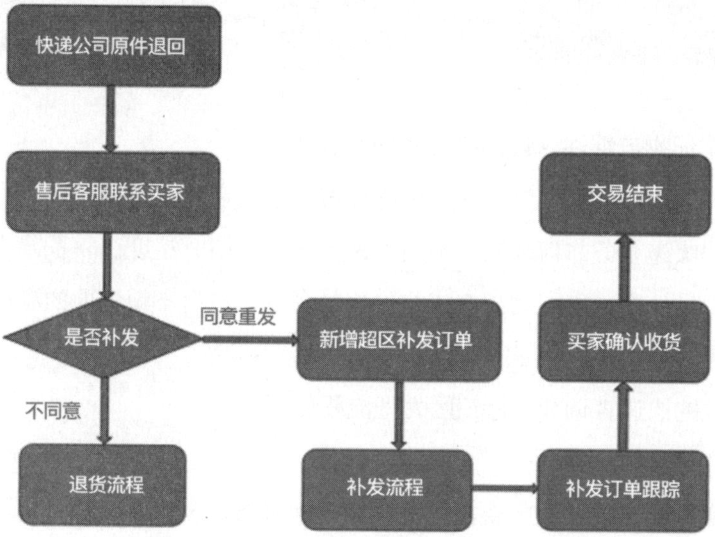

二、沟通技巧加码下单率

客服归根结底是门“说话”的活儿。如何把话说得顾客爱听，就看客服的本事了。优秀的客户服务人员应该具备高超的语言沟通技能及谈判技能，只有具备这样的素质，才能让客户接受你的产品并立即下单。如果一直被顾客“牵着鼻子走”，那么丢失顾客的可能性非常大。高效的客服沟通技能是如何养成的呢？

1. 诚心致谢是一种心理投资

礼貌对客，能让顾客感受到“上帝”的尊重感，自己是受到重视的。因此，客服必须擅用各类礼貌但不至于客套的语言，拉近和顾客之间的距离。例如，当顾客进店之后，可以先说一句：“欢迎光临，请问有什么可以帮到您的呢？”有时，顾客只是进店随便看看，客服也可以诚心地感谢他，并说：“您要是有什么需要，我随时在线为您解答。”运用这些礼貌的话语和顾客先培养感情，这样顾客心里对陌生的抵抗就会逐渐减弱甚至消失。诚心致谢是一种心理投资，不需要很大的代价，却可以收到非常好的效果，因此，千万不要小看礼貌这件“小事”。

2. 不让顾客失望最好的方式是“不要轻易保证”

每个人在购买商品的时候都会有一种期望，如果你不能保证顾客的期望百分之百不会落空，那就不要轻易去保证，因为你的保证可能会让顾客的期望变成失望。例如，你能保证仓库发货时一定会按照你的要求发送小礼物吗？出售出去的货品在配送路途中，你能保证快递公司不误期吗？不会丢失吗？不会损坏吗？不能！因此，为了不让顾客失望，最好不要轻易说出和保证有关的语句。

在和顾客交流的过程中不要使用以下字眼：“肯定”“保证”“绝对”等。相反，可以使用：“正常情况下”“尽量”“努力”“争取”等，这些字眼的使用效果反而会更好，给顾客多一点真诚，也给自己留一点余地。

3. 修炼专业的话术，促成交易并不难

“这是________，它可以________，能够让您________。”这是通用的FAB话术组织，F=feature，指出产品属性、物理性能——“这是什么”；A=advantage，指产品作用——“他能做什么”；B=benifit，指产品益处——“它给顾客带来什么”。

当然对于F、A、B三者之间可以灵活组合。这里以护肤产品为例，标准FAB话术：“这款是豆乳保湿套装，可以补水保湿噢，能够全面地呵护您的肌肤。”灵活FAB话术：BAF：“这款可以让您的孕期肌肤依旧水嫩有光泽的豆乳保湿套装有保湿嫩肤的功效，是因为其中含有天然小麦胚芽的哟~”或者可以直接只使用AB：“这款产品补水保湿嫩肤的效果，可以让您的皮肤保持水嫩有光泽。”如果继续简化，只使用B，那就可以变成：“这款豆乳保湿套装能让您的肌肤水嫩有光泽噢。”

除了以上提到的 FAB 话术，还需要注意下面的几个小点：

（1）切忌单独出现单音节字，这些字的出现既会让顾客感觉自己没受到重视，也会无法准确传达信息。

（2）结尾语气助词切忌出现：啊，呀，吧，这些语气词的出现会减少语句的精准性。

（3）不要使用“……！！！？？？”一类的符号，会让顾客产生不够尊重对待的不悦情绪。

（4）多给顾客选择题少些问答题，在和顾客做进一步沟通时，不要直接抛出一个问题，而是以选项的形式，委婉地试探性提问。

（5）多说“我们”少说“我”，这样可以让顾客感觉到是一整个专业团队在为自己服务，而不是客服单独以个人的名义在和他沟通；从另外一个角度看，善用“我们”还可以拉近和顾客之间的距离，例如：“我们分析一下这个问题”“我们看看”。

（6）多简单句少复杂句。现在快节奏的生活方式已经逐渐培养了人们快节奏的阅读方式，当内容以文字方式呈现的时候，尽量简短，这样顾客看起来不费力，更容易接受；另外，为了提升沟通效率，每一条回复都尽可能做到“说重点”。看下面这一实例：

顾客：我的邮件都 8 天了，还没到。

客服：我帮您看看。

顾客：嗯。

客服：EMS 单号 EQ658478351CS

您的邮件于 2016—4—16　21：32：48 离开湖南省邮政速递物流国际业务分公司处理中心。

2011—4—16 15：29：22 湖南省邮政速递物流国际业务分公司，到达处理中心，来自湖南省邮政速递公司长沙营业部。

21：15：00 湖南省邮政速递公司长沙营业部 收寄。

2011—4—16 21：32：48 湖南省邮政速递物流国际业务分公司，离开处理中心，发往重庆市。

客服不稍加过滤就将物流信息直接粘贴发送给了顾客，这样的做法是很不专业的。如此繁杂的信息，顾客需要花时间和精力去重新自己提取重要信息，降低了沟通效率。顾客关心的是："我买的东西现在在哪？""是不是还没寄？""什么时候能到？"所以，客服只需要把最近一次物流更新消息发送给顾客即可——"2011—4—16 21：32：48 湖南省邮政速递物流国际业务分公司，离开处理中心，发往重庆市。"

（7）多表情少标点，买卖双方只能隔着屏幕交流，这种一维的沟通方式很难将交流场景化，这个时候可以借助丰富的表情符号来增加交流的生动感，拉近彼此的距离。

4. 活用"旺旺"，让它成为你的得力助手

客服和顾客之间所有的信息都是通过这个蓝色小水滴来传递，用好它，既是对客服的基本要求，也是提升下单率的捷径。通过旺旺，客户可以做店铺宣传，例如：在状态设置中写一些优惠措施、推荐商品、活动结束开始倒计时等。

另外，如果客服暂时不在座位上，可以设置"自动回复"。不至于让顾客觉得自己没人搭理。当然，最好是在自动回复中加上一些自己的话语，都能起到不同的效果。

三、不可不用的心理术，能成为达成交易的"最后一根稻草"

促成交易是客服和顾客沟通效果的直接验证，也与客服的业绩息息相关，所以，一定要在适当的时候，促成交易。实际上，客户和顾客之间的交流，实际上是一场"心理战"，懂得客户心理，擅用一些小技巧，灵活加以"推助"，促成交易，其实也可以有趣而简单。

以下是客服工作中常用的几个小技巧：

1.“过了这个村，可就没这个店了。”

“越是得不到，买不到的东西，越是想得到它，买到它”，这是人们惯性的心理，因此，客服可以巧妙抓住顾客“怕买不到”的心理，来促成订单。例如，顾客已经有比较明显的购买意向，但还在犹豫，这个时候客服可以用以下说法来促成交易——“这款是我们最热卖的了，经常脱销，估计不到一两天就会没了，喜欢的话就别错过了哦”或者“今天是优惠价的截止日了，请把握好良机，明天你就买不到这种折扣价了。”

2.“打铁还需趁热。”

大多数顾客都希望在付款后越快寄出商品越好。所以在顾客已经有购买意向，但还在犹豫的时候，客服可以说：“亲，抓紧买下吧，现在买了今天就可以发货，不然可要等到明天了。”巧用时间去委婉地催促顾客，是促成交易的一大诀窍。

3.“这个我们没有，但是有同样功能的噢。”

如果遇上顾客询问的产品，恰好没有，那么客服就要迅速做出反应，联想到其他有库存且功能相似的产品，巧留顾客。例如：顾客需要撕拉型面膜，恰好没有，客服需要懂得应变，转为说“不过我们有您需要的功效的矿物泥浆面膜哟~”这样一来，顾客的注意力就会被吸引到“矿物泥浆面膜”上来，客服可以对两种产品加以比对，突出矿物泥浆面膜的优势，让顾客觉得买这款好像更合算的想法，进而促成下单。

4.“放心，我来帮您解决。”

客服和顾客本质上虽然是“卖”和“买”的关系，但是在交流中要尽量避免一味以“交易”为重，要多站在顾客的角度，去帮助他们解决他们所顾虑的问题。

以购买移动电源为例，许多准顾客即使有意购买，也不喜欢迅速签下订单，总要在产品容量、价格、重量、体积上不停打转。这个时候客服就要改变策略，暂时不要再和顾客谈订单的问题，转而热情地帮助对方挑选适合他要求的移动电源，让他感觉到你不是在推销，而是在帮他解决问题，这种“退一步”的方式，反而能留住顾客，促成下单。

5.“这个价格已经是最低的喽，我们会想办法在运费上给您优惠。”

很多顾客都存在“爱贪小便宜”的心理，并非买不起，而是讨价环节已成习惯。有时候，他们甚至会以讨价还价成功来满足自身内心的成就感。对待这样的情况，客服首先要声明自己的产品是优质的，销售价格是公司设定的，无法再低，促销时间段也是淘宝此次统一制定的，商家无法自主设定，这个是议价原则。

通常到这一步，部分顾客不会再在价格上纠缠。如果客服表达后，顾客表现出犹豫不决，那么可以转移顾客的思想意识，告知其当前店铺有什么优惠活动，或者适当地在运费上给予一些优惠。议价过程的核心思想：告知其商品的价格是无法优惠的，产品质量是有保证的这是原则，结合顾客反映，适当给予一些赠品或者运费优惠的方式，达成交易。

第九节　新媒体下的客户维护

不断投入推广费用来开发新客户，终将导致盈利能力低下，于是把老客户留下，让他们再次购买、多次购买就显得尤为重要！

那么，如何利用新媒体来降低老客户的流失率，提高老客户的回头率呢？

短信推送？电话回访？会员积分？会员特权？会员日？ NO！这些都OUT了！

下面来介绍一下如何使用两种最主流的新媒体来维护客户：

微　淘

一、账号定位：至关重要

（1）明确自己店铺的整体定位，以符合品牌的客群为依据来进行准确定位。

（2）一个好的账号定位需要店铺对自身品牌及受众有充分了解，对所擅长的领域进行专注细分。

案例：御泥坊微淘的签名为“权威护肤指导，时尚护肤资讯和最新的品牌活动”，从签名中就可以知道御泥坊账号运营的重点和核心定位是围绕着“第一个护肤大账号”的目标来努力的。

二、内容规划

做好定位后就要为内容做准备了。

现在单纯的只有产品的广播内容已经不能引起粉丝们的关注了。他们需要的是有主题的、有话题的、新鲜的内容，因此我们可以将广播的内容进行分类，以此来达到吸引眼球的目的。

（想知道店铺的粉丝们具体对什么样的内容感兴趣,可以通过调研得出。）

1. 分栏目进行广播

将微淘的广播内容像电视节目一样分为几个栏目，不同的栏目对应不同的内容，而且有自己特定的推送时间，针对性强。

比如：

栏目	内容	时间
晨间花语	与粉丝道早安	每天 9：00
百花齐放	与粉丝互动，送福利	每天 12：00
花团锦簇	店铺活动预告	不定时
花样翻新	产品上新	不定时
花里有刺 / 花里有话	鸡汤 / 毒鸡汤	不定期的晚间 8：00

（1）晨间花语。该栏目主要是对粉丝道一声早安，给人一天的好心情。不需要太多文字，道出一天的祝愿即可。特殊节日，可带上节日祝福。

（2）百花齐放。该栏目旨在与粉丝进行互动，鼓励粉丝进行买家秀，分享使用后的体验，从评论中可以选取高质量的送福利。针对买家的问题、意见及时进行交流，增加买家参与感，让买家感觉自己是被重视的（广播正文里面使用的语言尽量地贴近口语化，少官方，这样可以更加贴近用户。）

（3）花团锦簇。主要用来开展店铺促销活动的预告及推荐，如聚划算、会员日等。

①活动简单、易参与：策划的微淘活动在考虑趣味性的同时，要尽量地保持简单、易参与，这样活动参与的人数才能多。

所谓简单，指的是活动的规则与流程要易懂，如果一个活动规则就需要让粉丝深入思考的话，会大大降低粉丝的参与度。

所谓易参与，指的是粉丝能很容易参与到活动中来。如果活动需要买家通过三个或者三个以上的步骤来完成的话，就属于复杂的活动，参与率会大大降低。

②活动要有诱惑：所谓的诱惑，其实就是能够打动人心的奖品，比如：优惠券、包邮券、实物礼品。

③持续性的活动：所谓的持续性，就是要能够吸引粉丝长期参与。一个持续性的活动，能增加粉丝进入店铺的频率。而持续性的活动，就是要让粉丝在没有购物需求的时候，进入店铺。只要粉丝进了店铺，我们就有机会通过促销或者其他手段促成购买。

最常见的具有持续性的活动就是“签到有奖”。

（4）花样翻新。用于预告上新的一个栏目。在预告的同时，可以让粉丝投票选出最喜爱的产品，在后期可以针对投票结果进行加量生产。如果有粉丝对新品提出自己独到的看法，且有一定的可采用性，也可适当赠送礼品。

（5）花里有刺 / 花里有话。不定期发送的一个鸡汤 / 毒鸡汤栏目。不是每天都发，但时间固定，在晚间 8 点发送。分享一些语录，短篇文章。

2. 使用好官方给的资源

发微淘的入口页面里面已经包含了发广播、发商品、发活动、发互动的分类，可以根据不同需求来发广播。

三、运营策略：互动、沟通为主，传播为辅

（1）微淘的核心在于与粉丝互动。商家做营销，要有活动来支持并赋予主题，才能和粉丝达到情感的共鸣，让粉丝积极去参与。主题的活动要考虑粉丝的可能性参与度，如果一个活动中有诱惑力，效果会好一些，还可以鼓励粉丝将活动分享到微博、微信朋友圈等。

（2）微淘中最常用的是发广播，而且是图文广播，想要让粉丝在微淘

首页点击进入看详细内容在于标题和封面图够吸引人。这就意味着标题和封面图必须够简洁，够有趣，且图文要相符！

（3）与热点话题、时事新闻相关的微淘广播更能引起与粉丝的关注度。

四、总结

要运营好微淘，唤醒沉寂的客户，提升客户的回头率，最关键的就是要贴近买家，多做调研，多与买家做互动。

微信公众号

一、定位

1. 公众号的整体格调定位

公众号推送规则是一个月只推送 4 次消息（服务号），或者每天推送一次（订阅号）。这样的规则限定使得公众号推送的内容需要精挑细选，是与品牌有关的活动或者是一些长期的互动游戏等。

2. 品牌定位

不要总想着发鸡汤、段子和天气八卦，应该结合产品的特色或者自己的优势、技能、知识点，去确定品牌明确的定位。

3. 粉丝定位

了解公众号面向的是什么样的粉丝，推送符合粉丝口味的内容来增加阅读量同时留住粉丝数。

二、栏目建设

如果只是有一个单纯的定位，实际运营起来就会显得很吃力，而且内容上也会很杂乱，这时候就可以考虑栏目建设。你的微信其实就和电视台一样，粉丝就是观众，适当建设一些好玩的栏目去迎合观众，会有意想不到的收获。

栏目的建设重在：独特新奇以及可持续性。一方面你的类目要和你的定位高度相关，另外一方面栏目不能太俗套，但是又必须有持续性，不然很难找到合适的内容。具体可有如下分类：

栏目	内容详解	发布时间
常规栏目	持续性的大活动	每周
不定时栏目	品牌大事件	每周
	互动活动、投票等	根据具体情况而定
	新品预告	根据具体情况而定

做好分类之后，栏目内容该如何撰写呢？

1. 内容不能存在太多的促销点

推送内容中包含的活动过多效果可能会适得其反，失去了客户复购率，推送最主要、最大、持续时间最长的活动即可。

2. 标题要够吸引眼球

我们处在信息化时代，每天都会接收到许多消息。如果公众号内容的标题不够吸引人眼球，那么点击率肯定是差的。标题可利用人们对红包的喜爱心理将题目拟为："红包到账通知：你有 6 个新红包"，或者"我来不及解释了，再不来领走福利就没了"，刺激粉丝想要优惠的心理，当粉丝点击进去之后也不要让他们失望，是真的有"红包或福利"存在的，不过需要去店铺领取等其他方式。

3. 内容中可以有针对性地介绍品牌故事

公众号的存在使得更多的品牌粉丝聚集到了一起，推送品牌故事能帮助粉丝了解咱们的品牌。上新前期也可以适当推送新品从无到有的生产过程，让粉丝亲眼见证，让粉丝更放心。

4. 定期互动、投票，了解粉丝需求

让粉丝参与内容的创造和策划。可定期做投票活动，投票内容可以是让粉丝选择活动内容，或是选择最喜爱的产品，抑或选择喜爱的推送内容等。

只有了解粉丝需求，才能让公众号运行得更好，也让粉丝体会到我们时刻为他们着想。

5. 迎合微信公众号广告新趋势，制作 H5 页面

H5 页面的流行，也要跟上潮流，可选择其中一期制作 H5 页面，可以是新品发送、企业简介、活动促销等。

6. 内容穿插跟产品相关的课外知识

穿插一些与产品有关的课外知识，当然这些知识必须确认是准确的。这样做的目的是可以让粉丝在我们这里收获更多的知识。

三、策略技巧

1. 定期做关于使用品牌产品之后的感悟活动，总结出最多人反馈的问题

由于公众号 80% 的粉丝都是购买过产品的顾客，为了提升这些潜在顾客的复购率首先就是先要去了解他们使用产品后的感受，总结反馈意见，再根据这些意见去完善品牌，让客户知道我们一直在听取他们的意见，为了将品牌做得更好一直在努力改变。

2. 懂得回馈粉丝

定期推出回馈粉丝的活动，可以是一些互动小游戏、主题活动、购买送卡券等。实物奖品可以适当丰厚一些，可以增加粉丝的参与度。

3. 利用好官方资源

微信公众号现在也是可以用来与粉丝进行聊天沟通，提前设置好问候语与结束语，留给前来咨询的粉丝一个好的印象。

四、总结

新媒体时代，任何事物都发展得越来越迅速，微信公众号作为新媒体传播的一种方式，最重要的功能是保持与粉丝的互动，维护好与粉丝的关系，做好与粉丝间的沟通才是硬道理！

微淘与微信公众号两者的区别

1. 定位不同

微淘是每天可以发布多条消息的一个平台，因此定位的是更新实时的店铺活动与消息，更加细节化。而公众号一个月只能推送四次消息，限制了公众号的推送时间，据此将公众号定位为推送的是品牌的大事记，持续性的活动，大消息。

2. 内容不同

微淘中发送的内容更为日常，更加贴近生活，主要是生活中的琐碎小事，解决的是粉丝的小问题。而公众号推送的都是经过精细规划的大消息，大事件，告知粉丝们品牌在近期的发展。

3. 服务不同

微淘是店铺获取流量的途径之一，微淘用户看微淘信息最主要的目的也是为了购物。而公众号是一个品牌跟顾客交流的平台，它是服务于粉丝的，发布的消息也是与品牌相关的，主要是给粉丝多一种了解品牌的途径。

虽然这两个新媒体工具各有特色，定位也不尽相同，但是它们的最终目的都是为了加强品牌与客户之间的联系，提升客户黏性。有效地运营新媒体，可以更好地帮助品牌树立在客户心中的形象，紧密与客户之间的联系，让客户从中获取更多有效信息，从而提升客户的回头率。

第七章

纵览电商

每个行业都有淡旺季，电商自然也不例外。面对流量和营业额的下滑趋势，很多卖家都会遇到各种困惑。今年上半年成为电商行业由资本热捧走向理性的过渡期，走下神坛的电商并未一蹶不振，反倒变得更加理性。此外，伴随着VR/AR、直播等新技术的走红，电商领域将迎来一次技术变革潮。

第一节　今年双十一卖家这样做才能分到一杯羹

一、双十一运营三大法则

1. 双十一的中心不是当天，而是预热

双十一打的从来不是当天，整个期间 60%~70% 的销量是在 11 月 1 日到 11 月 10 日这 10 天内完成，而双十一当天能完成的销量仅占 30%~40%。

2. 提高店铺日销水平是双十一过后最重要的目标

店铺最重要的是日销能力而不是活动能力，因此双十一当天最重要的目的不是卖货和清仓，而是为了提高双十一后的日销水平。双十一后，店铺的日销水平应该是双十一之前的 2 倍甚至以上。

3. 不贪，认清自己的能力

去年双十一有不少大卖家积压大量库存是为什么？原因很简单，就是一个“贪”字。“贪念”一动，也许本该 2000W 的目标备货 5000W，最直接的结果就是导致双十一当天卖不出去，整个 12 月都在清库存，来年节奏被打乱。

作为卖家，我们应该清楚意识到自己所在的位置，一定要量力而行，不要贪图双十一做多大规模，而要考虑双十一之后店铺日常动销能提高到一个什么样的水平。

二、今年平台的变化

1. 平台瓶颈显现，新用户增长乏力

今年双十一和去年相比，整体规模肯定会超去年，但超多少还是未知数，

个人预计在 20% 左右（但结果是 800 亿，阿里赢了）。为什么增量幅度不大，因为天猫获取新用户的能力已经大大减弱。

今年各大电商平台都在拼命搞类似聚划算模式，价格战打得热火朝天，消费者的购买力有点竭泽而渔了。双十一虽然旺季，但还有多少疯狂的购买力仍是未知数！传统企业被彻底唤醒，纷纷涌入电商领域，僧多而粥不见涨，这也会使今年的双十一商家业绩充满变数。

淘宝双十一初衷并不仅仅是为了做业绩，而是零售地产惯常的玩法。通过规模宏大的购物节，吸引人流，刺激消费，塑造一个品牌效应。它要让人知道电商的厉害，让消费者知道淘宝可以有很便宜很好的货品，让这一天的消费集中爆发，并通过不断提升的业绩，让传统品牌知道电商的威力。前几年每次双十一后，淘宝的流量都会比双十一前提高很多，入驻的传统企业也会大大增加。

但是，从 2013 年开始，网购用户的增长已经基本达到极致，线上和线下的用户达成一个相对的平衡。从个人情况和身边的例子可以看出，不少网购用户回归线下消费。天猫在没有更多新用户进入的情况下，整个双十一增长幅度也会变小。

2. 移动端将成今年双十一新看点

越来越多卖家开始注重移动端的运营，但是移动端坦白说，还没有什么好的办法。如果双十一本身有会场，要关注移动端会场的位置和会场坑位的数量。这里提供一个新思路：移动端可以考虑从站外引流，而不是简单的考虑站内流量。

三、玩转双十一的大节奏

首先，双十一从运营角度来说，不应该作为一个整天规划，而是要分成四个时间段：A. 0：00—3：00；B. 8：00—16：00；C. 16：00—20：00；D. 20：00—24：00。每个时间段，商家之间的 PK 重点是不一样的，可能玩了多次双十一的卖家都没想明白。

1. 0：00—3：00 这个时间段拼的是预热

这之前讲过，预热决定了整个店铺 60%~70% 的销量。预热的核心目标是收藏量，具体包括：你发了多少优惠券、有多少人收藏了你的店铺、收藏了你宝贝、关注了你店铺以及把宝贝添加了购物车。这样，消费者才有可能来你店铺购物。

预热阶段，添加到购物车是一个非常重要的环节，商家应该让消费者尽可能从收藏添加到购物车，这样才能更好地达成转化。这段时间的消费者心理是什么？什么样的消费者会熬到晚上 0：00 等着双十一开闸购买东西？“贪便宜”，就是这个时间段内消费者最主要的心理，他们不愿放弃已领的优惠券或者特殊的便宜机会，他要在这个时间段内变现。举个例子，针对老用户可以通过发送短信，告知在 2：00 之前下单付款能获得什么样的折扣、奖励，等等。

2. 8：00—16：00 这个时间段拼的是搜索

今年双十一是星期二，是一个正常上班的日子，不急着在凌晨挤兑，可以从容地购物，这样的用户购物行为以搜索为主，所以这个时段拼的是搜索。搜索怎么实现呢？ 每年的双十一，比如搜索“丝袜”这个词，下面会出来 4 个频道：综合排序、销量优先、人气，还有一个重要的频道条叫“双十一盛典”。在双十一当天，很多人会点这个出来的宝贝。如果搜“丝袜”，点开这个频道，在它的首页下面，假如你有 20 个豆腐块，你还会觉得会场资源重要吗？

如何才能实现 20 个豆腐块出现在这个首页呢？大家记住这句话——把别人的预热期变成自已热卖期。11 月 1 日到 10 日这个时间段，当别人都在预热的时候，我们就开始卖，因为双十一之前的销量都会计入权重，销量和权重上来了，排名也会跟着提高，当天带来的自然流量是非常可观的。

双十一当天销量不计权重，淘宝搜索规则不会为了那一天而做更改。如果你放弃漫长的预热期，一味押双十一当天，那你的自然搜索入口就会变得很少。如果双十一当天你有那么多坑位，那双十一之后，依然会带来大量的搜索流量，这会让大促后的日常动销能力提高一个台阶。

3. 16：00—20：00 这个时间段拼活动资源

这个时间段，从消费者日常场景来看：开始收拾东西准备下班，在路上，在家吃晚餐、陪小孩写作业，等等。他们的时间严重碎片化。这个时间段内一般是做两件事情： 第一件事：拼资源。如果店铺业绩做得不错，可以找小二要资源位，以标杆业绩打动他。第二个事情：拼活动。把当天店铺活动、商品活动、老顾客活动在这个时间段内形成小高潮，用大奖刺激（iPhone6）消费者把碎片时间转化为购物时间。

4. 20：00—24：00 最后这个时间段拼氛围

最后这个时间段，双十一马上结束，这个时间段消费者会抓住最后时间段购买双十一便宜和心仪的产品，担心错失最佳优惠期。所以整个店铺应该营造出紧迫的氛围： 双十一倒计时、抽奖活动结束通知、热卖宝贝即将售罄标签……让顾客进入店铺，感觉过这个村就没这个店的紧张感，加快促使下单。

四、大促之后店铺日销提升

双十一结束后，就完了吗？没有。整个双十一前后应当划分为三个阶段：10 天预热期，当天超级热卖期，10 天答谢场。双十一不计权重，双十一之后又会计权重。在双十一结束后的 10 天里，通过采取精彩继续等活动提高整个店铺的日销能力，保住甚至提高双十一之前的搜索坑位。为什么是 10 天呢？因为 11 月 21 日也就是双十一结束后的 10 天，淘宝习惯性会安排聚划算促销，帮助备货过多的商家，利用这 10 天和聚划算资源从清理多余库存。对于多时尚产业的卖家来说，如果在 11 月把库存清完，那么整个 12 月份就会变得非常从容。1 月份可以上新，辞旧迎新，抢在对手之前， 迎来一年中最后一个上新活动。了解基本情况后，该怎么运营好一年一度的双十一呢？

1. 产品分身术

同一个产品，新建链接报不同会场，不算重复铺货。并不是所有商家都像韩都、裂帛、阿芙这些大商家，动辄几百个，上千个产品链接，有些商家

SPU 不多，特别是小类目，小而美商家，多的几十个，少的只有十几二十个，又要参加预售，又要参加主会场分会场，链接不够报名了，放弃某个会场吧，实在可惜，白花花的流量，最终都会变成金光闪闪的销售额啊。Ok，办法很简单，新建一个同款链接，报不同的会场，不抓重复铺货的。

2. 预热时间点

根据招商规则补充规定，预热时间是从 11 月 1 日 00：00：00—11 月 10 日 23：59：59，但双十一商品预售是从 10 月 15 日 00：00：00 开始的，而且，经过这么多年双十一的轰炸，大部分网购人群，基本上都知道双十一，都攒足了钱包，等到双十一购买，所以，从十月中下旬开始，许多店铺的日销量基本都会开始减少，除非你同期冲了聚划算等大活动。对于店铺来说，双十一当天创造的销售奇迹，其实是把前半个多月的销量憋到双十一一天完成罢了，所以有些店铺并不是严格按照规定 11 月 1 日才预热，直接提前到 10 月 15 日就开始预热了。

3. 预热期购买订单处理

有些顾客需要急用产品，等不到双十一就要购买，但是预热页面上又显示了双十一价格，如果按正常零售价购买，顾客势必心理不平衡，跟客服轮番砍价，双方都烦。与其大家纠结，不如索性给顾客享受双十一价格。秘诀是采用返现等形式，但不能直接把单品打折，否则会违反双十一系统最低价监控。

4. 搜索优化

直接把全店商品的上下架时间，调整为双十一当天凌晨 0—3 点、9—12 点、14—16 点、20—24 点，别问我为什么，这么基础性的东西，不想解释。虽然双十一系统打标商品会默认增加搜索排名权重，但是，同等条件下，如果你的运营没有做任何调整，还是按照之前雷打不动的 7 天分散上下架，你只能责怪他们的不作为。

5. 直通车

提前 10 天，甚至提前半个月，就要开始预热，加大直通车的推广力度，引导收藏和购物车。到双十一当天，以及双十一前两三天，根据出价和点击单价的竞争情况，判断是否减少、控制甚至停止直通车的日花费投放。如果你直到双十一这两三天，才急哄哄地冲进去猛投放，跟同行猛抢排名，承受翻好几倍的点击单价，我只能说你们太土豪了。

6. 淘客

不要以为所有的淘客都是给你带来价值的，有些人只是来搭你双十一顺风车的。除了给长年合作的，知道真实身份的淘客、返利网站保持高佣金计划，其他通用计划、不明身份的淘客，一律调到最低佣金，否则你会白白给莫名其妙的浏览器、插件贡献一大笔佣金。

7. 备货量

别幻想着一次双十一能让你咸鱼翻身或者一飞冲天，别相信小二一拍脑袋让你拍胸脯保证备货几千万还是几个亿，除非你是大类目 TOP 品牌。否则备货过多，后面一个季度甚至半年，你就等着销售库存积压品了，特别是非爆款。根据自己的流量获取能力，资金周转能力，仓储发货能力，结合销量预估来备货。

前几年参加过双十一的，结合前几年的销量以及从今年的日常数据进行增量的预估，以前没参加过双十一的，给一个大致的参考值：没入选双十一会场，没打标：日销量的 5 倍。入选双十一分会场：等同于半个月到一个月的销量。入选双十一主会场：等同于 3 个月左右的销量。爆发力猛，或者有大资源支持的大牌，可能冲到相当于 4~5 个月的销量。总之，宁可少备，少填库存，不可多备；宁可少赚，也别赚了一堆库存在手里。

8. 优惠券满减额度设置

优惠券的目的，是为了让单个买家多买几件产品，提高客单价。如果仅仅是自己拍脑袋设置，或者看别人店铺怎么设置，自己就跟风设置，势必无法达到预期的最优效果。最佳的效果是，根据你的爆款、次爆款双十一活动价格，对凑单购买的件数阶梯，订单总价阶梯进行预判，针对每一级的额度进行满减设置。让买家越买越想买，欲罢不能。

无门槛优惠券：很多类目硬性要求设置，没办法，必须设，弄一个最低面值的，3 元、5 元，一个是交差，同时也让买家爽一把，打折了还能用优惠券，其实顾客不在意这几块钱，只要有就行。低面值又保证不会让爆款利润降低太多。

9. 老客户推什么

有些店铺直通通的给老客户发短信说，亲，我们双十一全场五折封顶了，快来收藏 + 购物车，还有优惠券了，还有满减了。老客户上个月才买了你的产品，你现在就发短信告诉他打折了，不气死才怪。正确的方法是，对老顾客不要提全场打折的信息，虽然他们明明知道；如果你店铺有针对双十一的新品特供，对老会员推新品是最好的，会在一定程度上淡化产品打折的信号。此外，通过 CRM 筛选老客户。推荐他们满多少还可以获取老客户专享礼包，也是比较吸引老客户的点。

10. 集中一个时间段冲上主会场

有些腰部商家只能待在分会场，与主会场是无缘的。但主会场有些资源位、海景房也不是一成不变的，而是采取两小时赛马的机制，甚至有些每小时赛马，如果能有效利用这种赛马机制，利用好老客户回购、页面集中时间段买赠活动，集中在 1~2 个小时的时间段，把销量冲上去，冲到主会场资源位，流量和销量也是很可观的。

8、9、10 三个月非常关键，既是天猫正式取值诚信综合指标的开始，又是各种大型活动的取值节点，还望大家好好准备：8.28 新风尚取值节点：7 月 1 日至 8 月 5 日其中的 28 天；2016 天猫续签考核时间节点：2015 年 7、8、9 三个月；双十一店铺销售额考核时间节点：8 月 1 日至 9 月 15 日，9 月 15 日开始双十一报名，双 十一报名考核标准为 9 月 15 日前 45 天的店铺销售，也就是说 8 月 1 日就要正式开始打店铺基础销量。

第二节　电商到底给传统商业带来了什么

近两年的电商，简直就是哀鸿遍野。即使是过得下去的，也都是自娱自乐，冷暖谁都知的。有两种现象，一方面是中店的卖家们，像韭菜，割了一茬又一茬。一方面，B2C 所剩无几。以平台开店为代表的卖家们，与其说是不会做电商，不如说不会做零售，或者说即使是开了个网店，其实还是个传统的生意人，一不懂网络，二不懂零售，三不懂消费群体特征。而很多垂直 B2C 是生不逢时的，一方面不逢中国经济的时，因为多数人还停留在购买“看起来高端，实则低价低质”的东西。另外一方面，群体层次与个性还没有明显分割。

现在的电商界，还只是一个按品类分层的时代，而不是按“人类”分层的时代。但不管怎么样，传统商业主导电子商务，已成事实。本文主要讲电子商务对于传商企业的几个核心价值，认清价值才会有准确的自我认识和发展判断。

一、品牌塑造的价值

再也没有一个时代，会像今天这样，可以让小工厂、个人设计师等敢去想“品牌”。在传统业态下，品牌都是有钱人做的事，而且一提到品牌，就是电视、报纸、杂志，就是钱的事。广告，广告，还是广告。过去的二十年，是灌输式的品牌导向，即你有什么，就给大众呈现什么，再加上某些大师帮你想一句响亮的口号，铺天盖地，然后你就成了品牌。信息匮乏的经济环境下，让这些有地域优势的品牌崛起，可是短短这几年，你会发现，它们或在挣扎，或在挂羊头卖狗肉，玩商业地产。挖空你的脑袋，你也想不起来三年前你买过什么牌子的衣服。它们的品牌生命周期已经结束了。

把电商只当渠道是一种目光短浅的做法。当然，跟库存也有关系。中国的电商业这几年都在为传统商业库存擦屁股，而且看现状再有三年也擦不完。但是，我们可以看到一点，那就是消费者的成熟，线下傻大粗黑已经为消费者而不耻，这从一二线品牌在一二线城市的表现可以看出。消费者不信它们了。信的是新、时尚、快、个性，信的是“我是少数人”。什么是品牌？问一千个人会有一万种回答，但是人人都在谈论品牌。我认为未来的品牌：有一部分人知道你，知名度；这部分人还都夸你，美誉度；你涨点钱还买你，忠诚度；你偶尔不好还挺你，包容度。这下你懂了？电商带来的品牌塑造价值就是让你可以服务部分人，一直服务下去，你就是品牌。别动辄就要做全世界。

二、转型零售的价值

何为零售，从终端表现来看，就是一个一个卖，这就叫零售。近两年，有工厂的代工企业、有档口没档口的批发企业，全部在进入电商。他们多数人以为他们在做电商，就像在赶时髦一样。他们忘了自己是做代工的，是做批发的，一个是大宗制造的订单制，一个是四季订货制，除了生产，这种销售一点技术含量都没有。所以，很多人放一批货上网来卖，结果剩下一堆还得线下处理。最后不了了之，不做电商了。

不做总得有个理由，没有人才、不懂网络、竞争太大。这些理由全来了。其实就一句话：你根本不知道你是在做零售。从根上说，代工毛利低，活苦逼，有一单没一单的。批发波动大，反季库存压力大，毛利更低。其实是根本不懂销售波段、库存周转、现金流、ROI 以及它们的关系。批发和代工做的是加法，即五块钱产卖六块，多一块是它的。而零售做的是减法，减去所有，剩下的才是你的。电子商务对于转型零售的价值，根本没有充分地体现出来。

那就是以销定产，电商是数据化生意，这是转型的最大利好，基本可以判断销售周期和销售波段。一切售罄率达不到 85% 的企业都是在侮辱电商。

三、企业信息化的价值

中国的工业化，没有赶上信息化的速度，如果赶上了，信息化就是工业化升级的工具而已，而反观电商业，其实是信息化在带动工业化。这么来看，大多数传统商业，本身连个 ERP 都没有，更别说 CRM 了，他们这些年的商品卖给了谁，他们都不知道。而在企业内部没有信息化的情况下，已经开始在外部利用电商在做生意，可想而知的后果是赔得一塌糊涂。(插句话：这也是很多企业成为“电商经理人杀手”的原因，不是他不行，而是跟他配套的太不行。)

现在市面上的信息化工具，恰恰都是外部信息化工具，或者说前端工具，而企业要做好电子商务，最需要的是后端工具，这才能驱动整个企业信息化。从签单审批到客服反馈，从销售到生产，这样才是电子商务给传统商业信息化的最大价值。除此之外，企业不能只盯销售渠道上的信息化，也要发展外部营销渠道，货不一定是在网上卖出去的，但网络的信息化，会让你在线下卖得更多。

四、销售渠道的价值

写到这里的时候，我准备用一个句号来结束。因为它很简单，就是卖。但我只是想说一下卖东西的层次。先拿 ROI 举个例子，第一种人不知道它是什么，卖得很好，赚得很少，以 C 店居多。第二种人知道它是什么，并且知道它包括推广 ROI、整体 ROI 还知道它和其他指标的关系。第三种人知道它不只是指销售 ROI，还要结合人力、物力、时间等来看 ROI。再举一个例子，比如渠道差异化：第一种人，两种渠道卖不一样的货和价格。第二种人，渠道 80% 的货是一样的，20% 拿来做各自的爆款，互不影响。第三种人，每天都在研究这个渠道上的人。

多数人认为渠道的价值就是卖，这是对的，在传统情况下，在电商业态下，这是非常狭隘的，渠道是人的集散地，你更多的时候应该研究没买你的人买了什么，而不只是买你的人买了什么，企业要可持续发展，就是在这些渠道中立于不败之地，那就是要研究人。电商的渠道价值在于：一方面你知道谁会来，从哪儿来，来买什么，买多少，下次什么时候来。另一方面你知道谁没来，去了哪里，买了什么，下次怎么才能到你这里来。而这一切基于渠道的价值，就是对你供应链(品牌、产品、价格、风格、系列、客层)的驱动力。

第三节 向上竞争

经常听到有企业抱怨，说淘宝（包括天猫及各平台）越来越难做了。其中有一点就是价格低得让人受不了，正规的企业主都无法实现那么低的价格。比如9.9包邮。企业主们都指责它们是地摊货，是次品。但不管怎么样，这次“地摊货”还是抢了他们的生意。

打“爆款”一直是淘宝卖家们的一个最常用的手段，用来引进流量，实现所谓的店铺整体提升及关联销售。而太多作坊型的卖家，打爆款的方式就是低价或者刷量。还有另外一个重要因素就是产品本身低质低价。一件衬衣洗一水也许就不能穿了。曾经有个朋友说：“我99包邮一件衬衣，已经是亏了几块在卖了，但价格还是没有优势，还是抢不过那些59、69的。现在真的不知道该怎么办。”我问他你的衬衣你认为本来值多少钱，他说：“至少值两百多，同样质量的品牌知名度高的，要卖到三四百块。说那些59、69的，本来就只值二三十块。”

做企业，一定要向上竞争，而不是向下竞争。以上面这个案子为例，以他的质量和价格，根本无法与那些打爆款的及那些低质的产品竞争，而且一味地降价竞争，你就会和他们成为一丘之貉，你实实在在的亏损，也换不来你想要的长尾客户及关联销售。因为那些层次的消费者，他们本来就不是你的消费者。那些买49、59的消费者，你把他们引来又有什么用？！反过来看，这个案子中，把价格提高到169左右，它反而更有竞争力。男士衬衣中150元到250元是一个价格带，把自己定义在这个价格带的低段位中，反而在这个客层中有了竞争力。就像当初别人竞争你一样，你现在用同样的方式竞争别人，但你却是赚钱的。同时，把你的行业划成十层，锁定自己在哪一层，在这个层或带去竞争。而不是见谁都是敌人。

也许有人说，你说的其实就是定价体系。不是的，这是一种策略和手段，同时也是一种定位。实现“向上竞争”的重要前提是你在生态中定位自己。卖169，就要在风格、价格、人群上有一致性，这样才能向上竞争。不是简单地把价格调整一下。比如一个地方性的“中华老字号”卖点心的企业，一上来就把自己价格定的和那些一般卖家一样，别人卖十几块，他也卖十几块。但自己总卖不过那些卖家。为什么？因为你的头衔和你的现实不相符，消费者对你不信任，认为你空有虚名。当它把价格调到二十几块一盒的时候，它的销量得到了翻番。

“向上竞争”这种策略，是整体性的。不是把个别产品调整就可以实现的。并且，随之而来的是在营销、策划及推广渠道方面的调整，品牌、价格、营销策略、客层，要在一条线上，要有一致性。五星级酒店的拉面不会卖五块钱一碗，你是几星的？总之，向下竞争是个无底洞，是不归路，随处可见的消逝。

第四节　本地化运营将颠覆传统电商模式

传统电商线上流量红利逐渐触顶，巨头们纷纷下沉渠道，重点布局线下。但是，布局的方式是一厢情愿的，还是传统的渠道下沉方式，这本质上还是金字塔结构的经营模式，还是尾大不掉。我认为本地化的商业模式，组织结构首先就是网状的。其次是本地化供应链，本地化的订单，本地化的服务。

一、传统电商模式痛点

电商生意的核心要素是信息流、资金流、物流。过去，传统电商通过互联网获得了信息流的对称，做的是流量生意；现在电商作为渠道的时代已经过去，电商消费服务在空间上是分散而非聚合的，讲究的是信息流、资金流、物流及整个产业链的互通，生意需要从线上重回到线下，拓展和整合线下渠道资源，才能掌控对于用户和流量的消费方向，这是传统电商无法解决的痛点。简而言之，信息不对称造就了传统电商，那么，现在信息对称、商品对称，会造就本地化的机会。这个机会大而广，会带动新一批创业者。

随着 O2O 的盛行，拥有线下渠道整合能力的平台则更具备优势，这样会在服务和体验上更胜一筹。多数情况下，平台与品牌的关系是割裂的，平台不承诺销量、不负担流量成本，不提供推广成本、同时线下渠道又极度缺失，造成品牌厂商的二次投放成本，甚至多次成本产生。更有甚者，消费者的用户信息落在平台方，品牌方与此数据无缘，以上这些情况是传统电商与入驻品牌的恒久式痛点。

二、本地化的核心是什么

拥有线下渠道整合能力的电商平台更具备优势，在用户服务和全场景消费体验上更胜一筹。本地化运营通过线下资源整合，实现采销、经营、订单、核算、配送环节的本地化操作，完成信息流、资金、物流和产业链的互通有无，把生意聚集在线下，让产业链上的价值各得其所。

三、配送本地化

传统电商在仓储和物流上存在很大浪费，采用全国集中仓储，用户订单形成以后，商家需要在仓储地区调取并运输产品，不能及时送达消费用户的手中。一方面，对于消费用户来讲，不能第一时间满足消费需求，消费体验不佳；另一方面，商家需要重复产生物流成本，造成不必要的浪费。本地化的配送，采用的方式是不建仓、不囤货，线上形成订单之后，线下门店及终端商家就近配送，这样物流成本更低，用户收货快，购物体验更好。还有就是同名不同价，同一个商品，同一个价格，为什么不能得到同样的服务标准？

四、订单和经营本地化

O2O 本地化模式的根本就是从用户角度出发，满足消费者对于全场景式的消费体验。用户一旦下单，会在随后的订单跟踪系统里看到订单的产生情况，商家的确认流程，以及对于产品的物流情况全程掌控。这样就形成用户、货品、商家，信息匹配对称，并且保证三者对同一订单的不同管理。由此，经营本地化，才能使得消费用户对于服务，送货速度以及其他个性化需求提供及时有力保证。因此，用户、订单、运营本地化服务，才能使得线上线下信息对称，降低订单信息处理、用户信息管理成本，从而使得整个平台的信息流得到极大的优化。随着阿里为商家开放物流限制，O2O 的本地化机会更大。

五、采销和核算本地化

本地化更重要的核心内容是，整合区域上下游渠道资源，从采购源头控制，保证价格低，质量好的货品，直接上架销售。这种本地化采购方式保证货源稳定性和正品低价，更有利的是集约地区区域优质资源，为本地化消费用户提供更直接服务，避免同等产品产生不必要的物流成本，从而加大运营成本，造成消费用户对于价格的考虑。因此，只有将支付系统深度嵌入线下加盟店和终端商家，统一核算，在资金流上实现互通，才能真正实现本地化消费服务。

通过以上这几方面构建起本地化智能生活经济圈。通过商品售卖、服务环节的串联，让信息流、资金流、物流和产业链实现了互通。总之，信息流造就了阿里，物流造就了京东，资金流造就了支付宝，接下来，本地化将造就一个巨头，若干个本地化诸侯。你物流再快，都快不过货在当地，人在当地的及时性与服务体验。

第五节　我看直播

自带内容话题和流量的网红、直播走到了一起，还要牵手电商，因为要靠电商盈利，而电商正在从视觉电商向视频电商过渡，泡沫还在堆积过程中，堆积的过程很多企业需要获取更多的流量、玩法、资源，电商可以借助直播和网红实现更低的获客成本、更高的转化率。“直播＋网红＋电商”模式，目前只有网红实现了盈利，大家都在摸着石头过河，直播是否会成为又一个现象级的模式？电商经济靠网红效应延伸的空间又有多少？

一、看直播的都是什么人

1. 寂寞又有闲的人

有人把直播称为“屌丝经济”“宅男经济”，这个用户群画像不够精准，人天生害怕孤独、寂寞，社交是人天生的需求。直播平台上，宅男的社交需求不一定最旺盛但却最赤裸，显性地反映了人要通过社交来排遣寂寞的欲望；另外，还得有时间，用户看直播，很多时候并没有带着很强的目的性去看，仅仅是为了打发无聊的时间，而在社交工具的选择上，直播无疑是目前为止最具有沉浸感的，视听欲得到最大程度的纵容和满足。

2. 追求真相，害怕错过

社交网络丰富了社交场景，也诱发了人们的“错失恐惧症”。在铺天盖地的社交网络中，用户日常生活中的决策、情绪及情感极易受到虚拟社交场域的影响。用户总是怀疑自己错过了什么，害怕自己因为时间安排做出错误的决定，担心自己作为独立的“局外人”错过任何有助于社交参与的活动、喧闹甚至是围观。尤其是直播，内容越来越生活化，与用户现实生活越来越具有接近性；技术手段让用户围观的可得性越来越高，当直播场景中喧哗的麦声、闪烁的弹幕不断出现，忠实地反馈出群体最新的生活动向，潜伏于每个独立用户个体心底的焦虑和惶恐就会开始以令人难以置信的速度恶性膨胀，越害怕错过，越想围观、追求真相。很多时候，进入直播间的用户是因为房间里的人数多就跟着进来了。

二、直播内容有何特点

1. 人人都直播，但没有延续性

直播平台上的内容生产，UGC 参差不齐，重在走量，PGC 需要更高成本，贵在有质，OGC 才能创造有延续性的内容。现在让直播平台最头疼的是留存率低，金字塔顶端、中低层很多的网红和达人，留存率非常低。直播从根本上打破了以往相对单一的内容传播方式，以实时互动的形式提高了内容变现，实时对内容的持续扩散性提出了更高要求。延续性首先必须建立在主播专业的基础上，另外主播的场景、情景必须由直播平台通过利益满足，粉丝效应转瞬即逝的时代，人人呼喊“尽快收割、落袋为安”，直播平台不满足主播利益诉求，他们天天上来干什么？不给报酬的内容生产很难维系。

2. 内容“散乱杂”，具有随机性

移动终端和 4G 的普及让随时随地直播成为可能，为每个人提供了个性化表达的移动入口，尤其是移动互联网的碎片化时间迎合了草根大众的碎片化展示，时间碎片了、场景碎片了、个性内容本身也是碎片化的，UGC 生产方式导致内容呈现在一种无边界框架里的“散、乱、杂”分布特点，用户在进入某个特定的直播间之前，很难猜得到房间里面是什么身份的什么人在直播什么内容，“一言不合就开播”的个性直播加重了内容的随机性特点，也加大了直播间的跳失率。直播平台上的内容虽然互动性强，有价值的内容就那么一部分，即便平台能够把内容留存下来，提炼也是一个非常大的问题。

三、直播 + 网红吸睛，电商如何吸金

1. 直播电商如何盈利？要么输出人，要么输出货

社交首先是输出人的。直播把社交属性里面整个社交层面都涵盖了。点对点，点对多，多对多。主播与用户在一定的场景内进行实时连接，并且受众与受众之间，主播与受众之间都可以进行实时的交流互动，通过网红和直播工具作为消费行为的闭环引导。直播提供了流量入口，网红是流量载体，但直播与网红需要产生更多的化学反应，网红制造优质内容进行粉丝运营和品牌建设。

2. 货如何输出？促销

电商狭义来讲就是网络零售。首先是流量去了哪里？从电商角度来讲，哪儿有人我去哪儿。从销售的角度来讲，哪些人拉回来变成钱？直播打造了流量新入口。内容为王、品牌为王以后一定是资源为王，没有人给你入口你怎么来？从电商卖货促销的角度讲，直播包装肯定是从电商的角度包装，如果网红自己播自己卖货肯定不好，首先应该把网红包装打造成流量的载体，另一方面把网红当成输出知识的主体，在直播渠道上以“点对点、点对多、多对多”的方式输出。这就是张力要输出去，通过渠道输出去。实现对流量入口的绑架、对资源的绑架，才有延续性。

3. 直播，是信息传递去中间化

怎么去中间化？以旅游业为例，直播可能会颠覆以往的信息传递方式，有没有可能有一天你想出去旅游，不是打开某某旅游网站查攻略而是上直播平台找回放。用户直播过的内容比景区花重金拍摄的宣传片效果肯定更身临其境。这个直播的信息价值远比文字攻略传递的信息价值高，因为文字是表达能力里面第二层级的，所见即所得，才是真的。从内容的角度讲，直播的玩法比较多。

4. 敢不敢把你的全部经营链条直播

直播电商如何赚钱我不知道，直播怎么赚钱我不知道，但是怎么利用电

商还是有待挖掘，也许直播被我们看得太浅了，因为理论上它是信息，这种信息的替代性比文字和图片要强。客服可不可以直播？请问你们做电商一个客服一天接待多少人？一分钟之内同时受理多少人，客服的关键指标是多少，相应速度，同时能够接待多少人，等等。一对多的环境下，是否可以把这个客服全部都是直播，有没有快递上印上我的客服直播号。我一个月几万单，几十万单，是不是我们还要向直播平台收钱。物流可不可以直播，农民种地能不能直播，那些生鲜电商跟我讲自己是冷链，因为它速度快，热之前送到所以叫冷链。生鲜电商敢不敢说你是什么非转基因或者什么野猪的肉，那你给消费者直播一个。你说你是早上摘的水果，你敢不敢直播。生产车间可不可以直播，把你真实的材料全部公开，良心企业应该敢直播。把一些非良心企业全部干掉。

虽然是开玩笑，但是我觉得讲得有一定的道理。如果把这个商品直播了，想判断这个商品是否好，是否次，从源头看工厂，想看这个商品放在这里的功能表现，比如说他的影响、外观，家里面摆在哪里合适，这种场景的东西进行直播给你看，敢不敢把所有链条全部直播。

综上，直播 + 电商真正的壁垒是持续输出高质量的直播内容和拥有成熟的电商运营模式，网红正是这其中的黏合剂。可喜的是，未来随着直播平台内容数量的指数级增长，当真正有价值的内容沉淀下来，才是直播 + 电商真正化学反应的时候。新的角力场已经形成，如何战斗，对电商企业而言，是新的抉择。

第六节　电商造节如何突破死局

电商们都在疯狂地造节，同时又在为造节迷茫。除了促销，还能做什么？

笔者相信，在后价格战时代，精耕细作将成为电商造节最主要的方式，粗暴与快速的电商造节将成过去式。那么，突破死局的方向在哪里？

一、改变品牌与消费者的链接方式

中国的电子商务模式在升级，但现在很多的电商品牌都遇到了发展的瓶颈期。这个时候供应链的升级和消费者链接方式的改变变得异常重要。在经历过大促洗礼的卖家，一般都在供应链上猛下过功夫，所以，目前主要面临的困境是如何升级和消费者之间的链接方式。

但当下的电商造节除了促销和买之外，好像再难创新。它们像一阵风一样来得快去得也快，与消费者的链接粗暴而且长尾的关联度极低。

目前，几乎没有电商造的节是在围绕他们的既定消费者进行消费者生活方式打造的。要想突围，商家不妨试试为自己的消费者打造一个专门为他们去创造和定制的节日。

例如，2016 年，百草味对第三季的 517 吃货节定位是：深度渗透到吃货的生活当中，为他们建构一个属于百草味与他们的“吃喝玩乐新生态”。为了打通这个新生态，百草味集合多个大品牌，组成了一个前所未有的品牌大联盟，百草味联合了吃、喝、玩、乐四个不同纬度的在电商平台赫赫有名的品牌，比如香飘飘、好想你、阿卡、雀巢、阿芙、碧生源、老板电器、SKG、rio、AK-47、九阳、vivo、爱华仕、大朋 VR、美即面膜、巴拉巴拉、植美村、欧诗漫等36家品牌。活动从5月12日开始，一直持续到5月16日吃货节前夕，为吃货们打造吃喝玩乐的生活概念。

消费者可以在获得吃喝玩乐不同纬度的产品的同时，满足生活各方面的需求。

与如此之多的品牌合作，百草味为消费者创造了一个新的吃喝玩乐生态。作为这个活动的组织者，百草味可以借助自己的资源来为各品牌进行引流，提高他们在网上的曝光度和知名度，构建消费者、品牌商、平台相互协作的生态体系，并打造出多方共赢的局面。

通过联合页面的流量互推，自有媒体的集体曝光，每个品牌的消费者在这里集合与碰撞，很大程度上打通了会员体系，一个庞大的用户群体业已成型。

电商企业可以通过类似的方式，和众多企业一起创造一个吃货生态圈，使之成为自身和消费者链接的方式。

二、品牌形象塑造的意义高于销售数字

那些多到数不清的电商造节，一旦做不好真的就成了电商“劫”，不仅造成资源的浪费，也让电商品牌发展环境变得更加局促。造节应该趁机加强或重塑品牌在市场上的全新形象，同时借助某些工具和活动传达品牌需要传达的信息和文化。

电商企业可以通过创造的节日，进一步向外界传达自己的品牌形象，并集合尽可能多的元素，根据目标消费群体的特征、喜好，组织丰富多彩的活动，增强他们的参与感，形成场景化效应。例如：音乐节、狂欢节。

三、造节就是造 IP

天猫双十一、京东618，已成为品牌商们发展的独有IP。

IP效应要想实现叠加，品牌商必须要在一年年的造节中不断为自己的品牌赋予越来越多的独特价值，塑造独一无二的品牌气质和文化。比如2015年开始，百草味与氧气音乐节合作为517吃货节注入了“音乐”的元素。

2016年延续并且升级了这个音乐元素，与草莓音乐节合作取得了非常不错的品牌影响力。甚至还邀请了摇滚歌手定制了《百草味之歌》。而2016年百草味又为517吃货节注入了吃货生态圈的概念，这是以后的吃货节中将会继续深化的概念。

电商造节一波接着一波真的让人性冷淡了。所以真的应该思考一下，电商造节除了低价促销、吊炸天的技术、好看的销售数字，是否还应该为自己的节日注入更多品牌内涵？